U0583793

中 国 社 会 科 学 院 国 情 调 研 丛 书

CASS Series of National Conditions Investigation & Research

本书为中国社会科学院国情调研
重大项目的最终成果

骑手的世界

对新职业群体的社会调查

The World of Delivery Riders

A Social Survey of the New Professional Group

朱 迪 崔 岩 郑少雄 高文珺 著

社会科学文献出版社

SOCIAL SCIENCES ACADEMIC PRESS (CHINA)

骑手 SA 是北京人，初中毕业，干过很多职业——银行客服、经理、押运员等，2008 年进入外卖行业是因为工资高，那时他所在的外卖平台是直营、有社保的。之后，他赚到了一些钱，跟朋友一块儿创业，进入房地产行业，但是特别不巧的是，2017 年北京的房地产出了"317 新政"，再加上被朋友欺骗，他破产了，负债严重的程度可以说如果没有个人破产法的话，他根本就还不过来，他又重新回到了外卖骑手这个行业，当了专职骑手。

　　骑手 WA 是湖北宜昌芷江人，曾经经商 12 年，拥有一个大概 60 名员工的企业，但在新冠肺炎疫情期间企业破产了，他选择和妻子离婚，把所有财产留给了妻子，自己回到了家乡。当时铺天盖地的信息投放告诉他外卖小哥月入过万，这成为当时急需还债的他的一个最好的选择。他初入骑手行业，心态和很多骑手一样，就是先做几个月，赚点钱，不会做很长时间。但因为 WA 是一个比较有抱负、有想法的人，在做的过程中他有一定的经验积累，薪资也在不断上涨，从月薪 6000 元左右一直涨到 9000 ~ 10000 元，这在三四线小城市俨然是天花板了。在这个时候，站长和小组长提拔他成为新的小组长，一个月有 1000 ~ 2000 元的组长薪资，站长还告诉他，他或许可以考虑进入外卖行业的管理层，也就是成为副站长或者站长，但首先他需要在管理工作中汲取经验。另外，他也在不断调整自己的心态和工作节奏，把薪资维持在 9000 元左右的水平（因为管理岗位一般比骑手收入低一些）。

　　骑手 JA，48 岁，有 3 个孩子，年收入只有 5 万块钱。当笔者问到他的收入怎么分配的时候，他提到了买保险，他说他给自己、老婆和孩子买了保险，加起来有 2 万块钱，还给孩子买了教育基金。

　　骑手 JC 提到了自己要为孩子存钱，笔者曾经在朋友圈看过骑手 JC 的动态，他的孩子比较优秀，今年 10 岁，上小学的时候参加作文比赛拿了一等奖，骑手 JC 就发了一个动态，说这个孩子这么优秀，他再苦再累都可以忍耐。

　　女骑手在送餐过程中可能遭遇的风险会比较大一点，比如晚上送偏僻的地方会比较不安全，女骑手在工作中面对的尴尬也比男骑手多一些。因为重庆的夏天是出了名的热，有时候送到家里面，男顾客穿个裤衩就来拿外卖，男骑手可能觉得没有什么，女骑手就会觉得比较尴尬。女骑手CD还遇到了一些更不愉快的事情，有点类似于性骚扰。她有一次下午送外卖，到顾客家门口敲门、打电话都没有人答应，等了两三分钟，那个人开了门，CD发现他什么都没有穿，这个女孩子什么都没有说，就跑掉了。这件事情她后来跟站长反映，也没有什么结果，他们也没有报警。但是在访谈过程中，她表示很生气，觉得骑手也应该能够反过来去投诉这些顾客，让系统把他们拉进黑名单，不让他们点外卖。笔者看有些报道说，现在平台上女骑手的比例已经达到13%，但是不知道什么时候平台才能采取一些措施来增进对女骑手的保护。

女骑手阿颖提到一个经历，当时系统只剩2分钟时间了，要爬15层楼，当她迅速爬上去之后，发现大冬天的出了一身冷汗，身体缓了很久都缓不过来。她只要在工作就不喝水，身体也出现了非常紊乱的状态，包括胃病、低血糖、冬天的时候双手冻疮等。她也提到男骑手有的跟她一样，工作的时候也不喝水，或者虽然喝水但会憋尿，所以他们肯定患有前列腺炎等疾病，只是他们可能不好说出来。

阿颖在成为一名骑手之前是个全职妈妈，有两个孩子。她的婆婆亲口跟她说过一句话："能生孩子带孩子不算什么本事，这就是你作为儿媳妇该做好的，但是在这个家里谁挣钱谁才说了算。"她觉得做全职妈妈期间整个人都处于忧郁烦躁和低落的状态，于是后来她决心去找工作，找了很多份工作，最终发现骑手工作是能让她兼顾照顾孩子和挣钱养家的最佳选择。这位女骑手说自己真心喜欢骑手这份工作。她说虽然骑手工作非常辛苦，但是她觉得这份工作相对于做家庭主妇，给她带来了前所未有的开心和成就感！她还说对比公公婆婆对她的冷漠，站点的大哥哥大姐姐们带给她很多温暖和开心。

骑手A1说最不爽的就是买工服，工服一件100多元，一件夏装80元，头盔一个80元，而且必须得在平台的商城购买，不买，他的系统就升不了级，升不了级，系统就没法给他派送优先、更好的单子。这些衣服每年都要重复性购买，有时候只是图案换一换，有时候连图案都没有换，而之前的衣服还都好好的，所以这个问题让他很恼火。

……

目　录

第四部分　社会认同与社会流动

第五部分　研究讨论与对策建议

导　论

　　自外卖经济兴起以来，外卖骑手群体就持续成为公共舆论、学术研究和社会治理领域的重要关注对象。2020 年起，某杂志发布外卖骑手特稿（赖祐萱，2020）、北大博士"卧底"某平台担任骑手并发表学术论文（陈龙，2020a，2020b）、北京市人社局干部体验外卖小哥工作①等热点事件，更是将对骑手群体的关注推向异乎寻常的程度。本书写作的重要背景是近些年新业态和新职业的发展，一方面新业态有力促进了就业——尤其是农民工和大学生就业，另一方面也存在一些问题并引发了社会争议。本书试图通过实证资料阐述新业态和新职业对农民工和大学生就业的影响，分析新职业发展过程中的问题所在，对一些社会争论做出较为科学的回应和讨论，目的是理解这一新职业群体及其对经济社会发展的影响，从而对促进就业和新业态群体成长发展等现实问题提出对策建议，也为实现经济社会高质量发展、推进共同富裕和乡村振兴等重大战略提供政策思路。

　　伴随新一轮科技革命与产业变革，我国正在加快建设现代产业体系。《中共中央关于制定国民经济和社会发展第十四个五年规划和二〇三五年远景目标的建议》明确将加快发展现代服务业、加快数字化发展和发展战略性新兴产业列入我国"十四五"规划，指出要推动生产性服务业向专业化和价值链高端延伸，加快推进服务业数字化；要发展数字经济，推进数字产业化和产业数字化，推动数字经济和实体经济深度融合，打造具有国际竞争

---

① 《北京人社局一干部体验外卖小哥》，2021 年 4 月 28 日，https://new.qq.com/omn/20210428/20210428A05KTI00.html，最后访问日期：2021 年 9 月 15 日。

力的数字产业集群；培育新技术、新产品、新业态、新模式，促进平台经济、共享经济健康发展①。2020年，我国第三产业增加值达到54.5%（国家统计局，2021b）。在此背景下，以智能化、数字化、信息化为特征的新经济迅速发展，催生了一大批灵活多样、分工精细的新就业形态，覆盖不同就业层次，采取灵活多样的就业模式，吸纳了大量就业人口，成为我国当前以及未来劳动力市场中不容忽视的力量。其中，青年是新业态从业人员的主力群体，在这些新业态青年中，既有人力资本较高的大学毕业生，也有人力资本相对较低的新生代农民工。

根据国家信息中心发布的《中国共享经济发展报告（2021）》，2020年我国共享经济市场交易规模约为33773亿元，同比增长约2.9%，生活服务、生产能力、知识技能三个领域的共享经济市场规模位居前三；2020年共享经济参与者约为8.3亿人，其中服务提供者约为8400万人，同比增长约7.7%（国家信息中心，2021）。美团2021年第二季度财报显示，2021年上半年美团日均活跃骑手超过100万人，美团年度交易用户数达6.3亿人②。2019年至今，人力资源和社会保障部与国家市场监管总局、国家统计局联合向社会发布了四批共计54个新职业，包括网约配送员③在内的新兴职业正式被纳入我国的职业体系。资料显示，网约配送员职业的工作时间灵活，准入门槛较低，促进就近就业，收入上多劳多得、给付及时，尤其对促进农民工和大学生就业有重要作用。

然而，这一新职业的出现，也引发了一系列社会问题，包括"困在系统里"的劳动控制问题（赖祐萱，2020）、第三方外包公司欠薪问题以及相关社会保险不完善问题④。习近平总书记指出，新冠肺炎疫情突如其来，"新就业形态"也是脱颖而出，要顺势而为，当然这个领域也存在法律法规一时跟不上的问题，当前最突出的就是"新就业形态"劳动者法律保障问

---

① 《中共中央关于制定国民经济和社会发展第十四个五年规划和二〇三五年远景目标的建议》，http://www.gov.cn/zhengce/2020-11/03/content_5556991.htm。

② 《美团第二季度财报：营收438亿 主营业务保持高速增长》，https://baijiahao.baidu.com/s? id=1709930654540122295&wfr=spider&for=pc。

③ 网约配送员是本书的研究对象，经验层面本书主要关注其中的外卖骑手群体，定量和定性数据的调研对象都是外卖骑手，"骑手"是外卖骑手的简称。

④ 《"外卖骑手猝死获赔3万"，新兴职业要探索新的保障机制》，https://mp.weixin.qq.com/s/L_obeqoT8jpxNTYTe_kPeA，2021年1月11日。

题、保护好消费者合法权益问题等，要及时跟上研究，把法律短板及时补齐，在变化中不断完善①。2021 年 7 月，人社部等八部门印发《关于维护新就业形态劳动者劳动保障权益的指导意见》，聚焦新就业形态劳动者权益保障面临的突出问题，提出要健全公平就业、劳动报酬、休息、劳动安全、社会保险制度，强化职业伤害保障，完善劳动者诉求表达机制②。

此外，围绕网约配送员也存在一些争议，比如有舆论担忧"年轻人都去送外卖了，中国制造业怎么办"③，涉及服务业与制造业之间的人力资源竞争问题。近年来快递外卖行业从业人员规模迅速扩大，这一群体以青壮年劳动力为主，有相当一部分人是从传统产业中转移过来的；与外卖行业劳动力迅猛扩张相对应，民营企业，特别是制造业企业用工却受到了较大冲击。有些青年人有一定的学历，但是宁送外卖不去制造业企业工作。对于青年群体来说，与枯燥重复的工厂工作相比，城市中迅速发展的生活服务业新兴岗位正在成为他们更为青睐的就业方向；比起花费大量时间和精力去学习掌握一门技术，外卖骑手职业门槛不高，收入却不低。国家统计局发布的《农民工监测调查报告》也从侧面印证了这一现象：2008 年至 2018 年，从事制造业的农民工占农民工总量的平均年增长率为 − 2.84%（刘林平，2020）。但不可否认的是，从就业者个体层面来看，从"工人"到"骑手"的职业转变，其实质上是从传统低端制造业岗位转入同样低端的劳动密集型服务业岗位。与此相关，也有一些社会争论提出，骑手等新职业是否加剧了急功近利的风气，短期性的职业规划及其传递的价值观对于年轻人是否也存在负面影响，比如在我们的调研中不少基层官员表示："年轻人不去学一技之长，都去赚快钱了，他们以后发展怎么办？"

本书的主要研究对象为网约配送员，以外卖骑手为主体，该群体的核心人群为中青年农民工和大学毕业生，通过深化对网约配送员群体的认识

---

① 《习近平谈"新就业形态"：顺势而为、补齐短板》，http://www.gov.cn/xinwen/2020 − 05/23/content_5514219.htm。

② 《人力资源社会保障部　国家发展改革委　交通运输部　应急部　市场监管总局　国家医保局　最高人民法院　全国总工会关于维护新就业形态劳动者劳动保障权益的指导意见（2021）》，http://www.mohrss.gov.cn/xxgk2020/fdzdgknr/zcfg/gfxwj/ldgx/202107/t20210722_419091.html。

③ 《年轻人都去送外卖了，中国制造业怎么办》，https://www.thepaper.cn/newsDetail_forward_8484369，2023 年 7 月 18 日。

与理解，本书致力于探讨新业态背景下的农民工和大学生就业保障与乡村振兴等问题。实证分析主要描绘网约配送员群体的人群画像及其就业、家庭、消费、社会态度等特征。在此基础上，本书主要分析新业态和新职业的社会价值及其存在的困境，探讨重点群体的就业现状、权益保障、民生保障等问题，就如何促进农民工和大学生就业、促进就业减贫和乡村振兴、促进高质量就业和经济社会高质量发展等提出政策建议。

本书分为五个部分。第一部分有三章，讨论平台经济与新职业的发展，勾勒本研究的主要社会经济背景，提出本书的主要理论框架，并在总体上描述新业态群体的就业与生活特征。第二、三、四部分共有八章，是主要的实证分析部分，分别从就业保障与就业质量、社会融入与城乡发展、社会认同与社会流动的角度分析网约配送员群体的现状特征、发展困境以及发展趋势。第五部分有三章，在总结与反思的基础上呈现研究结论，包括对骑手就业价值与发展困境的总结、将骑手就业作为一种劳工实践的反思，并依据研究发现和理论框架提出促进新职业发展与高质量就业的对策建议。

本书综合使用定量和定性的研究方法，通过不同来源的数据和多样化的分析方法更加全面深入地理解新业态群体尤其是骑手群体。定量数据的主要来源如下。

（1）全国新职业青年调查。该调查由共青团中央维护青少年权益部、中国社会科学院社会学研究所共同组织实施，是我国第一个关于新业态新职业群体的跨地区、跨职业、跨平台的全国性调查。调查对象是 18 ~ 45 岁的以新业态新就业为主要职业的人群（具体定义请见后文），来自全国 31 个省（自治区、直辖市），调查时间是 2020 年 10 月，调查问卷通过腾讯问卷平台发放，经过数据清理，共获得有效样本 11495 个。其中，以网约配送员为主要职业的样本经过数据清理，共获得有效样本 6196 个。

（2）中国社会状况综合调查（China Social Survey，简称 CSS）。该调查由中国社会科学院社会学研究所组织实施，是双年度的纵贯调查，采用概率抽样的入户访问方式，调查区域覆盖了全国 31 个省（自治区、直辖市），包括 151 个区市县 604 个村/居，每次调查访问 10000 余个家庭，调查对象为 18 ~ 69 周岁的中国公民。本书主要使用了 CSS2019 数据，该数据的采集采用分层多阶段随机抽样的方法，覆盖 29 个省（自治区、直辖市），共获得有效样本 10283 个。

（3）中国大学生追踪调查（PSCUS）。该调查由中国社会科学院社会学研究所和中国教育发展智库主持实施，以全国范围内的在校大学生及毕业生为调查对象，采用了多阶段混合抽样的方法，把"学校－专业－班级"作为三个层次的抽样单元进行抽样。本书主要使用了该调查 2017 年的调查数据，调查样本院校为 17 所，包括 4 所双一流/985 大学、5 所非双一流/985 本科院校和 8 所高职院校，约有 15000 个有效样本。

定性数据主要来自课题组的田野调查，主要使用了焦点组访谈、个案深访、机构访谈等研究方法。定性数据的主要来源如下。

（1）焦点组访谈。课题组对全国多个地区的骑手、平台、物流服务商、地方政府等进行实地调研，主要使用焦点组访谈的方法进行田野调查。

（2）个案访谈。2021 年初，课题组组织了一次涉及 22 个省（自治区、直辖市）的骑手田野调查，主要针对活跃骑手和退役骑手进行了一对一的半结构式深度访谈。加上焦点组访谈，课题组的定性数据包含 236 个访谈和座谈会，资料整理近 350 万字。

（3）政府机构访谈。课题组设计了政府侧调研问卷，调研下沉至区、县等基层地区，覆盖全国 31 个省（自治区、直辖市），涉及共青团、宣传部以及人社、市场监管、商务、工信、农业等地方政府职能部门和行业主管部门。这些问卷信息有助于了解各地青年劳动力的就业情况、各地针对"新业态"和"新业态青年"的相关管理服务措施以及工作中的难点重点情况。

（4）物流配送企业访谈。课题组设计了物流配送企业访谈提纲，在全国多个地方访谈了不同规模的物流配送企业，了解企业如何招募骑手，为骑手提供哪些就业、生活和保障等服务，以及骑手人群的特征等信息。

第一部分

平台经济与新职业的发展

第一章
业态创新与新职业的兴起

新一轮经济产业模式变革带动经济产业向智能化、数字化和信息化方向发展，催生了一大批形态多样、分工精细的新职业，这些新职业覆盖不同层次就业、采取灵活多样的就业形态，吸纳了大量就业人口，成为我国当前以及未来劳动力市场中不容忽视的力量，是我国"稳就业"的重要保障。当前我国正在加快构建以国内大循环为主体、国内国际双循环相互促进的新发展格局，在此背景下，推动业态创新发展，促进新职业的健康成长，是提升经济发展动能的重要路径，而对新业态和新职业的研究，也应是当前社会学研究的重要主题。

根据人社部的定义，新职业一般而言是指《中华人民共和国职业分类大典》中未收录的，在社会经济发展中已有一定规模的从业人员，且具有相对独立成熟的专业、技能要求的职业。本书中的"新职业"，特指在当前经济转型升级的大背景下新就业形态中产生的职业类别。而灵活就业是指以非全日制、临时性和弹性工作等灵活形式就业的就业形态，网约配送员（骑手）、自由职业的作家等都是灵活就业的代表。

在上述定义下，当前我国新职业发展显现两个突出特点。其一，密集诞生于高新技术领域：人工智能、物联网、大数据和云计算等技术得以广泛运用，市场对相关岗位已形成了稳定需求，此类职业要求从业者具有良好的基础知识结构与过硬的专业技能，往往成为大学生求职者所青睐的职业选择。其二，大量产生在生活服务业：在数字经济和服务经济深度融合发展、人民群众的精神文化需求不断提高的大背景下，生活服务业依托互联网技术的发展和联通，产生了大量工作灵活、收入可观的新职业，其中大量职业并不需要一定程度的学历和技能，而仅以互联网的使用和低成本投入作为准入门槛。

一个新兴职业群体产生于特定的社会和历史情境中，而对新职业群体的讨论，也需要先摸清其所处时代的社会发展脉络。基于此，本章将首先从经济、社会、青年和技术四个视角出发，分析新职业兴起的宏观背景；然后基于对当前已有研究的分析，初步呈现当前新经济与新业态的发展特征。

一　新职业兴起的社会背景

伴随新一轮科技革命与产业变革，我国正在加快建设现代产业体系。《中共中央关于制定国民经济和社会发展第十四个五年规划和二○三五年远景目标的建议》明确提出要发展战略性新兴产业，加快促进现代服务业和产业数字化发展①。2021 年，我国第三产业增加值达到 609679.7 亿元，其增长占 GDP 的比重为 53.3%，比第二产业高 13.9 个百分点；其增长对 GDP 的贡献率达到了 54.9%，比第二产业高 16.5 个百分点（国家统计局，2021b）。在此背景下，以智能化、数字化、信息化为特征的新经济迅速发展，催生了一大批灵活多样、分工精细的新就业形态，覆盖不同就业层次，采取灵活多样的就业模式，吸纳了大量就业人口，成为我国当前以及未来劳动力市场中不容忽视的力量。其中，青年和进城农民工是新业态从业人员的主力群体。弹性劳动体制适应了青年就业价值观的转变，吸引大量年轻人加入新职业、新业态。此外，很大一部分进城农民工流向劳动密集型的生活服务新业态，借助互联网平台，以非标准就业、打零工、自我雇佣等多种形式灵活就业，典型的包括网约配送员、网约车司机等。这些新业态与新职业的兴起与成长，既是新时代劳动者敢于创新、勇于实践的真实映照，也是当前我国促进经济发展与提升民众生活质量的重要力量。

（一）新职业与经济发展

新业态是社会主义市场经济稳步发展的重要动力。"十四五"规划提

---

① 《中共中央关于制定国民经济和社会发展第十四个五年规划和二○三五年远景目标的建议》，http://www.gov.cn/zhengce/2020-11/03/content_5556991.htm，2020 年 11 月 3 日。

出，到 2035 年，人均国内生产总值要达到中等发达国家水平，中等收入群体显著扩大。2021 年《政府工作报告》明确要求，"着力提高低收入群体收入，扩大中等收入群体，居民人均可支配收入增长与国内生产总值增长基本同步"①。农民工和大学毕业生是扩大中等收入群体的重点人群。习近平总书记在《扎实推动共同富裕》一文中指出，进城农民工是中等收入群体的重要来源，要深化户籍制度改革，解决好农业转移人口随迁子女教育等问题，让他们安心进城，稳定就业（习近平，2021）。这些新业态新就业群体主要从事城市新兴服务业，大多来自农村或小城镇，文化程度不高，但是收入较为可观。根据国家信息中心发布的《中国共享经济发展报告（2022）》，2021 年我国共享经济市场交易规模约为 36881 亿元，同比增长约 9.2%，生活服务、生产能力、知识技能三个领域共享经济市场规模位居前三（国家信息中心，2022）。美团 2021 年第二季度财报显示，2021 年上半年美团日均活跃骑手超过 100 万人，美团年度交易用户数达 6.3 亿人②。

新职业从业人员已经成为我国当前以及未来劳动力市场中不容忽视的就业群体，新职业岗位是我国"稳就业"的重要保障。2018 年中国第三产业数字经济就业岗位达 13426 万个，同比增加 16.6%，占全国数字经济就业岗位的 70%［《人民日报》（海外版），2019］。2020 年初新冠肺炎疫情期间，以线上消费、在线办公、在线教育等为代表的新业态在对冲行业压力、带动生产与消费、促进稳定就业等方面发挥了不可忽视的作用，发挥出强大的"蓄水池"功能。2020 年上半年，美团平台有单网约配送员达到 295.2 万人，新注册的有单网约配送员达到 33.6 万人（美团研究院，2020b）；支付宝相关数据显示，自疫情发生至 2020 年 3 月中旬，已有 164 万人通过支付宝实现灵活就业，其中 90% 来自疫情中受损最严重的服务业岗位，此外也不乏人工智能训练师、网约配送员等新职业及各种兼职③。可见，随着需求增加，新就业形态可以在短时间内创造大量岗位，为暂时失去收入的人提

---

① 《最全！一图读懂 2021 年〈政府工作报告〉》，http://www.gov.cn/xinwen/2021 – 03/19/content_5590441.htm。

② 《美团第二季度财报：营收 438 亿　主营业务保持高速增长》，https://baijiahao.baidu.com/s? id = 1709930654540122295&wfr = spider&for = pc。

③ 《互联网平台助力复工复产　164 万人通过支付宝灵活就业》，https://news.gmw.cn/2020 – 03/20/content_3367，0018.htm，2020 年 3 月 20 日。

供多种临时性、过渡性就业，保障其个人及家庭收入延续，保障劳动和家庭再生产的顺利进行。

（二）新职业与社会建设

近些年，新职业的蓬勃发展受到了社会各界的广泛关注。2019 年以来，人社部陆续公布了包括网约配送员、互联网营销师、电子竞技员在内的四批共计 56 个新职业，正式将其纳入我国的"职业版图"。新职业的出现与发展，带来了就业空间的进一步拓展，是就业结构和就业模式的重要变迁。与此同时，大量产生于生活服务业的新职业也为人民群众的日常生活带来了新的面貌。

这批新职业的出现恰逢我国脱贫攻坚的关键时期，大量新职业改善了我国农民工的就业形势。据《2020 饿了么蓝骑士调研报告》，网约配送员平均年龄为 31 岁，90 后占 47%，八成来自农村（阿里研究院，2020）；《2019 年及 2020 年疫情期间美团骑手就业报告》显示，在美团平台就业的外卖网约配送员中，有 25.7 万人是建档立卡贫困人口，占网约配送员总量的 6.4%，2019 年共有 56.8% 的网约配送员通过外卖网约配送员工作实现本省就业（美团研究院，2020b）。面对新生代农民工回流农村的人数减少，城市就业压力增加的境况，新就业形态不仅接纳了大量的农村劳动力，而且兼职比例很高，从而能够借助这种分布式、弹性大的工作形态有效地减缓经济外生冲击对就业的影响，缓解经济与就业的波动（杨伟国，2019）。支持多渠道灵活就业已经成为国家促进农民工拓宽外出就业渠道的具体工作方向。人力资源社会保障部、国家发展改革委等 15 部门于 2020 年 8 月印发的《关于做好当前农民工就业创业工作的意见》指出，灵活就业支持政策对城镇户籍居民和农民工一视同仁，因地制宜发展零工市场或劳务市场，搭建企业用工余缺调剂平台，支持农民工从事直播销售、网约配送等新就业形态增加收入（人力资源社会保障部、国家发展改革委等，2020）。

在疫情期间，新职业从业人员在医疗救治、生产生活服务、新兴产业发展等方面都发挥了积极的作用，有效保障了疫情防控期间人们的生产生活质量水平，得到了社会各界的高度认可。根据人社部网站提供的信息，疫情期间，供应链管理师有效地推动了隔离和减少外出，让生鲜供应链成为保障民生发挥作用最大最显著的领域；春节前旅客票务问题咨询量受疫情影响同比暴增 13 倍，人工智能训练师协助全国 230 万消费者解决出行票务问题；为保障群众的基本生活供应，网约配送员全力投入配送服务工作，为抗击疫情贡献力量；全媒体运营师纷纷在各平台上线疫情专题版块，多维度集中实时呈现疫情信息，帮助宣传防疫知识、发动网民助力物资捐赠、解决多种需求（人力资源和社会保障部，2020）。2020 年两会期间，习近平总书记指出，新冠肺炎疫情突如其来，"新就业形态"也是脱颖而出，要顺势而为，当然这个领域也存在法律法规一时跟不上的问题，当前最突出的就是"新就业形态"劳动者法律保障问题、保护好消费者合法权益问题等，要及时跟上研究，把法律短板及时补齐，在变化中不断完善①。同年 3 月 20日，李克强总理在统筹推进疫情防控和稳就业工作电视电话会议上作出重要批示，指出要大力支持"互联网 +"、平台经济等发展，为就业创业、灵活就业提供更多机会②。

（三）新职业与青年发展

业态创新与新职业的发展为青年的就业创业提供了更多的机会与更广阔的平台。《中长期青年发展规划（2016—2025 年）》明确指出，要扶持发展现代服务业、战略性新兴产业、劳动密集型企业和小微企业，吸纳青年就业；加强对灵活就业、新就业形态的支持，促进青年自主就业，鼓励多渠道多形式就业；要创新就业信息服务方式方法，注重运用互联网技术打造适合青年特点的就业服务模式；要开展青年农民工职业技能培训，通过订单、定向和定岗式培训，对农村未升学初高中毕业生等新生代农民工开展就业技能培训，为有创业意愿的青年农民工提供创业培训。

新业态和新职业对促进中青年农民工和大学生就业有重要作用。中国人民大学中国就业研究所联合智联招聘发布的《2020 年大学生就业力报告》显示，从期望就业行业来看，毕业生更倾向于在新经济行业就业；具体来看，期望就职于 IT/通信/电子/互联网、文化/传媒/娱乐/体育、商业服务（咨询/财会/法律/广告）、金融业等新经济行业的毕业生比例相对较高，这

---

① 《习近平谈"新就业形态"：顺势而为、补齐短板》，http://www.gov.cn/xinwen/2020 – 05/23/content_5514219.htm。

② 《李克强对统筹推进疫情防控和稳就业工作电视电话会议作出重要批示》，http://www.gov.cn/xinwen/2020 – 03/20/content_5493643.htm，2020 年 3 月 20 日。

些行业薪酬待遇优厚、科技含量较高、发展空间较好，与当下新一代求职者择业需求相契合（中国人民大学、智联招聘，2020）。网约配送员的学历也呈走高趋势，2020 年饿了么平台的大学生网约配送员占比接近两成（阿里研究院，2020），美团平台大专及以上学历网约配送员占比达到 24.7%（美团研究院，2020b）。

新职业为青年提供了新的就业创业选择。一方面，新就业形态激发了外出务工者返乡创业的热忱。农业部 2017 年的数据显示，在返乡下乡人员创办的企业中，有 80% 以上都是新产业新业态新模式和产业融合项目，54% 都运用了网络等现代手段（《工人日报》，2017）。另一方面，新兴职业的出现也冲击了传统奔向北上广深的就业模式，居家就业、非全时工作给予了小镇青年更多创造价值和实现自我的可能，为打破区域发展不平衡注入了一股新的力量。2019 年 12 月 6 日，支付宝首次公布在其平台上诞生的新职业，这些新职业从业者中，约有一半生活在三四五线城市，比如支付宝云客服中二至五线城市人数占比达 88.5%，数据标注师则几乎全是小镇青年（阿里研究院，2019）。此外，小镇青年依托新业态引领了"空闲经济"的发展方向：在快手大数据研究院和《中国青年报》联合出品的《走向更好的自己：2019 小镇青年报告》中，小镇青年的职业关键词显现出了高度的人文关怀。摄影师、演员、歌手、情感博主等曾经作为城市文艺青年艺术情怀寄托的职业，如今却成了小镇青年的真实生活，依靠互联网的发展，小镇青年能够在社交平台和电商平台上实现自己的梦想，以此为业，取得生活收入（快手大数据研究院、《中国青年报》，2019）。与长期处于高压高强度工作状态下的大城市青年相比，小镇青年怡然自得的生活方式也不失为一种人生选择，而正是新兴业态的出现和成长，为小镇青年提供了依托"空闲经济"实现自己职业发展的可能。

（四）新职业与技术变革

近年来，随着人工智能、物联网、大数据等技术的广泛运用，高新技术产业已经成为我国经济新的增长点。信息化促进了传统职业的活动内容发生变革，从而衍生出如数字化管理师、建筑信息模型技术员等新职业；智能可穿戴设备和大数据的发展使得物联网在办公与居家生活等领域得到广泛应用，对物联网设计与运维人员提出了更大的需求；直播行业的兴盛，使得基于计算机或手持智能设备的竞技项目发展迅猛，电子竞技成为新兴产业；信息化与现代制造业深度结合，许多专业技术类新职业应运而生，这些职业通常需要从业人员具备较高的专业素养和技术能力，不断吸引着高学历求职者加入。

技术变迁深刻影响了农业相关行业的发展。近年来，农民专业合作社等农业经济合作组织发展迅猛，从事农业生产组织、设备作业、技术支持、产品加工与销售等管理服务的人员需求旺盛，新型职业农民逐渐成为热门的职业。2017 年全国新型职业农民总量已突破 1500 万人，较 2016 年增加约 600 万人。其中，45 岁及以下的新型职业农民占 54.35%，高中及以上文化程度的新型职业农民占 30.34%（艾格农业，2018）。数据显示，在县域创业者中，返乡创业者占 50.8%，其中大学生的占比约为 16%（58 同镇，清华大学社会科学学院县域治理研究中心、社会与金融研究中心，2020）。这些青年生长于乡村，是连接农村与城市的天然纽带，他们利用自己的资金、经营知识和技术优势积累，借助移动互联网提供的便利，迅速成长为一批爱农业、懂技术、善经营的农业人才，成为乡村振兴的有力推动力量。

新技术也促进了工业制造业劳动力结构的变迁以及制造业新职业的出现。随着生产线的自动化发展，许多生产流水线上的简单劳动力被工业机器人取代，而相关行业的用工导向也逐渐从简单劳动力转向工业机器人的操作员与运维员。与此同时，伴随无人机技术的成熟，无人机在农业、测绘、摄影、能源和物流等行业领域大显身手，使得以往难以完成的高难险和有毒有害工作有了新的劳动力，解决了部分高风险工种的职业安全问题，而无人机的大量使用也使得无人机驾驶员成为相关行业新兴的热门职业。随着工业制造业的技术革新，既有的劳动力结构逐渐发生改变，基于生产技术革新的高技能岗位不断产生和发展。

二 新经济与新业态的发展特征

现有相关研究主要探讨了新经济新业态在我国的发展特征和未来趋势，以及对经济社会发展的作用和存在的问题，本章也梳理和呈现了当前新经济与新业态的典型发展特征，以便更好地理解新业态背景下的劳动者就业。

党的十八届五中全会公报提到"加强对灵活就业、新就业形态的支持"

（《人民日报》，2015），首次提出了"新就业形态"的概念。"新就业形态"这一概念可以从生产力和生产关系两个角度理解：从生产力角度看，"新就业形态"描述了在新一轮工业革命带动的生产资料智能化、数字化、信息化条件下，通过劳动者与生产资料互动实现虚拟与实体生产体系灵活协作的工作模式；从生产关系角度看，"新就业形态"指伴随着互联网技术进步与大众消费升级出现的去雇主化、平台化的就业模式（张成刚，2016）。当前，新经济带动下的新就业和新职业在全球蓬勃发展，学术界的一个争议点在于：未来，新就业形态是否会取代既有的其他就业形态？一种观点认为，自由职业将成为未来的主要职业类型，越来越多的劳动者将依托平台就业，未来将是一种全职员工转变为承包人、供应商及临时工的新型经济（Hanauer & Rolf，2015）；另一种观点认为，新就业形态不会完全替代传统的正规就业、非正规就业，未来更可能的图景是多种就业形态并存（张成刚，2018）；也有学者强调新就业形态的去体制化特征代表着未来社会的发展方向，未来可能会进入一种"自由职业社会"，工作方式更加去结构化、去体制化，职业发展与兴趣、情感、生活方式联系得更紧密（朱迪等，2020）。

已有研究充分肯定了新经济和新就业形态在吸纳就业、改善就业质量、促进女性就业、增加劳动者收入、提高生活质量等方面的积极作用。新就业形态有助于缓解当前的就业矛盾，对实现更高质量和更充分就业的目标有重要意义；此外，新就业形态不仅带来了巨大的经济效益还带来了社会效益，提高了人民的生活质量，比如共享出行提高了乘客的出行效率、促进了出行消费（王娟，2019）。根据对北京市的调查，研究发现65.55%的劳动者在从事共享经济平台工作后收入有所增加，同时共享经济平台也吸纳了大量低技能劳动者（张成刚，2018）。数字经济赋予女性诸多就业利好，包括：增加就业机会，优化就业结构；提升劳动收入水平，支持女性经济独立；促进灵活就业，推动性别平等；促进家务劳动社会化，减轻女性家庭负担。研究同时指出，应关注女性的职业需求，正视女性在数字经济催生的新业态、新职业、新阶层中扮演的角色以及能够发挥的作用，以需求为基础创造平等的就业机会。（宋月萍，2021）通过研究灵活就业与创业之间的关系，有研究指出灵活就业显著降低了创业的可能性，特别是通过为失业和低收入人群提供就业机会来减少低质量的创业活动，从而改善就业质量（Burtch et al.，2018）。

新就业形态也存在劳动关系和相关立法不完善、收入不稳定、福利保障缺失、职业培训缺位、工作贫困风险等问题。已有研究提到的普遍存在的问题包括：相关立法不完善，劳动权益得不到保护，劳动安全事故的责任认定困难，针对灵活就业人员的社会保障不完善，险种有限且无法异地携带，保障水平也较低（张成刚，2018；关博，2019；匡亚林等，2021）。另一部分研究聚焦就业脆弱性问题。研究者用就业脆弱性来衡量就业是否具有稳定性以及是否能够增强劳动者抵御风险的能力。实证研究发现，骑手职业与国家机关和国有企事业单位干部、专业技术人员、一般办事人员、制造业工人、商业从业人员、服务业从业人员等职业相比，皆具有更高的就业脆弱性，而事实上，骑手职业的就业脆弱性水平仅低于"不便分类的小时工"；这种就业脆弱性根源于个体劳动技能的缺乏，高强度的工作节奏和简单重复的低技能工作内容导致外卖骑手陷入职业发展困境，缺乏职业发展空间而又缺乏对职业技能培训的兴趣（崔岩，2021）。根据对北京市的调研，有研究指出平台从业者对收入不稳定担忧较多，56.95%的被调查者最担心的问题是收入不稳定（张成刚、冯丽君，2019）。也有研究指出了新就业形态发展不完善和外部环境变化可能给劳动者带来的诸多风险。首先，新就业形态不存在明确的用人单位，无法确定劳动关系主体，劳动者工作转换压力较大，尤其在相关产业出现结构性调整或者行业发生重大变化时，无法实现多方风险共担；其次，非正规就业岗位缺少稳定的工作价值成长路径，低门槛带来激烈竞争，进一步挤压了人力资本溢价，而劳动者本身无法通过集体协商等劳动权益保护机制落实工资权益保障，当行业面临波动或者商业模式进入衰退期时，收入随之出现波动，难以维持基本生活保障（关博，2019）。此外，也有研究指出新业态从业者面临的工作贫困风险表现为：劳动收入不低，但生活消费开支多、财富积累少，存在潜在支出型贫困风险，难以抵御疾病、工伤等意外（匡亚林等，2021）。

三 本章小结

新职业的产生和发展是新一轮产业革命下中国经济潜力迸发的体现，是新技术和产业结构不断转型发展的结果，也是人民群众对美好生活的需要在就业领域的反映。重视新业态新职业对经济社会发展的重要作用，稳定新业态新就业群体就业，对于提高居民收入水平、扩大中等收入群体、扩大内需、实现共同富裕都有重要意义。新业态和新职业以其就业方式的灵活性、促进工作与兴趣以及工作与生活的协调、工作安排的自主性等特点，得到相当一部分青年的认同，在解决大学生和农民工就业方面有很大优势。在当前发展阶段，新业态和新职业也存在较明显的不足之处，需要深入研究并提出对策建议，以促进新业态和新职业的成长发展与高质量就业。

第二章
新业态群体研究的理论视角

基于已有研究，本章梳理关于新业态新就业群体研究的重要理论视角，这有助于更好地理解新业态背景下的劳动者就业。当前文献中有四类理论视角对于理解网约配送员群体非常有帮助，分别为劳动视角、社会分层视角、代际社会学视角和社会认同视角。

一 劳动视角

在劳动视角中，大多数研究强调新就业的"不稳定劳动"和"数字控制"特征。盖伊·斯坦丁（Standing，2011）用"不稳定无产者"的概念来描述新自由主义资本全球化背景下劳动者的状态，他认为：在生产关系方面，大多数人以临时的或短期的工作为生，经济收入相对较低或不稳定，雇佣关系短暂，缺乏长期的职业目标和职业前景；在分配关系方面，缺乏社会福利。"不稳定无产者"面临的核心问题不在于工资收入的高低，而在于缺乏社区支持和国家保护：他们往往因脱离来自私人、企业和国家的保障，而身陷社会收入低下的囹圄（苏熠慧、姚建华，2019）。上文提到的一些劳动经济学领域的文献强调新就业带来的问题和风险，实质上也是在强调"不稳定劳动"的特征。有学者用"赛博无产阶级"（cybertariat）（Huws & Leys，2003；Huws，2014）的概念强调信息技术使自动化和全球化结合，提升了资本主义基本动力的新强度：它的驱动力也同时吸引人们进入工作劳动，并且强迫他们作为剩余的被解雇者或者未完全就业者（迪尔－维斯福特，2020）。通过对外卖送餐员的田野调查，有研究指出平台算法对外卖员的劳动管理呈现"时间内嵌"、"情感劳动"和"游戏化"等诸多方面的特征，强调技术发展"光环"下的劳动政治要看到算法权力结构下的不平等内嵌于更加多元的权力关系景观之中（孙萍，2019）。华中师范大学社会学院郑广怀研究团队（2020）和陈龙（2020b）分别用"下载劳动"和"劳动控制"等概念，论述了算法如何管理、控制、塑造劳动者的观点；李胜蓝、江立华（2020）进一步从时间角度批判了平台劳动的"灵活性"，指出在技术的辅助作用下，骑手依旧处于严密的实时劳动监控之中，并随着消费者加入监控队伍而增加了劳动强度，提升了时间压力，所谓"自由"和"灵活"不过是资本操纵的劳动游戏。

　　新职业的就业脆弱性同样是劳动视角研究值得关注的重要议题。"就业脆弱性"是就业质量评价的重要维度，国内外已有众多研究对"就业脆弱性"这一概念进行了讨论（Bazillier，2016）。有学者指出，"脆弱就业"这一概念的提出，最早出现于20世纪70年代的欧洲，其与传统形式的就业相比，在工作形式、雇佣关系、契约保障等方面有着诸多不同（Ferreira，2016；刘爱玉，2020；刘爱玉、刘继伟，2020；Kalleberg，2009）。有研究指出，脆弱就业已经成为一种常态化的就业状态，在形式上、内容上、保障上呈现了不确定、不稳定的状态。在社会学家贝克提出风险社会和无保障新政治经济概念的背景下，就业脆弱性的增强，正是不确定、无保障的风险社会的主要特征（刘爱玉、刘继伟，2020）。所以，从概念内涵来看，"就业脆弱性"主要体现为就业是否处于稳定状态，以及通过就业是否能够提升个体抵御风险的能力。当前，作为一类灵活且新兴的工种，骑手职业的劳动关系契约和工作社会保障等方面的体制机制尚未健全，从业者的就业稳定性与安全性缺乏保障，看似更自主、更灵活的外卖骑手职业实际上存在着脆弱就业的较高风险。

　　在劳动视角中，还有一部分文献强调生活服务类新就业作为"情感劳动"的特征。虽然情感劳动一直是服务业工作的一部分，但是顾客打分等量化指标使得情感劳动更加直观化和必要化，并且这些量化指标与劳动评估、监视和控制等管理层面紧密联系（Gandini，2018）。从劳动者的角度看，平台购物送货员也经历了情感体验，比如在服务老年和残疾顾客时，女性送货员有一种情感获得和意义感，认为工作中有"社会工作"的成分（Milkman et al.，2020）。也有研究指出这类就业的情感劳动要求与从业人员职业素质之间存在落差，导致新业态和新职业的发展面临困境。在高流动性的陌生场景中，骑手被期待完成一次高效的情感劳动，其完成的难度远大于传统服务业，而骑手的人力资本和职业素养不足以支撑这种高度被压缩的情感劳动，从而容易出现骑手与商家、骑手与顾客甚至骑手之间的冲突（中国社会科学院社会学研究所，2021）。

二　社会分层视角

已有文献从社会结构的视角考察新就业群体的社会经济地位。其中一种是强调"不稳定无产者"或者"赛博无产阶级"的观点，比如斯坦丁认为"不稳定无产者"处于新社会结构中的下层，比核心工人阶级的地位还要低，一方面他们中的大多数经历着不安全和不稳定的工作和生活，这使他们成为一个"新的危险阶级"，另一方面他们缺乏清晰的阶级意识，异常脆弱，内部也充满着斗争（苏熠慧、姚建华，2019）。大英阶级调查借用斯坦丁的概念划分出"不稳定无产者"阶层，由大约15%的人口组成（Savage et al.，2013）。

事实上，中国以及全球很多国家的新就业群体内部分化很大，不同国家的新就业群体也有差异。如果参考英国新社会阶级分类，很多新就业群体也可能属于"新富裕工人阶级"和"新兴服务业工人阶级"，新富裕工人阶级的家庭收入中等，低于稳固中产阶级但是高于传统工人阶级，新兴服务业工人阶级的显著特征在于新兴文化资本参与度较高，甚至高于稳固中产阶级，比如玩视频游戏、在社交网站互动、使用互联网、看比赛、与朋友共度时光等（Savage et al.，2013）。

如果用这种"新阶级"的眼光来看，新就业群体在我国当代社会背景下也被认为属于"新社会阶层"。李培林、尉建文（2021）提出，作为新社会阶层，"新职业群体"是中国特色社会主义事业的建设者，在促进共同富裕、构建社会主义和谐社会、全面建设小康社会的过程中发挥着重要作用，是党可以依靠的群众基础。也有研究（朱迪、王卡，2021）指出，伴随信息化带来的社会变迁，中国社会在中产阶层和中低阶层之间、在白领和蓝领之间，可能裂变出一个新型的结构，或可暂时称为"新服务工人"，他们主要从事城市新兴服务业，大多来自农村或者小城镇，是新兴的年轻城市人群，经济资本相对较高而文化资本较低；除网约配送员之外，还有一些收入较高的城市生活服务从业人员（如育儿嫂、装修工、网约车司机等）也属于这种正在兴起的社会阶层。

劳动技能是影响新就业群体社会经济地位的关键因素。王星（2020）根据劳动技能将零工工作分为两种类型：一是零工的高档类型，工作任务社会化程度高，对劳动者的技能水平和技能门槛要求高，比如咨询业、创意设计业等，透明化程度极高的零工劳动力市场强化了高技能劳动力的议价能力和自我保护能力，部分实现了"实质自由"；二是所谓零工的低档类型，工作任务即时化程度通常比较高，但对劳动者的技能水平和技能门槛要求比较低，比如家政服务、快递服务、交通服务、简单维修服务等，此类群体整体上处于缺权状态，高强度成为劳动常态，缺乏明确的职业规划，面临平台压榨的风险。在社会分层视角下，也有研究从新业态新就业群体与顾客互动的角度探讨了阶级对立问题。一个关于女性平台购物送货员的研究发现，对于那些有能力线下购物但是仍使用送货服务或者小气（比如不给小费）、没礼貌的男性富裕顾客，女性送货员显示出了激烈的憎恨，研究认为这种憎恨混合了性别社会规范和阶级对立（Milkman et al.，2020）。

三　代际社会学视角

已有研究认为，新业态新就业的兴起，与当代青年价值观和工作生活方式的转变紧密联系，或者说青年价值观的转变与新业态新就业的发展相辅相成。在2010年之前的经济腾飞期，青年已经出现了谋求高回报、实现自我价值、职业规划的短期化等特征，而随着互联网经济的发展，中国年青一代的就业观念迅速实现了国际化和全球化，职场自主性、自我价值的充分实现、劳动者权益保护和业余生活的同等重要性等新型观念开始主导年青一代的就业心理和动机（刘能，2018）。就如何理解当代青年的价值观和行为模式，周怡（2021）强调由历史变迁的传递而形成的能够支配和统治整个社会思想走向的"文化结构"，并认为当下中国社会共存着三种"由外向内"的意识形态话语体系——传统文化、社会主义文化和市场文化；不同代群体的价值观差异，本质反映的是不同代对三套社会意识形态话语的接受程度或内化程度之差异；新生代虽然出生于市场话语体系占主导的改革开放年代，但在他们的社会化过程中一直受到父辈及祖辈的教导、学校和国家意识形态的灌输，因此，他们的价值观和行为模式基本上不会与中国社会共享的三套"文化结构"相脱离。

四　社会认同视角

社会认同从本质上来讲，指向福利渗透、意义系统和社会组织三个方面，"它们构成了社会认同的基础性领域"（李友梅，2007）。社会认同的概念大致可分为两类：一类指社会公众对某一人或事物的承认、认可或赞同；另一类指与自我认同视角建构相关的社会认同、自我认同、民族认同、文化认同和组织认同等（陈午晴，2009）。比如，王春光（2001）将社会认同视为"对自我特性的一致性认可、对周围社会的信任和归属、对有关权威和权力的遵从等"；张文宏和雷开春（2009）将社会认同看作个体对其社会身份的主观确认；方文（2008）指出社会认同是"行动者对其群体资格或范畴资格积极的认知评价、情感体验和价值承诺"。本部分所指涉的社会认同议题属于第二类。

以往的社会认同研究有相当数量的文献聚焦于农民工群体，而对于当前的新职业群体，社会认同理论框架仍然具有借鉴意义。以往社会认同研究大多强调职业认同、群体认同、阶层地位认同等维度，尤其是在农民工相关研究中，更加强调社区认同、城市认同和乡土认同等，上述框架在研究城乡二元结构下的流动人口时，具有较强的解释力。如王春光（2001）通过问卷调查考察了新生代农村流动人口的身份认同、社区认同和乡土认同，发现相对于第一代农村流动人口，新生代农村流动人口对制度性身份的认可和乡土认同在减弱，而在流入地却有更积极的社会参与，当前我国独特的城乡社会空间与新生代农村流动人口的群体社会记忆之间的互动，塑造了新生代农民工的社会认同。张文宏和雷开春（2009）从文化认同、群体认同、地域认同、职业认同和地位认同维度出发探讨城市新移民社会认同的内在关系结构，通过调查发现，新移民群体的职业认同与群体认同和地位认同、地位认同与地域认同、地域认同与文化认同和群体认同、群体认同与文化认同之间存在着一致性认同的倾向；职业认同与文化认同和地域认同、地位认同与文化认同和群体认同之间存在着差异性认同的倾向。

根据网约配送员群体的特点，本书将从职业认同、阶层地位认同、城市认同和乡土认同四个维度探讨该群体的社会认同问题。在农民工和城市移民的职业认同和阶层地位认同研究中，研究者大多强调职业稳定性、收入与福利保障、职业发展前景等职业相关因素的影响，也有人从物质资本、人力资本、社会资本、文化资本的角度来讨论。张海东和袁博（2020）强调体制分割与市场分割相结合的双重二元劳动力市场的影响，提出基于体制分割的"职业稳定性"假设、"收入与福利保障水平"假设、"职业发展前景"假设，实证研究发现：①职业稳定性是主次劳动力市场分割的最显著因素；②体制内外人员在收入与福利保障对阶层认同的影响方面有明显差异；③对职业晋升机会的满意度对于体制内外人员的阶层认同都非常重要。徐延辉和袁兰（2019）从物质资本、人力资本、社会资本和文化资本四个维度，探讨资本存量对农民工群体阶层认同的影响；物质资本主要指收入和住房所有权，人力资本主要指受教育程度和工作中的决策能力，社会资本主要指社会交往能力，文化资本主要指休闲生活丰富性；他们使用CGSS2015数据分析发现，物质资本中的家庭年收入和住房所有权、人力资本中的决策能力、社会资本和文化资本均对农民工群体的阶层认同有影响，其中物质资本影响最大，人力资本影响最小。

就农民工尤其是青年农民工的城市认同和乡土认同而言，现有研究强调个体因素、工作因素、家庭因素以及制度和文化因素等方面的影响。个体因素的相关研究主要涉及人力资本和社会资本。蔡禾和曹志刚（2009）围绕农民工的个体因素、制度因素和网络因素提出"市场能力"假设、"制度压力"假设、"社会网络"假设，认为农民工的城市认同不仅受个体自身市场能力和相关制度设置的影响，同时也受到农民工社会网络的影响，即他们能否弱化对原有乡土社会网络的依赖，比如家人、亲戚、老乡，更多地利用城市新生社会网络资源，比如工友、主管和企业外的朋友。叶静怡和李晨乐（2011）使用受教育年限、个人能力、工作经验变量来测量农民工的人力资本，通过对在京农民工进行实证分析发现，拥有相对较高人力资本的农民工的预期回报率在城市高于在农村地区，其返乡意愿更弱；而农村非农产业越发达，人力资本对返乡概率的负向影响就越弱。张剑宇和任丹丹（2021）构建"发展意愿－发展能力"框架分析农民工的回流现象，指出他们的发展意愿受到乡村发展现状、家庭现实状况和个人价值取向的影响，发展能力受到受教育状况、外出务工职业经历和经济实力的影响，文章将回流农民工划分为纯粹发展型、发展无奈型、潜在发展型、基本生存型等四种类型。

工作因素主要强调劳动合同、福利保障、工作收入等的影响，有研究也将收入归入市场能力、人力资本、经济资源等概念中。秦昕等（2011）提出以工作因素为核心的影响机制模型，即农民工的工作特征影响他们的工作认知，进而影响他们的城市认同和乡土认同。研究发现，签订劳动合同的农民工享受更多的福利、工作时间更短；享有的福利越多、工作时间越短、加班频率越低，农民工越倾向于认为自己在城市的工作比较有地位，即工作社会地位越高；而农民工感知的工作社会地位对其城市融合有显著影响，工作社会地位越高，农民工对城市社区的认同越高、乡土认同越低。

家庭因素主要强调是否与家人同住、子女是否随迁等因素的影响。张陆（2014）综合身份性、归属感、评价性三个维度定义城市认同和农村认同，研究发现，青年城市移民（出生在农村）的农村认同处于中等水平，而城市认同较低，其中，蓝领移民和当前农业户口的移民农村认同较高、城市认同较低；除了婚姻、户口、职业、收入、城市生活时间等因素之外，研究强调家庭因素对青年移民城乡认同的影响，所有家人一起在本市生活的移民，其整合型（高农村认同和高城市认同）和同化型（低农村认同和高城市认同）城乡认同比例最高。景晓芬和马凤鸣（2012）也强调家庭因素，认为除了个体能动性如受教育程度和收入水平之外，与生命历程相关的出生组效应、家庭所处的生命周期以及一定的空间效应都会影响农民工的留城和返乡意愿，1985年之后的出生组、子女随迁的农民工留城意愿显著较强。

此外，李帆等（2020）从制度因素入手，认为土地资源的生产资料与社会保障的双重功能为农业转移人口提供了返乡的选择与基础，对返乡意愿具有显著的正向影响。文化因素方面，有研究提出新生代农民工的乡土认同既受到城市外推力量的影响，也受到乡土内拉力量的影响，前者包括对乡村生活方式的认同和对社会网络的认同，后者包括对文化身份和乡土记忆的认同（郑庆杰、许龙飞，2015）。

五　本章小结

已有文献为新业态群体研究提供了丰富的理论视角，劳动视角指引研究者关注骑手群体就业的不稳定性与脆弱性，分析其在劳动过程中所受到的控制，以及关注其常常被忽视的情感劳动面向。社会分层视角启发研究者关注新兴的骑手群体在社会分层结构中的位置，从更宏观的视角认识骑手群体与当前经济社会背景之间的关系，特别是关注该群体的社会流动问题。代际社会学视角指出应从新生代农民工和新世代青年的角度理解骑手群体，关注当前青年价值观与生活方式的转变及其作用机制，启发研究者特别关注新业态与新世代之间的关系。而社会认同视角则提示研究者从职业认同、群体认同、社区认同等方面着手，分析骑手群体的社会认同建构及其影响因素。

第三章
新业态青年的就业与生活

本章主要考察新业态青年的发展特征与面临的困境。数据主要来自全国新职业青年调查、2019 年中国社会状况综合调查（CSS2019）和国家统计局发布的《2020 年农民工监测调查报告》。

一　新业态青年的总体特征

本章的"新业态青年"定义主要参考人社部的新职业分类，为《中华人民共和国职业分类大典》中近年来新收录或暂未收录的、随着经济社会发展和技术进步而形成的新的社会群体性工作，已有一定规模的从业人员且具有相对独立成熟的专业、技能要求的职业，呈现业态新颖、非全时工作、就业方式灵活等特点。本次调查主要针对七类新职业，包括：①网约配送员（外卖骑手），②网络主播（包括音视频创作者），③公众号/微博等全媒体运营人员，④网络文学写手，⑤电子竞技员，⑥新兴互联网科技从业人员，⑦新型职业农民/农业经理人①。问卷调查群体为 18～45 岁人群，因此称为"新业态青年"。

调查样本的人口学特征请见表 3-1。样本中，21～30 岁群体超过半数，男性占 73.7%，农业户籍人口占 58.7%，高中及以上受教育程度人口占到八成，近半数接受过高等教育，近半数为未婚或同居状态，家乡和工作地

---

① 对于不属于上述七类新职业的被访者，统一划分为其他新职业，本章主要针对这七类新业态青年进行分析。

分布以华东和华中南地区占多数。

表 3 - 1　新业态青年调查样本的人口学特征

变量	分类	占比（%）
性别	男	73.7
	女	26.3
年龄	18～20 岁	5.8
	21～30 岁	55.5
	31～40 岁	33.0
	41～45 岁	5.7
户籍	农业户籍	58.7
	非农业户籍	41.3
政治面貌	中共党员	11.3
	共青团员	30.6
	民主党派和无党派	4.9
	群众	53.2
本人受教育程度	小学及以下	3.7
	初中	15.4
	高中、中专或职高	33.9
	大学专科	20.9
	大学本科及以上	26.0
父母最高受教育程度	小学及以下	19.1
	初中	32.2
	高中、中专或职高	31.9
	大学专科	6.7
	大学本科及以上	6.9
	不清楚	3.2
婚姻状况	未婚或同居	48.2
	已婚有配偶	47.0
	离异或丧偶	4.8
家乡所在地区	东北地区	12.2
	华北地区	13.5
	华东地区	28.5

续表

变量	分类	占比（%）
家乡所在地区	华中南地区	32.9
	西南地区	9.3
	西北地区	3.6
工作所在地区	东北地区	11.0
	华北地区	13.8
	华东地区	31.9
	华中南地区	32.4
	西南地区	7.9
	西北地区	3.1

　　总体来看，电子竞技员和网络主播①更加年轻，30 岁及以下的占比高于其他群体（见图 3 - 1）；网约配送员和新型职业农民中都有超过 70.0% 的农业户籍人口，而其他群体均是以非农业户籍人口为主（见图 3 - 2）；全媒体运营人员和新兴互联网科技从业人员拥有较高受教育水平，分别有 67.0% 和 59.8% 的受访者拥有大学本科及以上学历，这一比例高于其他群

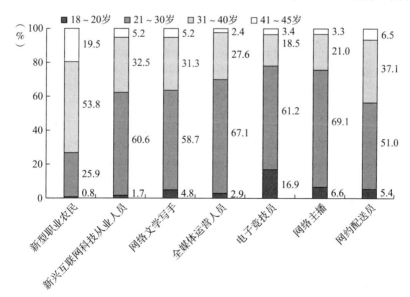

图 3 - 1　七类新业态群体的年龄组分布

---

① "网络主播及音视频创作者"在本书中简称"网络主播"。

体（见图3-3）；全媒体运营人员和电子竞技员拥有相对较好的家庭背景，分别有16.6%和16.5%的受访者父母拥有大学本科及以上学历，明显高于其他群体（见图3-4）。

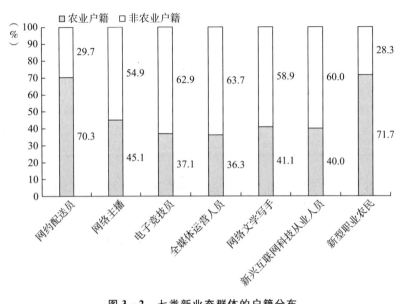

图3-2　七类新业态群体的户籍分布

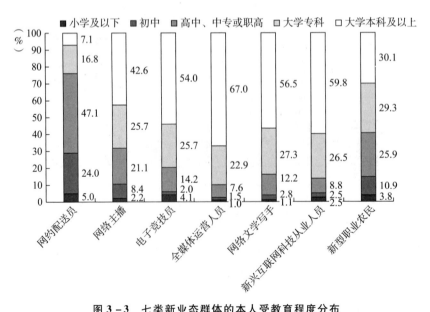

图3-3　七类新业态群体的本人受教育程度分布

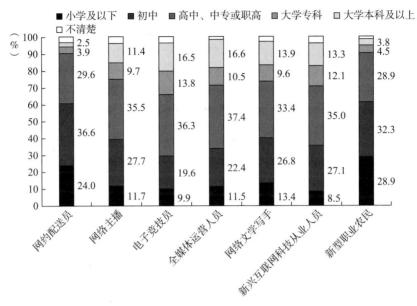

图 3 - 4　七类新业态群体的父母受教育程度分布

调查涉及的七类新业态群体的人口特征画像具体如下。

（一）网约配送员以 80 后和 90 后男性为主，多数为高中及以下学历

网约配送员中，93.3% 的人在一个平台工作，3.5% 和 3.2% 的人分别在两个和三个平台工作。可见，在我们的调查样本中，绝大多数为专送骑手。网约配送员以男性为主，占 90.8%，女性占 9.2%。平均年龄为 30.2 岁，即 90 后是网约配送员职业的主力，21~30 岁的网约配送员占比最高，占 51.0%，其次为 31~40 岁的网约配送员，也就是 80 后，占 37.1%。大部分网约配送员是农业户籍，占 70.3%，仅有 29.7% 的网约配送员是非农业户籍。大部分网约配送员的受教育程度在高中及以下，其中 47.1% 的网约配送员为高中、中专或职高学历，24.0% 为初中学历，此外也有 16.8% 为大学专科学历，7.1% 为本科及以上学历，5.0% 为小学及以下学历。

（二）网络主播多为 90 后未婚女性，六成以上拥有大学学历

不同于网约配送员以男性为主，网络主播中女性占多数，占 59.9%，未婚人口占比为 67.6%。平均年龄为 27.7 岁，90 后（21~30 岁）占比最

高，为 69.1%，其次为 80 后（31～40 岁），占 21.0%。54.9% 的网络主播是非农业户籍。从学历来看，68.3% 的网络主播接受过大学教育，其中 42.6% 的网络主播为大学本科及以上学历，25.7% 为大学专科学历；21.1% 网络主播为高中、中专或职高学历。可见，网络主播从业者的学历与网约配送员相比更高。

（三）电子竞技员中 95 后占比突出，八成拥有大学学历，家庭背景较好

在电子竞技员样本中，男性占 70.3%，女性占 29.7%。样本的平均年龄为 26.6 岁，其中，21～30 岁占比最高，为 61.2%，31～40 岁占 18.5%。62.9% 的电子竞技员为非农业户籍。近 80% 的电子竞技员有大学专科及以上学历，14.2% 的电子竞技员为高中、中专或职高学历，初中及以下学历的占比不到 7%，表明电子竞技员并不是社会上普遍认为的低学历职业。从父母的受教育程度来看，电子竞技员的父母中有 30.3% 的人接受过高等教育，36.3% 的人为高中、中专或职高学历，远高于新业态青年的总体情况，一定程度上表明电子竞技员有更优越的家庭背景。

（四）全媒体运营人员学历较高，近九成接受过高等教育

公众号、微博等全媒体运营职业在学历、专业技能、综合素质等方面对从业者均有较高要求，为典型的智力密集型行业。在全媒体运营人员中，男性占 43.3%，女性占 56.7%。平均年龄为 28.4 岁，其中，21～30 岁的占比最高，为 67.1%，其次为 31～40 岁，占 27.6%。城镇青年占大多数，63.7% 为非农业户籍。全媒体运营人员中近九成接受过高等教育，其中 67.0% 的人为大学本科及以上学历，22.9% 的人为大学专科学历，与新兴互联网科技从业人员教育程度接近，整体学历高于其他新业态群体，这也体现了该职业对学历、工作经验等方面的要求更高。

（五）网络文学写手性别比例较为均衡，以 90 后为主

在网络文学写手从业者中，男性占 51.7%，女性占 48.3%。平均年龄为 29.5 岁，其中，21～30 岁的占比最高，为 58.7%，其次为 31～40 岁，占 31.3%。58.9% 的网络文学写手为非农业户籍。超八成网络文学写手接

受过高等教育，其中，27.3%的人为大学专科学历，56.5%的人为大学本科及以上学历。

（六）新兴互联网科技从业人员以高学历男性为主，半数已婚

互联网行业是典型的高科技行业，其优越的工作条件和薪酬吸引了大量高学历人才，但其相对高强度的工作性质又使得男性从业者更多。在新兴互联网科技从业人员样本中，男性占69%，女性占31%。从年龄上看，其平均年龄为29.7岁，其中，21～30岁占比最高，为60.6%，其次为31～40岁，占32.5%。60.0%的新兴互联网科技从业人员为非农业户籍。86.3%的新兴互联网科技从业人员接受过高等教育，其中26.5%的人为大学专科学历，59.8%的人为大学本科及以上学历。50%的新兴互联网科技从业人员已婚。

（七）新型职业农民多为农村精英，大多为中年、已婚人士，有较高受教育程度

新型职业农民以男性为主，占69.5%。从年龄分布上看，他们的平均年龄为34.7岁，其中，31～40岁的占比最高，为53.8%，其次为21～30岁，占25.9%。71.7%的新型职业农民为农业户籍。从政治面貌上看，不同于其他新业态群体，35.7%的新型职业农民是中共党员，在新业态群体样本中占比最高。从学历上看，59.4%的新型职业农民接受过高等教育，其中29.3%的人为大学专科学历，30.1%的人为大学本科及以上学历，还有25.9%的人为高中、中专或职高学历。综合党员身份、受教育程度来看，新兴职业农民群体中有很大一部分为农村精英群体，本身具有较高文化水平，从而懂得利用新技术新业态发展农业、带领农民增收。新型职业农民年龄普遍较大，79.3%的人为已婚有配偶，73.3%的人有未成年子女。

二　新业态青年的就业与职业发展

（一）新业态青年的工作特征

1. 本省内就业比例超过80%、地区内就业比例近90%，促进就近就业

通过对新业态青年家乡所在省份和工作所在省份的交互分析发现，新

业态青年在本省内就业比例达81.5%，有28个省份的省内就业比例都高于50%，因此可以说，新业态发展促进了就近就业。

从全国不同地区来看，选择在本地区内就业的比例高达89.0%。地区内就业比例从高到低依次为：华东地区（93.8%）、华中南地区（92.1%）、华北地区（86.8%）、东北地区（83.1%）、西北地区（78.7%）和西南地区（78.0%）。从地区分布看，一方面，区域内就业比例高低与地区经济发展水平密切相关，在经济发展水平高、活力强的区域，新业态也具有良好的发展势头；另一方面，新业态的蓬勃兴起也反映了区域经济转型升级的成效显著，进一步带动了就业的转型升级。调查表明，新业态从业青年即使没有选择在本省就业，也更倾向于选择在临近省份就业。

不同新职业在不同地区内的就业比例有所不同，如表3－2所示，网约配送员在华东地区内就业比例最高，网络主播在华中南地区内就业比例最高，电子竞技员在华北地区内就业比例最高，全媒体运营人员在东北地区内就业比例最高，网络文学写手在华东地区内就业比例最高，新兴互联网科技从业人员在华东地区内就业比例最高，新型职业农民在华东地区内就业比例最高。

表3－2　七类新业态青年地区内就业比例

单位：%

	网约配送员	网络主播	电子竞技员	全媒体运营人员	网络文学写手	新兴互联网科技从业人员	新型职业农民
华东地区	95.5	88.9	88.6	89.3	91.2	93.3	98.9
华中南地区	93.4	90.0	75.9	88.1	89.0	89.7	84.1
华北地区	83.7	85.5	90.8	87.0	90.3	86.1	85.7
东北地区	68.8	88.3	87.5	94.0	85.6	80.7	91.7
西北地区	76.0	75.8	69.2	73.8	77.8	35.0	96.0
西南地区	61.0	85.9	89.6	92.4	90.1	78.1	97.3

2. 超八成月收入在8000元以下，新型职业农民、网络文学写手、网络主播收入内部差异较大

新业态青年月收入在2000元以下的占9.4%，2000～3999元的占26.2%，4000～5999元的占34.6%，6000～7999元的占15.5%，8000～9999元的占5.4%，1万～1.5万元（不含）的占4.2%，1.5万～2万元

（不含）的占 1.4%，2 万元及以上的占 3.3%。可见，约三分之一的新业态青年月收入在 4000～5999 元，85.7% 的新业态青年月收入在 8000 元以下。

分职业来看，月收入在 2000 元以下比例较高的是电子竞技员（25.5%）、网络文学写手（19.8%）、新型职业农民（17.3%）；月收入在 1 万元及以上比例较高的是新型职业农民（24.8%）、网络文学写手（24.2%）、新兴互联网科技从业人员（22.9%）。网约配送员的收入相对集中在中间段，月收入在 2000～3999 元的占 25.4%，4000～5999 元的占 44.3%，6000～7999 元的占 19.2%。而新型职业农民、网络文学写手、网络主播的收入分布相对分散，内部差异较大（见图 3-5）。

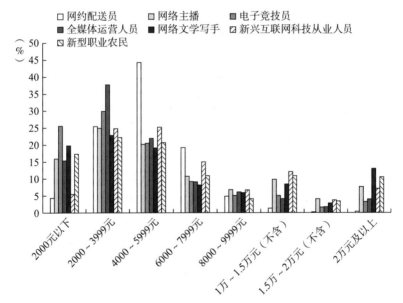

图 3-5 七类新业态青年当前工作月收入分布

3. 近二成有其他兼职，年龄越大有多份兼职的比例越高，电子竞技员、网络文学写手、网络主播拥有兼职的比例较高

新职业具有更加灵活、更加自由的就业形态，使得人们在工作赚钱的同时能够兼顾其他需求，也可以满足人们想要体验不同职业的需求，从而更多得到青年群体的青睐。调查发现，17.7% 的新业态青年不仅拥有当前这份主要工作，还有其他兼职；在有其他兼职的青年中，67.3% 的人拥有 1 份兼职，27.4% 的人拥有 2 份兼职，5.3% 的人拥有 3 份兼职。从年龄差异来看，各年龄组是否拥有兼职的比例基本相当，但年龄越大，拥有 2 份或者 3

份兼职的比例越高。

在七类职业中，网约配送员拥有兼职的比例最低，为 9.4%；电子竞技员、网络文学写手、网络主播拥有兼职的比例较高，分别为 39.2%、34.2%、30.2%。

4. 超过四分之一的新业态青年没有任何保障

无论是社会保障还是商业保险，在养老、医疗、失业、工伤、公积金和其他各项中，有 26.3% 的新业态青年没有任何保障，这一情况在不同职业间有着较大的差异。按照保障拥有率①从高到低依次为：新兴互联网科技从业人员（90.2%）、新型职业农民（83.5%）、全媒体运营人员（83.4%）、网约配送员（73.6%）、电子竞技员（69.8%）、网络主播（68.5%）、网络文学写手（63.5%）。

在各类保障中，拥有医疗保险的比例是最高的，为 51.3%；拥有养老保险、工伤保险、失业保险、住房公积金的比例分别为 36.4%、40.2%、26.9%、13.4%。此外，农业户籍的新业态青年保障拥有率为 72.8%，略低于非农业户籍的 75.2%。各年龄组中，年龄越小保障拥有率越低，18~20 岁群体的保障拥有率为 68.7%，21~30 岁群体为 73.3%，31~40 岁群体为 74.9%，41~45 岁群体为 75.5%。受教育程度越低，保障拥有率越低，小学及以下学历群体的保障拥有率为 66.6%，初中学历群体为 69.4%，高中、中专或职高学历群体为 72.5%，大学专科学历群体为 74.8%，大学本科及以上学历群体为 78.1%。受教育程度较高的新业态青年对社会保障可能更加重视，这也反映了受教育程度较高的职业其经济社会地位和职业稳定性较高，从而保障更完善。

5. 工作主要动机为兴趣爱好、入行要求简单和自我锻炼，新型职业农民独特的就业动机为"能为社会做贡献"

当代青年在择业与就业中考虑的因素更加多元，新业态青年选择目前工作的因素中，排在前三的是：符合自己的兴趣爱好（23.0%）、入行要求比较简单（21.4%）、能使自己得到更多锻炼（21.2%）。不同职业类型的就业动机差异较大。网约配送员的主要就业动机为入行要求简单、能兼顾

---

① 保障拥有率是指在养老保险或退休金、医疗保险、失业保险、工伤保险、住房公积金、其他商业保险中至少拥有一种的比例。

家庭以及一时找不到更好的工作，而网络主播、电子竞技员、全媒体运营人员、网络文学写手和新兴互联网科技从业人员的就业动机中"有发展空间、能展示自己的才干"和"符合自己的兴趣爱好"都较突出，新型职业农民则有独特的就业动机"能为社会做贡献"，有 28.6% 的从业者选择此项。

同时，就业动机还存在性别、年龄、户籍和受教育程度差异。男性更看重能兼顾家庭和入行要求简单，女性更看重个人兴趣与自我锻炼；30 岁及以下群体更看重个人兴趣与自我锻炼，30 岁以上群体则更看重能兼顾家庭和入行要求简单；农业户籍的新业态青年更看重能兼顾家庭和入行要求简单，非农业户籍的新业态青年则更看重个人兴趣与发展空间；大专及以上学历者更看重个人兴趣与发展空间，大专以下学历者则更看重兼顾家庭和入行要求简单。

6. 近半数在从事当前工作之前有正式全职工作，主要为普通工人、自由职业者、办事人员和商业服务业人员

调查发现，新业态青年在从事当前工作之前，44.2% 有正式全职工作，30.4% 为自由职业者/灵活就业/临时工，10.7% 在学校上学，4.9% 为失业/下岗，2.8% 为毕业后一直未工作，2.4% 为务农，1.1% 为料理家务，0.2% 为退休，3.2% 为其他。之前有工作的新业态青年所从事的具体职业主要为：普通工人占 21.8%，自由职业者占 18.0%，商业服务业职工占 15.4%，普通职员占 14.1%，个体经营者占 9.8%，企业管理者占 5.7%，专业人员占 3.5%，务农、干农活占 3.5%，以及新业态从业者占 2.3%。

不同新职业群体的社会来源有所差异。网约配送员群体中，31.2% 的人来自普通工人，17.4% 来自商业服务业职工；网络主播、电子竞技员、全媒体运营人员、网络文学写手群体中，20%~29% 来自普通职员；新兴互联网科技从业人员中，15.9% 来自企业管理者，33.7% 来自普通职员；新型职业农民中，22.7% 来自农民，18.7% 来自企业管理者。

（二）新业态青年的工作压力与风险

1. 普遍工作时间较长，平均每周工作 6 天、每天工作近 9 小时

从工作时间看，新业态青年的工作压力较大。根据调查数据，新业态青年每周平均工作 6.0 天，每天平均工作 8.9 小时，最短的日工作时长平均

为 6.4 小时，最长的日工作时长平均为 11.8 小时。51.8% 的新业态青年每天工作超过 8 小时，20.4% 的新业态青年每天工作 12 小时及以上。47.9% 的新业态青年一周 7 天都在工作，一周工作 6 天及以上的占 74.5%。

如图 3-6 所示，七类职业中，网约配送员的平均工作时间最长，每周平均工作 6.4 天，每天平均工作 10.1 小时；电子竞技员的平均工作时间最短，每周平均工作 4.8 天，每天平均工作 6.5 小时。

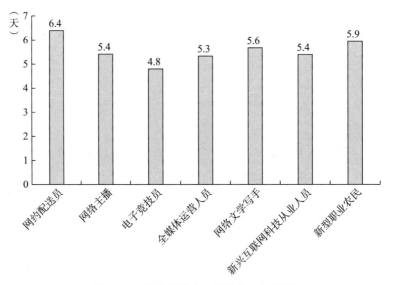

图 3-6　七类新职业每周平均工作天数

从年龄组、性别、户籍、受教育程度和工作地点来看，在每周平均工作天数和每天平均工作小时数上，男性略高于女性、农业户籍略高于非农业户籍，其他方面不存在较大差异，说明高强度的工作是新职业的一个普遍现象。

2. 主观评估失业可能性高于在职青年平均水平，较高人力资本的职业较稳定

新业态青年对自己在未来 6 个月内失业的可能性进行的评估显示，有 47.9% 的人认为完全有可能或有可能。根据 2019 年中国社会状况综合调查（CSS）数据，在 18~45 岁有工作的青年群体中，认为自己在未来 6 个月内完全有可能或有可能失业的比例为 21.8%。可以看出，新业态青年对失业可能性的主观评估明显高于在职青年平均水平。

在对失业可能性的主观判断上，年龄较大群体认同可能失业的比例更

高，41~45 岁群体明显高于其他年龄组，为 55.3%，18~20 岁群体为 50.1%，21~30 岁群体为 47.0%，31~40 岁群体为 47.9%。农业户籍新业态青年的主观评估失业可能性为 49.2%，高于非农业户籍的 45.7%；男性新业态青年主观评估失业可能性高于女性，男性为 49.2%，女性为 44.1%；初中及以下受教育程度的新业态青年的主观评估失业可能性高于高中及以上学历者。

在七类职业中，主观失业可能性评估最高的是电子竞技员（54.0%），其他依次为：网络文学写手（49.6%）、网约配送员（49.5%）、网络主播（47.4%）、新型职业农民（40.2%）、全媒体运营人员（39.4%）、新兴互联网科技从业人员（38.3%）。可见，在新业态中，新兴互联网科技从业人员和全媒体运营人员等对受教育程度要求较高、社会保障较完善的职业更加稳定。

3. 普遍面临职业歧视问题，创意工作者面临的同行抄袭问题较突出

很多新业态青年在工作中都遭遇了一些不愉快经历。七类职业中，只有 31.4% 的新业态青年认为在工作中没有任何不愉快经历。"没有任何不愉快经历"的比例在新兴互联网科技从业人员中最高，为 49.2%；在网络文学写手中最低，为 22.6%（见图 3-7）。

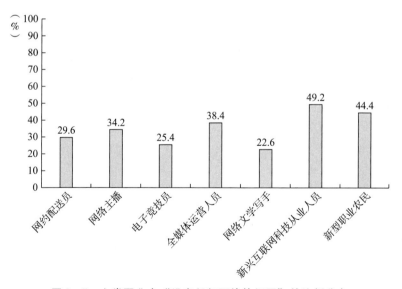

图 3-7　七类职业中"没有任何不愉快经历"的比例分布

不同新业态人员主要遭遇的不愉快经历有所不同。网约配送员主要遭遇的是职业歧视、交通事故、被客户打骂、身体素质明显下降；网络主播和电子竞技员主要遭遇的是身体素质明显下降、网络暴力、网络骚扰、职业歧视；全媒体运营人员主要遭遇的是身体素质明显下降、同行恶意抄袭和模仿、强制加班、网络暴力；网络文学写手主要遭遇的是身体素质明显下降、同行恶意抄袭和模仿、职业歧视、网络暴力；新兴互联网科技从业人员主要遭遇的是身体素质明显下降、强制加班、同行恶意抄袭和模仿；新型职业农民主要遭遇的是身体素质明显下降、职业歧视、同行恶意抄袭和模仿、强制加班。

由此可知，网络活动从业者，如网络主播、电子竞技员、网络文学写手，面临的网络暴力问题较突出；从事内容或产品创作等创意工作者，如全媒体运营人员、网络文学写手、新兴互联网科技从业人员、新型职业农民，普遍面临同行抄袭问题。而职业歧视是大部分新业态青年共同面临的问题。

（三）新业态青年的工作满意度与利益诉求

1. 工作满意度略高于青年整体水平，网约配送员满意度最低，新兴互联网科技从业人员满意度最高

在工作满意度方面，调查使用 1～10 分对工作环境、工作的自由程度、收入及福利待遇、与领导和同事的关系、晋升机会和未来职业前景、社会地位、总体满意度七个方面分别进行打分。数据显示，新业态青年对工作的总体满意度平均为 7.3 分，与领导和同事的关系平均为 8.0 分、工作的自由程度平均为 7.8 分、工作环境平均为 7.6 分、收入及福利待遇平均为 7.0 分、晋升机会和未来职业前景平均为 6.8 分，得分最低的是社会地位，平均为 6.3 分。

以 6 分及以上作为满意度标准，被访者对工作总体表示满意的比例为 77.7%，在具体的六个方面表示满意的比例依次为：与领导和同事的关系（84.8%）、工作的自由程度（81.3%）、工作环境（80.4%）、收入及福利待遇（71.9%）、晋升机会和未来职业前景（67.5%）、社会地位（60.6%）。根据 2019 年中国社会状况综合调查（CSS）数据，18～45 岁青年对工作表示满意的比例为 76.2%。可见，新业态青年的总体工作满意度略高于青年整体水平。

从不同职业来看，总体满意度评分由高到低依次为：新兴互联网科技从业人员（7.9分）、新型职业农民（7.8分）、全媒体运营人员（7.7分）、网络主播（7.6分）、网络文学写手（7.4分）、电子竞技员（7.2分）、网约配送员（7.1分）。

新兴互联网科技从业人员在总体满意度、工作环境、收入及福利待遇、晋升机会和未来职业前景、社会地位五个方面的平均分均高于其他职业；工作自由程度方面评分最高的是网络文学写手；与领导和同事的关系方面评分最高的是新型职业农民，这可能与新型职业农民的典型画像是农村精英群体有关；网约配送员在总体满意度、工作环境、工作的自由程度、晋升机会和未来职业前景、社会地位五个方面的评分均低于其他职业；收入及福利待遇方面评分最低的是网络文学写手。

2. 利益诉求集中在福利保障、劳动权益保障和技能培训方面，网约配送员希望雇佣方"提供更好的纠纷处理机制"

调查显示，新业态青年希望政府为他们提供的服务和帮助排在前三位的是：完善社会保险政策（45.3%）、维护劳动权益（40.6%）、完善相应就业政策和服务（34.6%）。希望雇佣方为他们做的事情排在前三位的是：增加工资（57.1%）、提供更人性化的福利（51.7%）、提供更多的职业技能与素质培训（28.2%）。从上述选择可见，新业态青年在福利保障、劳动权益和技能培训方面的诉求较为强烈。

除了"完善社会保险政策"是七类职业群体的共同期望外，不同职业群体的利益诉求有所不同：网约配送员希望政府做的事情主要是"维护劳动权益"和"保障劳动报酬支付"；网络主播、网络文学写手、电子竞技员希望政府做的事情主要是"完善相应就业政策和服务"和"维护劳动权益"；全媒体运营人员、新兴互联网科技从业人员、新型职业农民希望政府做的事情主要是"支持技能培训"和"完善相应就业政策和服务"。

在希望雇佣方做的事情上，新业态青年的诉求较为一致，七类职业群体都选择了"增加工资"和"提供更人性化的福利"。但除了网约配送员，其他六类职业均选择了"提供更多的职业技能与素质培训"，而网约配送员选择的是"提供更好的纠纷处理机制"，可见网约配送员这一职业面临纠纷的压力和风险更大。

三　新业态青年的生活、家庭与价值取向

（一）新业态青年的生活与家庭状况

1. 过半数家庭生活消费支出每月为 2000～5999 元，已婚有未成年子女的支出压力更大

新业态青年每月家庭生活消费支出为 1000 元以下的占 7.1%，1000～1999 元的占 17.3%，2000～3999 元的占 34.2%，4000～5999 元的占 21.8%，6000～7999 元的占 8.4%，8000～9999 元的占 4.3%，1 万～1.5 万元（不含）的占 4.0%，1.5 万元及以上的占 2.9%。可以看出，超过三成的新业态青年每月家庭生活消费支出为 2000～3999 元，超过半数的新业态青年每月家庭生活消费支出为 2000～5999 元。

从不同职业来看，家庭生活消费支出比较高（每月家庭生活消费支出为 6000 元及以上）的是网络文学写手（33.5%）和网络主播（32.6%），较低的是电子竞技员（14.6%）和网约配送员（14.2%）。新业态青年的画像显示，网络文学写手近半数为已婚，电子竞技员中 95 后占比较高，因此家庭生活消费支出既与经济水平有关，也与家庭人口结构有关。

2. 过半数个人或家庭有负债，负债率和负债金额均高于全国平均水平

调查显示，新业态青年个人或家庭有借款或贷款的比例为 56.2%，不同职业的负债比例差异较大，新型职业农民（71.4%）、网约配送员（60.8%）、新兴互联网科技从业人员（52.1%）、网络文学写手（52.0%）、网络主播（51.0%）过半数都有负债，相比之下全媒体运营人员（45.6%）和电子竞技员（37.1%）的负债比例较低。

在有借款或贷款的新业态青年中，负债金额为 1 万元以内的比例为 13.1%，1 万～1.5 万元（不含）的比例为 6.8%，1.5 万～2 万元（不含）的比例为 5.8%，2 万～5 万元（不含）的比例为 13.4%，5 万～10 万元（不含）的比例为 14.0%，10 万～30 万元（不含）的比例为 21.7%，30 万～60 万元（不含）的比例为 14.4%，60 万元及以上的比例为 10.7%。可以看出，负债金额为 10 万元及以上的比例为 46.8%。负债金额为 10 万元及以上的在不同职业中的比例排序为：新型职业农民（67.9%）、新兴互联网科技从

业人员（65.6%）、网络文学写手（57.4%）、全媒体运营人员（57.1%）、网络主播（51.7%）、电子竞技员（45.1%）、网约配送员（41.5%）。

从图3-8中可以看出，网约配送员相对处于高负债率、低负债额的状态；新型职业农民相对处于高负债率、高负债额的状态；电子竞技员相对处于低负债率、低负债额的状态；网络主播、网络文学写手、全媒体运营人员、新兴互联网科技从业人员处于中间状态。

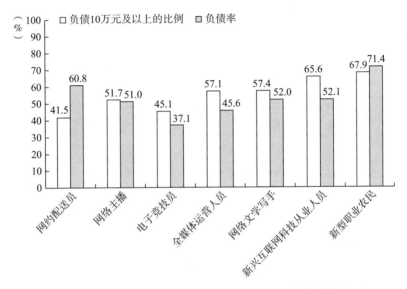

图3-8　七类职业负债率与负债10万元及以上比例分布

根据2018年中国家庭追踪调查（CFPS）数据，我国有33.7%的城乡家庭有尚未偿还的负债；在有负债的家庭中，家庭平均负债金额为73947.8元；65.0%的家庭负债额在5万元以内，负债10万元及以上的占17.9%，负债60万元及以上的只占1.1%。而新业态青年个人或家庭的负债比例为56.2%；在有负债的个人或家庭中，负债5万元以内的占39.1%，负债10万元及以上的占46.8%，负债60万元及以上的占10.7%。可以看出，新业态青年个人或家庭的负债比例和负债金额都高于全国平均水平。

3. 生活压力主要来自收入、住房与子女教育

新业态青年个人和家庭面临的压力中，选择比例最高的三方面是：自己或家庭收入低（39.2%）、住房（34.2%）、子女教育（26.0%）。不同年龄组的压力排序略有差异，30岁及以下群体压力来源前三位为：自己或家

庭收入低、住房、自己或家人的健康；而 30 岁以上群体的压力来源前三位为：子女教育、自己或家庭收入低、住房。说明随着年龄增长，成家有子女后，对于子女教育的担忧和压力增加。已婚或离异群体除了收入的压力，更为担心子女教育；而未婚（或同居、丧偶）群体对于婚姻恋爱的压力高于其他群体。有未成年子女的新业态青年对于子女教育的压力明显较高，尤其是有 2 个未成年子女的，对子女教育的压力感知比例高达 55.1%。

不同职业青年在压力感知方面存在差异，这与各群体的工作性质与人口特征有关。新型职业农民年龄相对较大，很多生活在农村地区，他们对住房的感知压力要低于其他群体，但是在健康和子女教育方面的压力较大。网约配送员虽然收入不低，但是长期处于高强度、高风险工作中，收入能否持续是个问题，他们中的很多人是出于经济压力来当骑手，因而该群体的收入压力较突出。而网络主播、电子竞技员、全媒体运营人员相对年轻，很多没有子女，子女教育的压力相对较小，但是在婚姻/恋爱和工作/学业上的压力相对其他职业群体来讲更突出。新兴互联网科技从业人员因为多工作在一线城市和大城市，其住房压力要高于其他职业群体。

（二）新业态青年的社会认同与社会态度

1. 本人职业认同度普遍较高，认同度相对较低的是网约配送员，但家人对其职业的认可度总体低于本人

新业态青年本人对当前的职业非常认同或比较认同的占 89.9%，很不认同或比较不认同的占 10.1%，可见他们个人的职业认同度普遍较高。相对而言，网约配送员的职业认同度明显低于其他职业，为 87.0%，其他职业的认同度依次为：新兴互联网科技从业人员（96.3%）、网络文学写手（95.5%）、全媒体运营人员（94.8%）、新型职业农民（93.6%）、网络主播（93.4%）、电子竞技员（92.1%）。收入越高，职业认同度相对越高，个人职业认同度在月收入 2000 元以下群体中为 87.2%，6000～7999 元群体中为 93.1%，2 万元及以上群体中为 96.7%。

在新业态青年看来，家人对其职业的认可度总体要低于本人，选择非常认可或比较认可的比例为 79.2%，选择很不认可或比较不认可的比例为 20.8%。从图 3-9 中可以看到，不同职业中，家人职业认可度最高的是新兴互联网科技从业人员，其次为全媒体运营人员、新型职业农民，认可度较低的是网约配送员和电子竞技员。

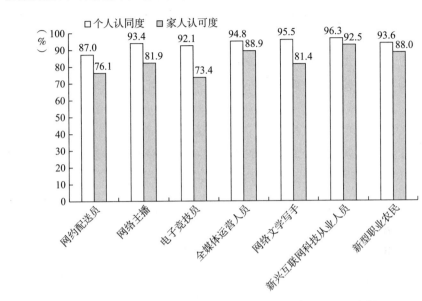

图 3 - 9　七类新职业的个人职业认同与家人职业认可比例

从图 3 - 9 中可以看出，七类职业的家人认可度全部低于个人认同度。差距最大的是电子竞技员，差值达到 18.7 个百分点；其次是网络文学写手，差值为 14.1 个百分点；差值较小的是新兴互联网科技从业人员和全媒体运营人员，相比其他新职业，这两类职业更加稳定，与传统就业形式更加类似。上述数据侧面反映出新业态青年的家人对新职业的了解和认可度还较低。

与个人职业认同度趋势类似，新业态青年的收入越高，家人的认可度越高，月收入 2000 元以下的家人认可度为 74.7%，月收入 2 万元及以上的家人认可度上升到 89.3%。非农业户籍新业态青年的家人职业认可度为82.1%，要高于农业户籍的 77.1%，这可能与城市家庭背景中父母等家人对新事物接触更多有关。

2. 总体对未来社会流动和职业前景持积极态度，新兴互联网科技从业人员和网络文学写手最乐观

用 1~10 分代表社会经济地位等级，新业态青年对本人目前的社会经济地位评价平均为 5.0 分，对五年后的社会经济地位评价平均为 6.2 分。从比例上看，目前的社会经济地位选择 7 分及以上的比例为 25.6%，选择 5~6

分的占 35.3%，选择 4 分及以下的占 39.1%。对于五年后的社会经济地位，选择 7 分及以上的比例为 45.8%，选择 5~6 分的占 33.7%，选择 4 分及以下的占 20.5%。同时，对五年后和目前的社会经济地位自评做比较，37.7% 的人认为没有变化，8.3% 的人认为会向下流动，54.0% 的人认为会向上流动。这表明大多数新业态青年对五年后的社会经济地位持积极乐观态度。

从图 3-10 可知，相对而言，网约配送员对目前和五年后的社会经济地位评价较低，结合前文中其受到职业歧视的比例较高、对职业的认同度相对较低可知，网约配送员的职业社会认同还有待提升。

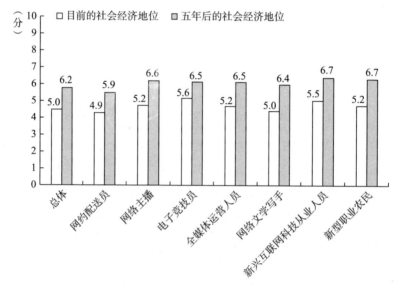

图 3-10 七类新业态青年对目前与五年后社会经济地位的主观评价
(1 分最低，10 分最高)

总体来看，81.0% 的新业态青年对职业前景较有信心，68.5% 的人认为未来不太有可能大幅增加收入，76.4% 的人认为随着年龄增大会被取代，61.0% 的人认为这份工作与自己的梦想/理想一致。相对于其他职业，新兴互联网科技从业人员和网络文学写手对职业前景的判断总体较为积极，而网约配送员对职业前景的判断总体较为消极，这与从业者本身的人力资本和技能有关，也与不同职业的稳定性和发展前景有关。

（三）新业态青年的未来规划

1. 超七成人表示未来一年会继续从事现在的工作，五年后转为创业或提升自己的比例上升

如表3-3所示，在新业态青年对于未来一年的工作规划上，选择"继续从事现在的工作"① 的比例高达84.6%，可见大多数人在未来一年还会继续从事现在的工作。而对于五年后的工作打算，选择"继续从事现在的工作"的比例有所下降，为63.7%；选择"当个体户/自己开店/自己创业"的比例明显上升，由12.0%增至21.4%；同时，选择"上学或参加培训，为以后找工作充电"的比例也有所上升，增加了1.5个百分点。

表3-3　新业态青年未来一年和五年后的工作打算占比

单位:%

未来的工作打算	未来一年	五年后
现在工作不错，继续好好干	47.3	35.7
找不到更好的工作，先这么干下去再说	19.1	12.8
现在干得不是很好，但这个工作前途不错，会想办法干好	18.2	15.2
当个体户/自己开店/自己创业	12.0	21.4
换个不同的工作试试	9.9	10.3
上学或参加培训，为以后找工作充电	8.5	10.0
换个类似的工作试试	6.8	6.7
不想工作，歇一段时间	1.9	1.7
离职生育子女	0.6	1.1

在不同职业对未来一年和五年后的工作打算中，网约配送员选择"继续从事现在的工作"的比例都较低，而选择"当个体户/自己开店/自己创业"的比例较高；电子竞技员选择"换个类似的工作试试"和"换个不同的工作试试"的比例较高；新型职业农民、全媒体运营人员和网络文学写手选择"上学或参加培训，为以后找工作充电"的比例高于其他职业。

---

① 分析将"现在工作不错，继续好好干"、"找不到更好的工作，先这么干下去再说"、"现在干得不是很好，但这个工作前途不错，会想办法干好"合并为"继续从事现在的工作"。

2. 近七成人表示未来可能返回家乡工作，返乡后大多数选择创业或做小买卖

对于目前不是在家乡工作的新业态青年，选择有可能和很有可能返回家乡的比例为 67.9%，选择不太可能或完全不可能返回家乡的比例为 32.1%。不同职业可能返回家乡的比例略有差异，新型职业农民为 76.3%、网约配送员为 71.1%、电子竞技员为 69.0%、全媒体运营人员为 62.6%、网络主播为 61.9%、网络文学写手为 60.7%、新兴互联网科技从业人员为 58.6%。

相对于年龄较大群体，30 岁及以下群体的返乡意愿较高；受教育程度越高，返乡意愿越低；目前在一线城市工作的新业态青年返乡的意愿（70.3%）高于在非一线城市工作的新业态青年（67.6%）；农业户籍的新业态青年的返乡意愿（71.1%）高于非农业户籍的新业态青年（62.0%）；随着收入增加，返乡意愿降低。来自不同地区的新业态青年可能返回家乡的比例不同，西南地区为 76.5%、华中南地区为 70.8%、华东地区为 69.2%、华北地区为 62.7%、西北地区为 61.9%、东北地区为 58.4%，可见西南地区的新业态青年返乡意愿最高，东北地区最低。

对于如果返乡会选择做什么，66.9% 的新业态青年选择创业/做小买卖，40.5% 选择在当地就业，7.7% 选择务农，2.2% 选择不工作。不同职业中，网约配送员选择创业/做小买卖的比例最高，为 71.7%。

3. 未来发展方向并不集中在大城市，年轻、高学历、未婚的新业态青年更倾向于未来到一线城市和其他直辖市或省会城市工作

对于未来五年会去哪里发展的问题，新业态青年的选择相对分散，23.2% 的人选择北上广深一线城市，26.4% 的人选择非北上广深的其他直辖市或省会城市，27.7% 的人选择经济发达的非省会城市，21.0% 的人选择其他城市/地区/自治州/盟，24.8% 的人选择县城/乡镇，11.0% 的人选择农村。除选择农村的较少外，选择各类城市或地区的比例差异不大，反映新业态青年的工作地点选择并不集中在大城市。

从不同职业来看，网约配送员更希望到县城/乡镇发展（28.3%），网络主播、电子竞技员、全媒体运营人员、网络文学写手更希望到其他直辖市或省会城市发展（30.9%、37.9%、32.1%、36.4%），新兴互联网科技从业人员更希望在一线城市发展（33.5%），新型职业农民更希望到农村发展（55.3%）。未来工作地点的选择与不同职业的发展特征联系紧密。

目前已经在一线城市工作的新业态青年中，未来五年继续选择在一线城市发展的比例为 54.2% ；目前不在一线城市的，未来五年选择在一线城市发展的比例为 20.0% 。随着年龄增长，选择到一线城市和其他直辖市或省会城市发展的比例有所下降，18 ~ 20 岁群体的选择比例分别为 37.2% 和 31.3% ，而 41 ~ 45 岁群体的选择比例则下降至 17.6% 和 18.4% 。非农业户籍、高学历、未婚的新业态青年更倾向于未来到一线城市和其他直辖市或省会城市工作。

四　新业态青年与农民工群体比较
——以网约配送员为例

网约配送员群体与农民工群体既有相同之处，也有很大的区别。通过对比新职业青年调查中的骑手数据[①]、2019 年中国社会状况综合调查（CSS2019）中的青年务工者数据[②]以及国家统计局发布的《2020 年农民工监测调查报告》[③]中的相关数据，对骑手与农民工的群体特征进行对比分析，能够对骑手的群体和职业特征有更清晰的认识。

本部分中的"青年骑手"定义为 18 ~ 45 周岁，主要从事网约配送员工作的人群；"青年务工者"定义为 18 ~ 45 周岁，在城镇地区工作，从事商业、服务业、产业工人和农业工人职业的人群；"农民工"定义为农业户籍，调查时在城镇地区从事非农工作的人群。

（一）人口特征

青年骑手与青年务工者中农业户籍人口占比均在七成左右，青年骑手中女性占比不到一成。青年骑手中有 70.3% 的人为农业户口，29.7% 为非农业户口；在 CSS2019 调研的青年务工者中，农业户口的占 66.1% ，非农

[①] 从中选取以网约配送员为主要职业的样本，经过数据清理后共获得有效样本量 6196 个。

[②] 本部分从 2019 年中国社会状况调查数据中选取 18 ~ 45 周岁、调查时在城镇地区工作、以"商业工作人员""服务业工作人员""农、林、牧、渔、水利生产人员""生产工人、运输工人和有关人员"为主要职业的样本，有效样本量为 1021 个。

[③] 国家统计局于 2008 年建立农民工监测调查制度，在农民工输出地开展监测调查。调查范围是全国 31 个省（自治区、直辖市）的农村地域，在 1587 个调查县（区）抽选了 8488 个村和 22.6 万名农村劳动力作为调查样本。采用入户访问调查的形式，按季度进行调查。

业户口的占33.9%。由此可见，两个群体的城乡户籍比例基本持平，农业户籍占比都约为七成，在户籍分布上两个群体具有相似性。在青年骑手中，少数民族人口占5.3%，汉族人口占94.7%；而CSS2019调研的青年务工者中，少数民族人口占7.1%，汉族人口占92.9%。可以看出，青年骑手中少数民族人口占比低于青年务工者群体。

青年骑手与CSS2019调研的青年务工者相比，在性别分布上存在较大差异，青年务工者中男女比例相当，男性占49.5%，女性占50.5%。《2020年农民工监测调查报告》显示，农民工中男性占65.2%，女性占34.8%。而青年骑手中，女性仅占9.2%，男性占90.8%，这也与骑手工作强度较大、需要较好的体能有密切关系。

青年骑手呈现明显的年轻化特征，比青年务工者平均年龄小近5岁。青年骑手的平均年龄为29.9岁，其中18~20岁骑手占5.4%，21~30岁骑手占51.0%，31~40岁骑手占37.1%，41~45岁骑手占6.5%。CSS2019调研的青年务工者平均年龄为34.6岁，其中18~20岁的占3.3%，21~30岁的占26.6%，31~40岁的占44.5%，41~45岁的占25.6%。可见，青年骑手要比青年务工者平均年龄更小，群体更加年轻化。此外，《2020年农民工监测调查报告》显示，农民工平均年龄为41.4岁，因为农民工监测调查覆盖全年龄段，所以平均年龄更大，但从近五年数据来看，农民工的平均年龄逐年提高，农民工中年轻人比重逐年下降。《2020年北京市外来新生代农民工监测报告》[①] 显示，2020年北京市新生代农民工（16~40岁）平均年龄为31.4岁，也高于青年骑手（国家统计局北京调查总队，2021）。

如图3-11所示，青年骑手相对于青年务工者受教育程度更高，七成以上为高中及以上学历。青年骑手中受教育程度为小学及以下的占5.0%，为初中的占24.0%，为高中、中专或职高的占47.1%，为大学专科的占16.8%，为大学本科及以上的占7.1%。CSS2019调研的青年务工者中受教育程度为小学及以下的占11.5%，为初中的占40.4%，为高中、中专或职高的占27.5%，为大学专科的占13.4%，为大学本科及以上的占7.3%。《2020年农民工监测调查报告》显示，农民工中受教育程度为小学及以下的

---

① 此报告中新生代农民工是指出生于20世纪80年代以后，年龄在16周岁及以上，在异地以非农就业为主的农业户籍人口。

占 15.7%，为初中的占 55.4%，为高中、中专或职高的占 16.7%，为大学专科及以上的占 12.2%。由于农民工监测调查覆盖全年龄段，其受教育程度受代际和年龄影响，要低于青年群体。可以看出，青年务工者中超过一半为初中及以下学历，而青年骑手中超过七成为高中及以上学历，整体受教育程度更高。

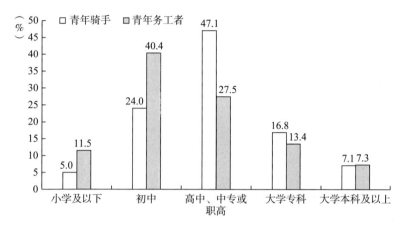

图 3-11 青年骑手与青年务工者受教育程度对比

青年骑手中未婚比例更高，相对于青年务工者有更优越的家庭背景。青年骑手中未婚的占 40.2%，已婚有配偶的占 53.8%，离婚或丧偶的占 6.0%。CSS2019 调研的青年务工者中未婚的占 20.2%，已婚有配偶的占 75.2%，离婚或丧偶的占 4.6%。《2020 年农民工监测调查报告》显示，在全部农民工中，未婚的占 17.0%，已婚有配偶的占 79.9%，离婚或丧偶的占 3.1%。对比来看，由于农民工监测调查覆盖全年龄段，因此已婚比例更高。而在两个青年群体中，青年骑手的未婚比例要高出青年务工者 20 个百分点，这与骑手更加年轻化有一定关系。

在知道父母受教育程度的受访者中，青年骑手的父母中最高学历为小学及以下的占 24.8%，为初中的占 37.9%，为高中、中专或职高的占 30.6%，为大学专科的占 4.0%，为大学本科及以上的占 2.6%。CSS2019 调研的青年务工者的父母中最高学历为小学及以下的占 49.5%，为初中的占 30.9%，为高中、中专或职高的占 17.3%，为大学专科的占 1.5%，为大学本科及以上的占 0.8%。可以明显看出，青年骑手在父母受教育程度上整体要高于青年务工者。

（二）职业特征

1. 青年骑手省内就业比例高于农民工，工作地集中在东部和中部地区

本书通过比对受访者户口登记地与工作地来测量省内与省外流动。分析发现，青年骑手省内就业比例为81.0%，省外就业比例为19.0%；CSS2019调研的青年务工者省内就业比例为87.1%，省外就业比例为12.9%；《2020年农民工监测调查报告》显示，全国农民工省内就业比例为75.3%，省外就业比例为24.7%（见图3-12）。可见，青年骑手的省内就业比例高于农民工的该比例。

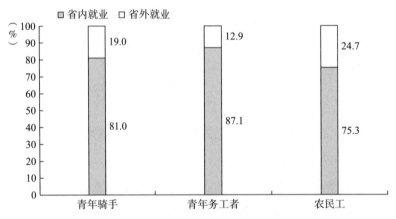

图3-12　青年骑手、青年务工者与农民工省内、省外就业比例对比

从工作所在地区①来看，青年骑手中47.5%的人在东部地区工作，39.5%在中部地区工作，8.1%在西部地区工作，4.9%在东北地区工作。CSS2019调研的青年务工者中44.0%的人在东部地区工作，26.2%在中部地区工作，24.2%在西部地区工作，5.7%在东北地区工作。《2020年农民工监测调查报告》显示，全国农民工中53.1%在东部地区工作，21.9%在中部地区工作，22.0%在西部地区工作，3.0%在东北地区工作。从以上数据可以看出，三类群体在东部地区工作的比例最高，在东北地区工作的比例最低；不

---

①　地区划分参照国家统计局，东部地区包括北京、天津、河北、上海、江苏、浙江、福建、山东、广东、海南10个省（直辖市）；中部地区包括山西、安徽、江西、河南、湖北、湖南6省；西部地区包括内蒙古、广西、重庆、四川、贵州、云南、西藏、陕西、甘肃、青海、宁夏、新疆12个省（自治区、直辖市）；东北地区包括辽宁、吉林、黑龙江3省。

同的是，青年骑手的工作地更加集中在东部和中部地区，在西部地区工作的比例远低于 CSS2019 调研的青年务工者和全国农民工，这也体现了骑手行业发展的空间特征。

2. 青年骑手收入高于农民工，月收入集中在 4000 ~ 7999 元

青年骑手的月均收入为 5079.6 元，中位数为 5000 元；CSS2019 调研的青年务工者的月均收入为 5788.4 元，中位数为 3500 元；《2020 年农民工监测调查报告》显示，全国农民工月均收入为 4072 元。从月均收入来看，青年骑手的收入水平要高于全国农民工，而略低于青年务工者，可能的原因是青年务工者中包含了一部分骑手。

如图 3 - 13 所示，青年骑手月收入为 2000 元以下的占 4.3%，2000 ~ 3999 元的占 25.4%，4000 ~ 5999 元的占 44.3%，6000 ~ 7999 元的占 19.2%，8000 ~ 9999 元的占 4.8%，1 万元及以上的占 1.9%；而 CSS2019 调研的青年务工者收入在 2000 元以下的占 18.4%，2000 ~ 3999 元的占 34.6%，4000 ~ 5999 元的占 23.2%，6000 ~ 7999 元的占 7.3%，8000 ~ 9999 元的占 5.1%，1 万元及以上的占 11.4%。

可以看到，青年骑手的月收入分布较为集中，而青年务工者的收入内部差异较大，青年务工者中月收入高于 1 万元和低于 4000 元的比例都高于青年骑手，从而出现青年务工者的月均收入为 5788.4 元，而月收入中位数

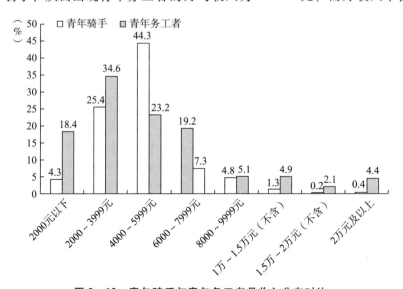

图 3 - 13　青年骑手与青年务工者月收入分布对比

仅为 3500 元的情况，青年骑手的月均收入与中位数非常接近，月均收入为 5079.6 元，月收入中位数为 5000 元。

3. 青年骑手的社会保障拥有率低于青年务工者，尤其体现在养老和医疗方面

不管是社会保障还是商业保险，青年骑手中 27.2% 的人有养老保险或退休金，44.8% 有医疗保险，20.5% 有失业保险，43.3% 有工伤保险，13.4% 有生育保险，4.7% 有城乡最低生活保障，24.9% 没有任何社会保障或商业保险。

CSS2019 调研的青年务工者拥有社会保障的情况是：47.4% 的人有养老保险或退休金，78.5% 有医疗保险，21.7% 有失业保险，27.5% 有工伤保险，18.7% 有生育保险，2.7% 有城乡最低生活保障，15.9% 没有任何社会保障或商业保险。

可以看到，青年务工者的社会保障拥有率要高于青年骑手，尤其是在较重要的养老保险和医疗保险上，青年务工者的拥有率都高于青年骑手超过 20 个百分点。

4. 青年骑手工作强度高于青年务工者，工作满意度略高

青年骑手平均每周工作 6.4 天，标准差为 1.1 天；平均每天工作 9.8 小时，标准差为 2.2 小时。CSS2019 调研的青年务工者平均每周工作 5.8 天，标准差为 1.4 天；平均每天工作 9.1 小时，标准差为 2.9 小时。可以看到，青年骑手的平均工作时长要大于青年务工者，且其周均工作天数和日均工作小时数的标准差都小于青年务工者，反映出骑手的高工作强度是一个普遍情况。

在 1~10 分的满意度评分中，青年骑手的总体工作满意度均值为 7.14 分，中位值为 8.0 分。CSS2019 调研中青年务工者的总体工作满意度均值为 6.88 分，中位值为 7.0 分。青年骑手的工作满意度略高于青年务工者，而从前文的分析可知，青年务工者的总体收入水平实际上高于青年骑手，青年骑手较高的工作满意度应该主要源于就业的较强灵活性。

5. 青年骑手的主观失业可能性判断更为消极，近半数认为 6 个月内可能失业

在对自己在未来 6 个月内失业可能性的判断上，青年骑手中认为完全有可能的占 21.8%，认为有可能的占 27.7%，认为不太可能的占 34.2%，认为完全不可能的占 16.3%。在 CSS2019 调研的青年务工者中，认为完全有

可能的占 12.0%，认为有可能的占 20.0%，认为不太可能的占 31.5%，认为完全不可能的占 36.5%。可见，青年骑手对失业可能性的判断更为消极，认为 6 个月内可能失业的比例达 49.5%，而青年务工者仅为 32.0%。

（三）生活状况和社会态度

1. 青年骑手每月家庭生活消费支出多集中在 2000～6000 元，低于青年务工者家庭

如图 3－14 所示，青年骑手每月家庭生活消费支出为 1000 元以下的占 6.2%，1000～1999 元的占 17.7%，2000～3999 元的占 38.3%，4000～5999 元的占 23.6%，6000～7999 元的占 7.9%，8000 元及以上的占 6.3%；而 CSS2019 调研的青年务工者每月家庭生活消费支出为 1000 元以下的占 3.9%，1000～1999 元的占 7.1%，2000～3999 元的占 24.2%，4000～5999 元的占 19.6%，6000～7999 元的占 14.4%，8000 元及以上的占 30.7%。可以看到，青年务工者每月家庭生活消费支出在 8000 元及以上的比例大大高于青年骑手，这可能是由于青年骑手更加年轻、未婚比例更高，再加上工作性质使其没有很多时间去消费，故其家庭生活消费支出相对低于有更高已婚比例的青年务工者。

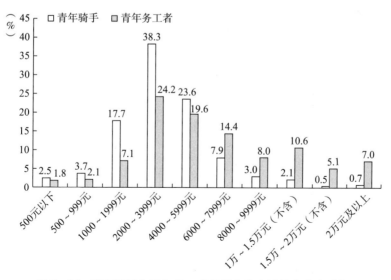

图 3－14　青年骑手与青年务工者每月家庭生活消费支出对比

而《2020 年北京市外来新生代农民工监测报告》显示，2020 年北京市新生代农民工家庭户均生活消费支出为 42395 元，即月均约 3532.9 元。通过对青年骑手月均家庭消费金额各取值区间以组中值进行赋值处理，得到青年骑手月均家庭生活消费支出约为 3951.5 元，略高于北京市新生代农民工家庭。

2. 青年骑手和青年务工者的生活压力集中在收入、住房和子女教育，青年骑手的健康压力较大

青年骑手选择的个人和家庭所面临的生活压力最大的四个方面是：自己或家庭收入低（42.0%）、住房困难（33.3%）、子女教育（29.5%）、自己或家人的健康问题（25.0%），此外，选择没有生活压力的比例为 2.8%。CSS2019 调研的青年务工者选择的个人和家庭所面临的生活压力最大的四个方面是："物价上涨，影响生活水平"（51.0%）、"家庭收入低，日常生活困难"（35.2%）、"住房条件差，建不起或买不起房"（34.2%）、"子女教育费用高，难以承受"（31.5%），此外，选择没有生活压力的比例为 20.0%。

对比可见，青年务工者中没有生活压力的比例远高于青年骑手，两个群体的生活压力都主要集中在收入、住房和子女教育方面，不同的是，青年骑手在自己或家人的健康问题上压力更加突出。无论是从满足消费需求还是从提高民生保障的角度，青年骑手和青年务工者都是扩大消费的主力人群，他们不仅有生存和生活多方面的消费需求，由于较年轻，也有改善生活、消费升级等更高的消费需求。

3. 相对于青年务工者，青年骑手的社会经济地位自评较低

在对本人的社会经济地位自评上，青年骑手认为自己目前在中上层的占 24.5%，在中层的占 32.6%，在中下层的占 20.7%，在下层的占 22.2%。认为五年后在中上层的占 41.1%，在中层的占 33.6%，在中下层的占 12.5%，在下层的占 12.8%。从五年后和目前的社会经济地位对比来看，认为没有变化的青年骑手占 42.1%，认为会向下流动的青年骑手占 8.4%，认为会向上流动的青年骑手占 49.5%。

CSS2019 调研的青年务工者认为本人社会经济地位目前在上层的占 0.2%，在中上层的占 4.7%，在中层的占 38.3%，在中下层的占 34.6%，在下层的占 22.2%。认为五年后在上层的占 4.9%，在中上层的占 29.1%，在中层的占 38.3%，在中下层的占 17.0%，在下层的占 10.7%。从五年后和目前的社会经济地位对比来看，认为没有变化的青年务工者占 39.0%，认为会向下流动的青年务工者占 5.1%，认为会向上流动的青年务工者占 55.9%。

可以看到，在目前的社会经济地位自评上，青年骑手中有 32.6% 的人自评属于中层，整体占比要低于青年务工者的 38.3%，在五年后的社会经济地位自评上也是如此，青年骑手的自评较低。在五年后的社会经济地位自评上，相较于 55.9% 的青年务工者认为会向上流动，青年骑手低了 6.4 个百分点，为 49.5%。可见，相对于青年务工者，青年骑手对当前和未来的社会经济地位自评都偏低，这主要与骑手职业较低的社会认可度与就业不稳定性有关。

五　本章小结

新业态群体以青年为主，其就业方式的灵活性、工作内容与从业者兴趣的高度契合性、工作安排的自主性等得到了相当一部分青年的认同，也更好地促进了就近就业。但是，新业态新就业在发展的起步阶段也存在一些问题，如普遍工作时间较长、主观评估失业可能性较高、面临职业歧视等，尤其是社会保障不完善、职业培训缺位，还需要政府、平台、社会多方协同发力，推动新业态和新就业更加健康有序发展。

第二部分

就业保障与就业质量

第四章

骑手的就业质量

近年来，随着互联网技术的迅速发展，依托于网络数字平台的新就业形态大量涌现。其中，外卖平台配送员，也就是外卖骑手，与人们的日常生活需求紧密相关，吸纳了大量的劳动力就业。外卖骑手职业属于典型的以体力劳动为主的新型城市服务业，其所具有的就业容量大、就业门槛低等特征，使其成为吸纳就业的重要渠道（陈龙，2020b）。

与传统蓝领职业相比，以灵活就业形式出现的外卖骑手职业，在劳动关系、劳动时间、劳动报酬等多个方面均不同于传统的就业形式（胡放之，2019）。近年来，与外卖骑手有关的各种新闻舆情不断发酵，受到了社会各界的广泛关注（李胜蓝、江立华，2020）。数字经济和外卖平台的发展，一方面的确为普通劳动者提供了更灵活自由的就业形式，以及更多样的收入来源；但另一方面，在外卖经济迅速发展的过程中，也出现了一些无序发展的情况，依托平台建立的新型劳动关系和用工管理制度对现有的法律框架提出了一定的挑战，对外卖骑手劳动过程中的风险监管和劳动权益保障也严重滞后于平台经济的创新速度（邢海燕、黄爱玲，2017；周子凡，2018）。更为重要的是，从普通劳动者层面考虑，外卖平台的发展不等同于外卖骑手的发展（郑祁等，2020）。外卖骑手作为职业，在就业质量上与传统职业相比是高是低？选择外卖骑手职业对劳动者个体而言是不是更优的就业选择？外卖骑手个体的职业可持续发展路径是什么？（赖德胜等，2011）本章聚焦外卖骑手就业质量中的"就业脆弱性"维度，通过与传统职业进行比较和分析，尝试对上述问题予以回应。

一　外卖骑手的就业总体特征

近年来，与外卖骑手有关的研究不断增加，骑手职业得到了学界的广泛关注。这一群体以青壮年劳动力为主，他们中有相当一部分人是从传统产业中转移过来的；与外卖行业劳动力迅猛扩张相对应，民营企业，特别是制造业企业用工却受到了较大的冲击，以至于有媒体提出"宁送外卖不去工厂，年轻人'抛弃'的究竟是什么"的疑问（沈锦浩，2019；夏熊飞，2019）。80 后、90 后的农民工群体在就业选择上从制造业转向新型服务业的倾向较为显著。但不可否认的是，从就业者个体层面来看，从"工人"到"骑手"的职业转变，其实质上是从传统低端制造业岗位转入同样低端的劳动密集型服务业岗位（刘爱玉、刘继伟，2020）。笔者认为，在讨论骑手就业质量时，值得深入研究的问题是：从个体职业选择的角度看，劳动者进入外卖骑手职业对其而言是不是更优的就业选择？从事骑手职业能够有效降低个体的就业脆弱性吗？

本章为回答"看似更自主、更灵活的外卖骑手职业是否具有更好的就业质量"这一问题，从"就业脆弱性"视角切入，以外卖骑手为研究对象，对这一群体的就业质量进行讨论。

（一）外卖骑手的样本特征

为了对骑手职业和传统职业的"就业脆弱性"进行比较，并讨论选择骑手职业对个体"就业脆弱性"的影响，本章使用中国社会科学院中国社会状况综合调查和全国新职业青年调查数据。上述调查采用多阶段 PPS 概率抽样和整群抽样的抽样方案，共访问了 16479 名城乡居民，样本对当前我国不同就业群体具有代表性。

本书从上述调查数据中选择非农就业中的受雇群体，主要包括国家机关/国有单位干部职工、专业技术人员、一般办事人员、商业人员、服务业人员、制造业工人、不便分类的临时工/小时工等传统职业和以外卖骑手为代表的新职业群体。从基本变量情况可以看出，外卖骑手从业者与传统职业从业者在各个维度均有较大的不同。具体来看，从事外卖骑手职业的 90.83%是男性，平均年龄为 30.21 岁，平均受教育年限为 11.03 年，70.31%为农业户籍。同时，从与就业有关的变量来看，外卖骑手和其他职业有一定的差异。例如，从是否享有社会保障的情况看，有25.60%的外卖骑手没有任何社会保障；对之相比，在商业人员中有14.29%的人没有任何社会保障，在服务业人员中有13.08%的人没有任何社会保障，在制造业工人中有11.31%的人没有任何社会保障。当被问及未来6个月是否可能失业时，有49.52%的外卖骑手表示有可能，在制造业工人中这一比例为32.21%，在服务业人员中这一比例为29.78%，在商业人员中这一比例为26.02%（见表4-1）。

表4-1 样本基本情况描述

单位：%，岁，年

	男性比例	年龄	受教育年限	农业户籍比例	没有签订合同比例	未来6个月可能失业比例	工作无需技能比例	无任何社会保障比例
国家机关/国有单位干部职工	52.17	40.24	13.59	28.90	8.33	7.19	10.00	0.71
专业技术人员	51.89	35.33	14.61	24.21	10.29	11.32	2.58	5.32
一般办事人员	55.59	38.12	13.11	32.15	20.96	13.05	26.39	4.71
商业人员	48.54	37.63	10.49	66.38	49.62	26.02	50.57	14.29
服务业人员	61.07	40.59	9.49	68.00	53.51	29.78	47.10	13.08
制造业工人	76.72	40.45	8.93	80.64	60.45	32.21	41.29	11.31
不便分类的临时工/小时工	61.11	43.73	9.85	60.94	87.80	32.20	68.75	17.19
外卖骑手	90.83	30.21	11.03	70.31	5.66	49.52	32.54	25.60

（二）外卖骑手的就业选择和职业转换

如前所述，外卖骑手是新职业中吸纳就业较多的一个职业，许多骑手在从事该职业之前，通常从事传统职业（刘爱玉，2020）。本次调查对外卖骑手从事上一份工作的情况进行了了解。数据表明，对外卖骑手这一群体来说，其从事的上一份非外卖骑手的职业主要为低技能、低门槛的制造业和商业服务业。具体来看，有31.18%的外卖骑手上一份工作是普通工人，这一比例显示外卖骑手中有相当一部分是从国内制造业工人转行而来的。除了普通工人，有18.75%的外卖骑手的上一份工作是临时工/非正规就业，有 17.42% 的外卖骑手的上一份工作属于商业服务业，有 10.78% 的外卖骑手的上一份工作是个体经营者（见图 4 - 1）。

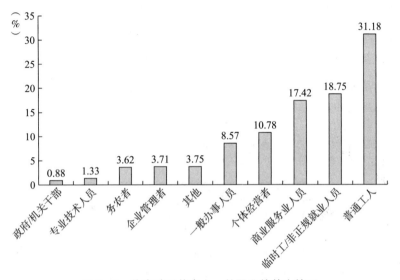

图 4 - 1　外卖骑手从事上一份职业的基本情况

（三）进一步对就业脆弱性的界定和测量

如前所述，学界将就业脆弱性一般界定为就业是否具有稳定性，以及是否能够为劳动者提供未来抵御风险的能力。结合以往研究，本章从是否签订正式劳动合同、雇主是否提供各类社会保险、从事的工作是否有职称或者技术等级、从事的工作是否需要一定的技能、未来半年内失业的可能性、劳动收入等几个维度，对就业脆弱性进行具体测量，并借鉴以往学者研究，通过对上述变量进行主成分分析，提取就业脆弱性指标，指标越高表明就业脆弱性越低。

从不同职业的就业脆弱性直接比较来看，如图 4 - 2 所示，国家机关/国有单位职工的就业脆弱性最低，得分为 1.623 分；其次是专业技术人员，得分为 1.427 分；商业人员的就业脆弱性较高，得分为 - 0.149 分；制造业工人和服务业人员的就业脆弱性得分分别为 - 0.173 分和 - 0.271 分；骑手职业与制造业、商业和服务业相关职业相比，有更高的脆弱性，得分为 - 0.406分；其他不便分类的临时工/小时工群体的就业脆弱性得分最高，为 - 1.117分（见图 4 - 2）。

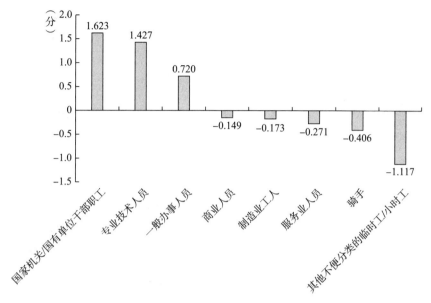

图4-2　不同职业的就业脆弱性比较

二　基于反事实研究方法对骑手职业就业脆弱性的分析

在对不同职业的就业脆弱性进行直接比较的基础上，本章希望能回答选择骑手职业对个体就业脆弱性影响的问题。劳动者在选择职业时，理性的选择应当是规避脆弱性就业，尽可能寻求更稳定、更有保障的就业，所以笔者假设在个体具有同等概率选择骑手职业时，选择从事骑手职业应当会降低其就业脆弱性。

（一）基于倾向值得分匹配对骑手职业就业脆弱性的分析

对从事骑手职业与其他职业就业脆弱性的比较，如果仅仅采用直接比较的方法，只能反映骑手职业与其他职业就业脆弱性的高低，在一定程度上只能体现不同职业与就业脆弱性的相关关系，并不能回答从事外卖骑手职业是否能降低就业脆弱性这一基于因果关系的问题。所以笔者基于反事实分析框架，建立倾向值得分匹配模型，对从事骑手职业和就业脆弱性之间的因果联系进行检验。也就是说，通过对样本的选择性进行控制，对相关指标进行考量和比较，进一步检验逻辑上的因果联系。

如前所述，本章假设从事骑手职业可以降低个体的就业脆弱性。为了对上述假设进行检验，本章首先估计受访者从事外卖骑手职业的概率值，通过控制多个影响变量得到倾向得分值（propensity scores），建立多元回归匹配模型，降低样本选择偏误，即：

$$p\ (X) = \Pr[\,D = 1 \mid X\,]$$

其中，D 表示是否从事骑手职业，采用 Logit 模型进行估计。

对于个体 i，取得从事外卖骑手职业的概率值，则可以估计其对就业脆弱性的平均处理效果（Average Treatment Effect on the Treated，即 ATT）：

$$
\begin{aligned}
ATT &= E[\,Y_{1i} - Y_{0i} \mid D_i = 1\,] \\
&= E\{E[\,Y_{1i} - Y_{0i} \mid D_i = 1\,],p(X_i)\} \\
&= \{E[\,Y_{1i} \mid D_i = 1,p(X_i)\,] - E[\,Y_{0i} \mid D_i = 0,p(X_i)\,]\,D_i = 1\}
\end{aligned}
$$

其中，Y_{1i}、Y_{0i} 表示从事骑手职业和其他职业的就业脆弱性。

通过对倾向值得分的匹配，在估计影响效果之前，找到与处理组尽可能相似的控制组，因此，在得到倾向值得分之后，则可以在同等可能从事外卖骑手职业的概率值条件下计算平均处理效果。也就是说，我们采取倾向值得分匹配法，对从事骑手职业的群体（处理组）和从事非骑手职业的群体（控制组）相匹配，估计平均处理效果在统计上的显著性。本章采用常用的匹配方法，如最近邻匹配法（Nearest Neighbor Matching）、半径匹配法（Radius Matching）、核匹配法（Kernel Matching）、马氏匹配法（Mahalanobis Matching）等，对处理组和控制组之间的差异进行检验；同时，采用自抽样方法（Bootstrap）进行标准误统计推断，以检验结果的统计稳健性（Rosenbaum & Rubin，1983；Becker & Ichino，2002）。

笔者首先以性别、年龄、本人受教育年限、父母受教育年限、婚姻家庭情况、家庭年平均消费、户籍性质、户籍所在城市经济规模对骑手职业群体和非骑手职业群体进行匹配，匹配后的处理组和控制组分布较为接近，在大部分变量上均不存在统计上的显著差异，说明匹配过程有效降低了样本选择偏误，图 4 - 3 显示了倾向值匹配前、匹配后核密度。

表 4 - 2 展现了不同倾向值匹配方法匹配后平均处理效应的检验。从倾向值匹配情况可以看出，不论是最近邻匹配、半径匹配还是核匹配、马氏

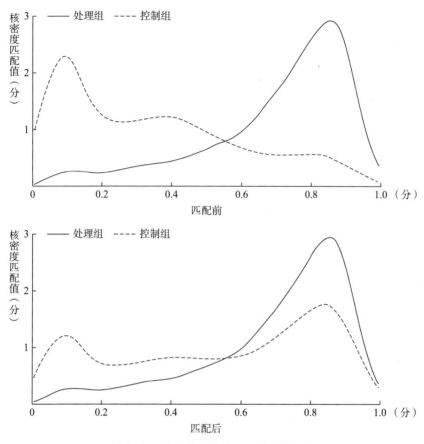

图 4 - 3　倾向值匹配前、匹配后核密度

匹配，基本结果均较为接近，说明倾向值匹配具有较高的稳健性。从具体数据来看，以最近邻匹配为例，处理组得分为 -0.167 分，控制组得分为 0.018 分，平均处理效应为 -0.185，并且具有统计上的显著性。这说明从事外卖骑手职业会增加个体的就业脆弱性，降低个体的职业稳定性以及抵御风险的能力。也就是说，从职业的横向比较来看，外卖骑手职业的就业脆弱性在各类职业中处于较高水平；从个体的职业选择来看，对于低学历、低技能的劳动群体来说，与其可能进入的其他低端职业相比，选择从事外卖骑手职业会导致其就业质量更低，就业稳定性更差，骑手职业在一定程度上增加了个体层面的就业脆弱性。

表 4 - 2　不同倾向值匹配方法匹配后平均处理效应检验

匹配方法	处理组（分）	控制组（分）	ATT	标准误
最近邻匹配	- 0.167	0.018	- 0.185 ***	0.025
半径匹配（Caliper = 0.001）	- 0.166	0.022	- 0.188 ***	0.024
半径匹配（Caliper = 0.05）	- 0.167	0.015	- 0.182 ***	0.023
核匹配	- 0.167	0.019	- 0.186 ***	0.023
马氏匹配	- 0.167	0.045	- 0.213 ***	0.033

注：*** 在 0.001 水平上具有统计显著性；通过 Bootstrap 自抽样方法 500 次取得。

（二）针对非农就业群体的就业脆弱性回归模型

为了进一步比较不同非农就业群体的就业脆弱性，以及影响就业脆弱性的重要变量，笔者通过建立一般线性回归模型和基于不同匹配方法的回归模型进行进一步的统计分析（见表 4 - 3）。首先，笔者对非农就业样本，以就业脆弱性作为因变量建立一般线性回归模型。从模型可以看出，受教育年限对就业脆弱性有显著的统计上的影响效应，即受教育年限的增加可以显著降低就业脆弱性（$\beta = 0.031$），非农业户籍群体有较低的就业脆弱性（$\beta = 0.304$）。从不同职业来看，在以外卖骑手为参照组的回归模型中，国家机关、国有企事业单位干部（$\beta = 1.961$）、专业技术人员（$\beta = 1.615$）、一般办事人员（$\beta = 1.064$）与骑手相比均具有较低的就业脆弱性；与之相对应，制造业工人（$\beta = 0.491$）、商业从业人员（$\beta = 0.296$）、服务业从业人员（$\beta = 0.182$）在就业脆弱性上均比外卖骑手职业有更低的就业脆弱性，尽管差异不是很大，并且仅在 0.05 的统计水平上显著。

笔者在最近邻匹配回归和马氏匹配回归模型中对匹配样本进行了模型分析。除了受教育年限、户籍、父母最高受教育年限等变量对就业脆弱性有显著的统计效应，从职业类型变量来看，骑手职业在就业脆弱性上仅低于不便分类的临时工/小时工，比其他职业均有更高的就业脆弱性。值得注意的是，在最近邻匹配回归和马氏匹配回归中，外卖骑手的就业脆弱性与制造业工人、商业从业人员、服务业从业人员相比均有统计上 0.05 显著性水平以上的差异。

表 4-3　非农就业脆弱性一般回归模型和基于不同匹配方法的回归模型

	一般线性回归		最近邻匹配回归		马氏匹配回归	
	回归系数	标准误差	回归系数	标准误差	回归系数	标准误差
年龄	-0.008 ***	0.001	-0.004 *	0.001	0.005	0.003
政治身份（群众：1）	-0.033	0.027	-0.012	0.026	0.053	0.042
性别（男性：1）	0.030	0.021	-0.129 *	0.018	0.061 *	0.033
受教育年限	0.031 ***	0.003	0.044 *	0.012	0.063 ***	0.004
婚姻状况（已婚：1）	0.092 ***	0.017	0.140 ***	0.016	0.101 ***	0.025
户籍（非农：1）	0.304 ***	0.017	0.247 **	0.026	0.190 *	0.029
父母最高受教育年限	0.059 ***	0.003	0.026 **	0.005	0.013 ***	0.004
职业（参照组：外卖骑手）						
国家机关、国有企事业单位干部	1.961 ***	0.070	1.149 ***	0.117	1.025 ***	0.125
专业技术人员	1.615 ***	0.044	1.129 ***	0.071	0.933 ***	0.076
一般办事人员	1.064 ***	0.048	0.649 ***	0.081	0.563 ***	0.073
制造业工人	0.491 *	0.041	0.111 ***	0.046	0.048 **	0.047
商业从业人员	0.296 *	0.031	0.055 **	0.023	0.163 **	0.078
服务业从业人员	0.182 *	0.044	0.187 ***	0.061	0.320 ***	0.057
不便分类的临时工/小时工	-0.641 ***	0.274	-0.683 ***	0.088	-0.685 ***	0.090
常数项	0.077 ***	0.013	-0.499 ***	0.040	-0.805 ***	0.066
R²	0.146	—	0.1719	—	0.1419	—

注：① *** 在 0.001 水平上具有统计显著性；** 在 0.01 水平上具有统计显著性；* 在 0.05 水平上具有统计显著性；②回归模型中的其他控制变量，如户籍所在地区（按东/中/西部地区划分）、是否有居住所在地户籍、是否使用互联网等变量，因篇幅所限，没有在正文中展示。

三　本章小结与对策建议

如前所述，外卖骑手职业与传统职业相比具有更高的"就业脆弱性"。要破解外卖骑手"就业脆弱性"困境，要从骑手层面、平台层面、制度层面多维度入手。总的来看，外卖骑手的就业脆弱性源自三个方面。

第一，外卖骑手的就业脆弱性从根源上可以归于个体劳动技能的缺乏。

大部分外卖骑手在从事骑手职业之前，通常从事的是低端制造业或者低端服务业，个体劳动技能的缺失导致其就业选择十分有限，就业的转换也仅仅是在以简单体力劳动为主的高脆弱性职业之间转换，无法进入高附加值的职业。高强度的工作节奏和简单重复的低技能工作内容导致外卖骑手陷入职业发展困境：一方面，外卖骑手在工作中无法通过技能的提升实现劳动回报的增值，骑手职业本身也缺乏职业发展的上升空间，导致骑手只能通过增加工作时长提高个人劳动收入；另一方面，外卖骑手职业的低门槛和可替代性导致外卖骑手缺乏对自身职业的认同感，仅把送外卖当作短期工作，并不会在外卖行业考虑拓展自己的职业发展空间，规划未来职业发展目标，对与骑手工作相关的职业技能培训表现出较低兴趣。与此同时，外卖骑手职业的特点导致个体与工作有关的社会资本无法得到有效拓展，社交圈日益狭窄，无法拓展骑手以外的业缘关系。这种社会资本的同质单一化倾向，进一步限制了有利于职业发展的就业转换。因此，应当从外卖骑手的实际情况出发，鼓励外卖行业从业者提高知识技能，拓展其能力圈和社会交往圈，在就业择业上"依托平台"但不"依靠平台"，尽可能提升个体劳动的含金量和附加值。

第二，外卖骑手的就业困境源自外卖平台缺乏与骑手建立长期劳动关系的取向。平台为了规避责任、降低成本，从法律制度等多个层面淡化其与骑手之间的劳动关系。部分平台企业对骑手的雇佣采用劳务外包形式，由第三方公司与外卖骑手签订合同。更有平台企业倾向于采用众包模式，与非特定的个体建立模糊的法律关系，平台仅仅将其自身界定为中介信息的提供者，撮合外卖骑手与客户之间的劳务关系，骑手与平台之间只有合作关系没有劳动关系，这一做法不利于保护外卖骑手正当的劳动权益，直接导致了外卖骑手在社会保障上的缺失。外卖平台的快速发展源于互联网技术的不断创新，同时也得益于劳动力大规模转移。因此，平台企业应当主动承担更多社会责任，以更完善、更人性化的职业发展设计回馈外卖骑手，构建更科学、更多元的职业培训体系，帮助广大外卖骑手拓展更多元的成长路径，以实现更高质量的就业。

第三，外卖骑手的就业困境与各种国家层面、行业层面的法律和制度性因素有着紧密联系。以户籍制度为例，大部分外卖骑手没有工作所在地户籍，其就业选择极大地受到制度环境的限制，制度性社会排斥导致骑手无法进入城镇正规就业系统。换言之，骑手职业的困境既是传统城乡二元结构的延续，也是本地与外地户籍差异化的结果。虽然户籍制度在不断优化完善，但是户籍制度造成的制度障碍使外卖骑手无法在就业城市得到均等的就业机会，在缺乏就业选择空间时只能被动接受平台企业的用工模式。此外，现有社会保障政策中对"劳动关系"的界定已经严重滞后于数字经济的快速发展，亟须从国家层面、行业层面推进与新经济相适应的保险福利制度，促进符合经济发展中出现的新型灵活用工制度和劳动者权益的社会保障制度创新，建立好个体在传统职业与新职业之间就业转换的社会保障衔接。

不可否认的是，虽然外卖平台企业不能为骑手提供高质量就业，但是骑手职业是有效促进就业的重要途径。外卖骑手作为"互联网＋"新职业的典型代表，能够为更多的体力劳动者提供灵活的就业机会和较为合理的劳动报酬。当然，我们不能无视外卖骑手在就业质量上不尽如人意之处。要提高这一群体的就业质量，重要路径之一是对这一群体赋能，提高其在就业市场的竞争力，为其择业提供更多的选择可能性。平台方有效连接了庞大的从业群体，有助于信息集中和统一管理，应当充分利用平台的信息、资源优势，架设连接劳动者、企业、工会组织、社会团体的渠道，为骑手群体提供更丰富的技能培训。

必须正视的问题是，对于每个外卖骑手的未来，应当剥离"外卖骑手"这一身份考虑对其进行"职业赋能"。对于这部分群体，"外卖骑手"可能仅仅是其"过渡性"的就业安排。一方面，外卖平台应当在技术创新、算法创新的同时，为从业人员提供更为人性化的就业环境和权益保障；另一方面，平台企业应当主动承担更多的社会责任，为从业人员在劳动技能、职业发展上提供赋能机制，加强从业人员主动择业的能力建设。

综上所述，新科技带动的数字经济迅猛发展，使得新经济模式和新业态不断涌现，与之相比较，各项社会制度，如社会保障和劳动权益保障制度则滞后于经济社会发展。因此，要及时补齐制度短板，探索新职业劳动者权益保障切实可行的路径；创新完善社会保障制度，使社保制度适应数字经济发展需要，增强制度灵活性和兼容性；在鼓励新经济发展的同时，坚持以人为本，要求企业充分承担社会责任。只有这样，才能更好地促进科技创新落地，鼓励劳动者从事新职业，实现新经济的可持续发展，确保国民经济行稳致远。

第五章
骑手的就业流动

随着我国现代化进程的加快，从信息、科技领域到生活服务业，一些新型职业不断涌现，既有伴随着社会发展和技术进步而衍生出的全新职业，也有伴随着传统行业变革而产生的新职业。这些新职业的规模在不断扩大，拓宽了人们的就业渠道，成为经济发展的一个支撑。"十四五"规划明确提出，支持和规范发展新就业形态，完善促进多渠道灵活就业的保障制度①。这将促进新职业的进一步规范化和良性发展。这种新就业形态改变的不仅是人们的就业方式，还有人们的就业观念。与传统职业相比，很多新职业具有灵活性和机动性的特点，入行限制相对较少，对于青年来说，这让他们在职业类型、就业地区和职业规划上都有了更多的选择空间。在这种趋势下，青年的职业选择会具有怎样的特点，会产生什么样的社会流动模式，是本章关注的重点。本章将分析外卖骑手整体的社会流动特点，不同人口学变量的外卖骑手社会流动情况的差异，以及从业动机、职业规划与其社会流动情况之间的关系。

一 骑手行业发展与我国社会流动现状

伴随着移动互联网和智能手机的快速发展，我国外卖行业发展迅猛。根据美团研究院发布的《2019年及2020年上半年中国外卖产业发展报告》，

---

① 《中华人民共和国国民经济和社会发展第十四个五年规划和2035年远景目标纲要》，http://www. xinhuanet. com/politics/2021lh/2021 - 03/13/c_11272055 64_8. htm，2021年3月13日。

仅餐饮外卖，从 2015 年到 2019 年，其产业规模就从 491 亿元上升至 6535.7 亿元（美团研究院，2020a）。除了餐饮外卖之外，生活超市、生鲜果蔬、医疗健康等外卖服务也日益增多。伴随着这些生活服务业新业态的蓬勃发展，"外卖骑手""外卖小哥"开始进入公众视野。根据互联网平台公布的数据，外卖骑手数量已达到一定规模。如"美团"官方网站公布的注册骑手数量超过 270 万人[①]；另有报告显示，2019 年通过"美团"而获得收入的骑手总数达到 398.7 万人。"饿了么"官方网站公布的注册骑手数量为 300 万人[②]。这一职业现已成为很多青年人的职业选择，有调查显示，外卖骑手从业者平均年龄为 31 岁，90 后占 47%（阿里研究院，2020）。这样一个新兴的、年轻化的、具有一定规模的职业群体，具有怎样的职业特征，面临怎样的发展问题，近两年在学术界引起了广泛关注。针对这一职业群体，有研究者从个体发展角度，探讨了外卖骑手的社会适应问题（赵莉、王蜜，2017）、情感归属特征（王淑华，2020）和个体特征与城市融入（邢海燕、黄爱玲，2017）。还有研究者从职业特征角度，分析了外卖骑手的劳动控制（陈龙，2020）和劳动过程（李胜蓝、江立华，2020）。本章则更关注外卖骑手这一新职业群体的社会流动特点及其影响因素。

社会流动是指个人或群体在社会分层结构与地理空间结构中位置的变化（李强，2008），包括代际流动和代内流动。本章主要分析的是外卖骑手的代内流动特点。研究者曾针对改革开放以来我国的社会流动特点做出过多方面的讨论，如李煜（2019）曾应用"高铁模式"和"地铁模式"来说明我国社会流动格局的变化，前者是机会少、长距离、跳跃式的社会流动，后者是机会多但距离短的社会流动，随着我国经济高速发展，社会流动从"高铁模式"逐步向"地铁模式"转变，并将成为一种常态。胡建国等（2019）分析了 2006～2015 年中国社会状况综合调查（CSS）的数据，指出 2000 年后，我国代内和代际流动中向上流动率都呈现增高趋势，社会流动充满活力。先赋性因素，如父母的职业和文化程度，对于子女的职业地位获得的影响力减弱；制度性因素，如户籍制度对职业地位获得的影响力也在减弱；而后致性因素，如受教育程度等对职业地位获得的影响力在增强。

───────────────

① 参见美团配送，https://peisong.meituan.com。
② 参见蜂鸟即配，https://fengniao.ele.me。

项军（2021）的研究认为，区域间社会流动机会存在差异，受户籍制度、家庭教育决策等因素影响，职业流动机会存在城乡差异。张顺（2019）指出，一方面，以信息技术为核心的新技术革命推动了经济结构转型升级，促进了市场机制的高效运作；另一方面，国有经济高质量发展，国家权力对经济、社会影响力加深。两种力量会进一步形塑社会阶层结构与社会流动机制。

伴随着信息技术和平台经济的迅速发展，现代社会中新职业结构不断出现，就业形势日益多元化。外卖骑手正是在这样一种新业态下衍生出的新职业，这一职业群体的社会流动模式是否与我国当前社会流动特征相符，是否有自身的特点，教育、户籍等常见因素是否会影响其社会流动模式，社会流动模式与新就业形态下的从业动机和发展规划又是否相关，本章将通过对外卖骑手的全国性调查逐一对这些问题进行探讨。

二　调查对象和变量测量

（一）数据来源

本章数据来源于全国新职业青年调查。本章选用以外卖骑手为主要职业的样本，有效样本 6196 个。其中，男性 5628 人，占 90.8%；女性 568 人，占 9.2%。年龄范围在 18～45 岁，平均年龄为 29.92 岁。

（二）主要测量变量

1. 社会流动的测量

本章主要分析的是外卖骑手的代内社会流动情况，包括职业流动和地域流动。职业流动通过将调查对象当前的职业地位与上一份工作的职业地位相比较得到。参考以往研究对职业阶层的划分，本章以陆学艺等提出的中国社会十个阶层的划分方式为基础（陆学艺，2021；李春玲，2007），对外卖骑手从事此工作之前所从事的职业进行等级排序，并结合李路路等依据权力、资源占有和自主性情况所做出的职业分类（李路路，2005；秦广强，2011），对十个阶层的职业类别进行整合和补充，将私营企业主纳入企业管理者，将自由职业者界定为自雇佣者。最终得出本章所使用的职业分类的等级排序由高到低分别为：国家与社会管理者、企业管理者（经理人员）、专业技术人员、办事人员、个体工商户、商业服务业员工、产业工人、自雇佣者、农民以及失业和半失业人员。外卖骑手以互联网为媒介，往返于商家和顾客之间，提供配送服务，本章将其归入商业服务业员工阶层。由此，可与其之前职业进行等级比较，判断其职业流动方向。如果其之前的职业阶层高于现在的阶层，则视为职业发生向下流动，计分为 1；若其之前的职业阶层与现在的阶层相同，则视为平行流动，计分为 0；若之前的职业阶层低于现在的阶层，则职业发生向上流动，计分为 2。如果当前外卖骑手的工作就是调查对象的第一份职业的话，则职业流动情况记为平行流动。

地域流动是比较调查对象家乡所在地和当前工作地的差异，分别考察家乡所在省份和工作地所在省份之间的流动，以及家乡所属城市和工作地所属城市之间的流动。地点相同则为无流动，计分为 0；地点不同则为流动，计分为 1。

2. 从业动机测量

本章通过询问调查对象选择外卖骑手工作的原因来测量其从业动机。主要从外在获得、内在成长和工作特征三大方面去考察这些动机。具体而言，外在获得包括待遇（2 题）和声誉（2 题）两个维度，设置挣钱多、工作体面等 4 个题目；内在成长包括职业匹配（2 题）、成就感（2 题）、积累经验（3 题）三个维度，设置符合兴趣爱好、能为社会做贡献、能增长见识等 7 个题目；工作特征包括入职简单（2 题）和工作灵活（2 题）两个维度，设置入行要求简单、能兼顾家庭等 4 个题目。所有题目以多选题形式呈现，请调查对象选择符合其择业动机的选项。如果选择了属于某一维度的动机题目，则该动机计分为 1，否则为 0。

3. 职业发展规划测量

本章通过询问调查对象未来一年和五年后的工作打算来测量其对职业的发展规划，采用多项选择形式，请调查对象在继续从事外卖骑手工作、换不同类的工作、上学或参加培训、自己创业等 12 个职业规划中进行选择，选择某一规划则计分为 1，否则为 0。

4. 人口学属性变量

考虑到不同群体间在前述变量上可能存在差异，在分析中会将人口学属性变量纳入其中，包括性别、受教育程度、年龄、户口、家乡所在地区，具体变量说明和描述性统计结果见表 5 - 1。

表5-1　人口学属性变量说明与描述性统计结果

单位：人，%

	变量	人数	占比
性别	男	5628	90.8
	女	568	9.2
受教育程度	小学及以下	310	5.0
	初中	1486	24.0
	高中/中专/职高	2916	47.1
	大专	1044	16.8
	大学本科及以上	440	7.1
年龄	70后	405	6.5
	80后	2298	37.1
	90后	3158	51.0
	00后	335	5.4
户口	农业户口	4269	68.9
	非农业户口	1803	29.1
家乡所在地区	东北地区	400	6.5
	华北地区	657	10.6
	西北地区	150	2.4
	华东地区	1917	30.9
	华中南地区	2654	42.8
	西南地区	418	6.7

注："户口"一项有缺失值124人，其占比为有效百分比。

三　骑手社会流动特点及影响因素分析

（一）青年外卖骑手地域流动性较低，存在人口学差异

将调查对象家乡所在省份、城市与其工作地所在省份、城市进行对比发现，外卖骑手区域流动性不是很高，平均19.0%的人是跨省流动进行工作，32.3%的人是跨城市流动进行工作，大多数人在家乡所在省份，甚至在家乡所在城市就能从事这份工作。进一步比较分析发现，青年外卖骑手中人口学变量不同的群体在地域流动性上存在差异。

1. 经济欠发达地区骑手更易向经济发达地区流动

外卖骑手工作的区域流动性在不同地区存在差异（见表5-2）。首先，西南地区的调查对象跨省流动率最高，40.2%的人是在省外从事外卖骑手工作。其次，东北地区、西北地区和华北地区的调查对象跨省流动率也较高，都在三成以上。最后，华中南地区和华东地区的调查对象跨省流动率较低，分别只有12.1%和15.6%。跨市流动率也是华中南地区和华东地区的调查对象较低，分别为26.5%和32.1%；这一数值在西北地区则已接近半数，49.3%的人离开自己所属的城市到其他城市从事外卖骑手工作；紧随其后的是东北地区和西南地区的调查对象，其跨市流动率分别为44.0%和43.8%。

表5-2　各大区青年外卖骑手就业的地域流动

单位：%

	东北地区	华北地区	西北地区	华东地区	华中南地区	西南地区	卡方值 χ^2
跨省流动率	35.3	30.0	34.0	15.6	12.1	40.2	360.074 ***
跨市流动率	44.0	37.7	49.3	32.1	26.5	43.8	120.670 ***

注：*** $p < 0.001$。

2. 不同年龄段骑手区域流动呈两极化，最年轻和最年长骑手更易跨区域流动

比较不同年龄段外卖骑手工作的地域流动情况可以发现（见表5-3），00后骑手，也就是18~20岁年龄段的骑手，以及70后骑手，也就是41~45岁的骑手，他们的地域流动性相对较高，特别是00后骑手，跨市流动率远高于均值水平，45.1%的人都离开了自己家乡所在城市外出工作。80后骑手，也就是31~40岁的骑手，较少跨省流动去工作，其跨市流动率也是最低的。

表5-3　不同年龄段青年外卖骑手就业的地域流动

单位：%

	70后	80后	90后	00后	卡方值 χ^2
跨省流动率	24.0	16.4	19.5	26.9	30.753 ***
跨市流动率	34.6	27.0	34.4	45.1	61.739 ***

注：*** $p < 0.001$。

3. 受教育程度较低的骑手更易跨区域流动

对受教育程度不同的外卖骑手工作的地域流动性进行比较，结果如表5－4所示。受教育程度相对较低的调查对象地域流动性更高。小学及以下和初中受教育程度的骑手跨省工作的比例要远高于受教育程度较高的骑手，其跨市工作的比例也是最高的。大专和大学本科及以上受教育程度的骑手跨省工作比例较低，但跨市工作的比例较高。

表5－4　不同受教育程度青年外卖骑手就业的地域流动

单位：%

	小学及以下	初中	高中/中专/职高	大专	大学本科及以上	卡方值 χ^2
跨省流动率	31.6	26.4	15.3	15.4	18.2	118.977***
跨市流动率	41.3	37.5	27.5	34.5	34.8	64.375***

注：*** $p < 0.001$。

4. 农业户籍骑手地域流动性更强

由于城乡二元结构的存在，户籍不同的青年在就业选择机会上可能存在差异，也就形成了流动模式的差异。因此，本章将户籍变量纳入分析之中。在本章的样本中，有68.9%的外卖骑手是农业户籍（见表5－1），将其与非农业户籍骑手进行对比分析，结果发现，持有农业户籍的骑手与持有非农业户籍的骑手相比，前者的跨省流动率和跨市流动率都明显高于后者（见表5－5）。

表5－5　不同户籍青年外卖骑手就业的地域流动

单位：%

	农业户籍	非农业户籍	卡方值 χ^2
跨省流动率	21.5	12.7	63.515***
跨市流动率	36.7	21.7	129.901***

注：*** $p < 0.001$。

5. 跨地域流动的骑手收入更高

为了分析外卖骑手在不同的社会流动模式下收入存在怎样的特点，笔者采用协方差分析的方式，将跨省流动和跨市流动与否作为自变量，将人口学变量，包括性别（虚拟变量）、年龄（连续变量）、受教育程度（连续变量）和户籍（虚拟变量）作为协变量，以控制其影响；此外，外卖骑手的收入与工作时长关联紧密，因此笔者同时控制平均每日工作时长（连续变量），将其作为协变量。结果如表 5-6 所示，在控制了相关变量的影响作用之后，地域流动类型不同的外卖骑手在收入上仍然存在显著差异。工作地域发生流动的外卖骑手平均月收入普遍高于没有流动的骑手，具体而言，跨省工作的骑手平均月收入高于在省内工作的骑手，跨市工作的骑手平均月收入高于在市内工作的骑手。进一步分析显示，即使骑手还在省内工作，跨市工作时的平均月收入（M = 5445.798 元）[①] 也要高于在本市工作时的平均月收入（M = 4808.316 元）。这可能是由于骑手跨地域工作的原因之一就是其主动选择去收入更高的地区。

表 5-6　地域流动类型不同的外卖骑手收入特征协方差分析

单位：元

		平均月收入	F 值
跨省流动	是	5790.747	17.237 ***
	否	4912.615	
跨市流动	是	5649.074	51.593 ***
	否	4808.316	
协变量			
性别			44.461 ***
户籍			1.979
年龄			8.937 **
受教育程度			44.193 ***
平均每日工作时长			148.600 ***

注：$^{***} p < 0.001$，$^{**} p < 0.01$。

（二）青年外卖骑手的职业阶层以向上流动为主，不同群体存在差异

1. 超过半数的外卖骑手职业阶层实现了向上流动

对比调查对象现在的骑手工作与上一份工作的职业阶层，结果发现（见表 5-7），对于 54.7% 的外卖骑手来说，按照传统的职业分层，他们目前处于职业向上流动的状态，他们的上一份工作以产业工人和自雇佣者（自由职业者）居多，现在上升为作为商业服务业员工的外卖骑手。另有

---

① 此处为省内跨市的骑手平均月收入。

22.7% 的人在职业阶层变换上是平行流动，其中 16.5% 的人做骑手之前也是从事商业服务工作，6.2% 的人首次就业就是做骑手。22.6% 的人发生了职业向下流动，其中较高比例的人在从事外卖骑手工作之前，是从事个体经营类的工作或担任一般的办事人员。

表 5 - 7　青年外卖骑手职业流动

单位：人，%

流动类型	上一份工作	人数	有效百分比	整体比例
向下流动	国家与社会管理者	47	0.8	22.6
	企业管理者（经理人员）	199	3.3	
	专业技术人员	72	1.2	
	办事人员	489	8.0	
	个体工商户	576	9.4	
平行流动	商业服务业员工	1013	16.5	22.7
	首次就业	379	6.2	
向上流动	产业工人	1730	28.3	54.7
	自雇佣者	934	15.3	
	农民	196	3.2	
	失业和半失业人员	486	7.9	

注：有 75 人未标明具体职业类别，无法进行准确归类，设定为缺失值，故此部分分析人数为 6121 人。

2. 70 后骑手职业向上流动最明显

比较不同年龄段的外卖骑手的职业流动情况发现（见表 5 - 8），00 后骑手刚参加工作不久，平行流动的比例最高，90 后次之，70 后和 80 后骑手平行流动的比例较低。与此同时，00 后骑手向下流动的比例最低，远低于其他年龄段的骑手，而 80 后骑手中有更多人发生了职业向下流动。对于相对年长的 70 后来说，其职业向上流动的比例要高于其他年龄段的骑手，而 00 后向上流动的比例最低。

表 5 - 8　不同年龄段青年外卖骑手的职业流动

单位：%

	70 后	80 后	90 后	00 后
平行流动	16.6	15.9	26.8	38.9
向下流动	21.3	25.0	21.9	14.2

	70 后	80 后	90 后	00 后
向上流动	62.0	59.1	51.3	47.0
卡方值 χ^2	153.506 ***			

注：*** $p < 0.001$。

3. 受教育程度较低的骑手职业向上流动更明显

受教育程度不同的外卖骑手的职业流动性比较结果如表 5-9 所示，受教育程度越高的外卖骑手，其当前职业越可能是平行流动和向下流动的结果，而越少可能是职业阶层向上流动的结果。反之，受教育程度较低的骑手，如小学及以下和初中学历的骑手，职业向上流动而成为骑手的概率较大，经由平行流动或向下流动而成为骑手的概率较低。

表 5-9　不同受教育程度青年外卖骑手的职业流动

单位：%

	小学及以下	初中	高中/中专/职高	大专	大学本科及以上
平行流动	18.4	17.9	20.7	30.4	37.5
向下流动	20.7	15.6	22.8	29.7	29.2
向上流动	60.8	66.5	56.5	39.9	33.3
卡方值 χ^2	274.404 ***				

注：*** $p < 0.001$。

4. 农业户籍骑手的职业阶层向上流动更明显

比较农业户籍和非农业户籍骑手的职业流动情况，可以发现（见表 5-10），持有农业户籍的骑手和持有非农业户籍的骑手相比，前者因职业向上流动而成为骑手的比例高于后者，后者因职业向下流动和平行流动而成为骑手的比例高于前者。

表 5-10　不同户籍青年外卖骑手的职业流动

单位：%

	农业户籍	非农业户籍
平行流动	21.7	24.5
向下流动	21.5	25.7
向上流动	56.8	49.8
卡方值 χ^2	25.117 ***	

注：*** $p < 0.001$。

5. 职业流动方向不同的外卖骑手的收入存在差异

通过协方差分析，可以了解外卖骑手在不同的职业流动模式下收入存在怎样的特点。笔者采用协方差分析的方式，将职业流动方向作为自变量，将性别、户籍、年龄、受教育程度和平均每日工作时长作为协变量。结果如表 5 – 11 所示，在控制了相关变量的影响作用之后，职业流动模式不同的外卖骑手的收入也有差异。当前骑手职业和上一份工作相比，属于向下流动的骑手的平均月收入要高于平行流动和向上流动的骑手。这一结果已经控制了年龄、受教育程度等因素的影响，可能的一个解释是，职业向下流动的骑手在上一份工作中可能累积了一些协调与时间管理的经验，能够帮助其更有效地完成订单。

表 5 – 11　职业流动类型不同的外卖骑手收入特征协方差分析

	收入（元）	F 值
平行流动	4964.497	18.228 ***
向下流动	5439.971	
向上流动	4998.934	
协变量		
性别		35.960 ***
户籍		10.394 ***
年龄		3.778
受教育程度		28.241 ***
平均每日工作时长		152.888 ***

注：*** $p < 0.001$。

（三）青年外卖骑手的社会流动与从业动机关系紧密

前述分析显示，青年外卖骑手跨省和跨市流动较少，大部分人从事骑手工作在职业阶层上获得了上升，少部分人呈现阶层下降趋势，但他们的收入跟其他骑手相比，还是较高的。这样的一些社会流动特点，是否与青年人在新就业形态下的职业选择和规划有关，本部分将对此逐一进行分析。

1. 灵活性从业动机影响骑手的地域流动选择

对从业动机和地域流动性的关联进行交叉列联表分析，结果如表 5 – 12 所示。首先，从每类动机总体选择人数占比上看，骑手选择这份职业最看重的是入行要求简单，其次是可以积累经验，如增长见识、锻炼自己、建立更多社会关系，对工作灵活性的重视被排在了第三位，第四位才是待遇。可以看出，骑手选择这份工作的主要动机与工作特征关系最为紧密，同时他们也比较重视自身能从职业中获得成长。

卡方分析结果显示，工作灵活动机与外卖骑手的地域流动性之间有一定关联，当骑手择业更关注工作的灵活性，如轻松不累、能兼顾家庭的时候，会更多选择在家乡所在城市工作。当骑手希望积累经验的时候，选择在省内工作的人数比例也较高。当骑手选择职业考虑到职业声誉时，会有更高比例的人跨省或跨市工作。职业选择关注入行要求简单的骑手中，选择跨省工作的比例会更高。

表 5 − 12　从业动机与外卖骑手就业的地域流动特点

单位：%

		总体	跨省流动		卡方值 χ^2	跨市流动		卡方值 χ^2
			是	否		是	否	
外在获得	待遇	26.1	24.8	26.4	1.232	26.1	26.1	0
	声誉	3.5	5.9	2.9	26.080 ***	5.1	2.7	21.521 ***
内在成长	职业匹配	19.6	21.2	19.2	2.450	21.2	18.8	4.601 *
	成就感	14.7	13.8	14.9	0.947	14.5	14.7	0.051
	积累经验	35.2	31.1	36.2	10.880 ***	33.7	35.9	2.846
工作特征	入行要求简单	42.6	45.1	42.4	3.768 *	44.2	41.8	3.138
	工作灵活	30.7	22.8	32.6	42.583 ***	23.3	34.3	76.285 ***

注：$^{***} p < 0.001$，$^{**} p < 0.01$，$^{*} p < 0.05$。

2. 骑手职业流动方向与其从业动机关系紧密

从业动机与外卖骑手的职业流动之间的卡方分析结果见表 5 − 13。有几种从业动机与外卖骑手的职业流动模式之间有一定关联。从其他职业向上流动到骑手职业的人，更看重入行要求简单、工作灵活这些工作特性方面的动机，而较少从积累经验和获得成就感角度去择业，即较少关注内在成长。而从阶层较高的职业向下流动至外卖骑手职业的人，更看重积累经验和获得成就感这种内在成长方面的动机，也比较重视工作灵活性，相对较少关注入行要求是否简单，对待遇的重视度也低于平行流动的调查对象。

平行流动或初次就业的人则相对更为关注待遇和经验积累，比较重视入行要求简单，较少去考虑工作灵活性。

表 5-13 从业动机与外卖骑手的职业流动

单位：%

		平行流动	向下流动	向上流动	卡方值 χ^2
外在获得	待遇	29.7	25.6	25.0	11.974 **
	声誉	4.5	3.3	3.2	5.468
内在成长	职业匹配	19.5	21.3	18.8	3.674
	成就感	15.2	16.6	13.8	6.659 *
	积累经验	38.5	37.3	33.1	15.907 ***
工作特征	入行要求简单	42.5	39.5	44.1	8.741 *
	工作灵活	26.0	30.5	32.9	21.832 ***

注：*** $p < 0.001$，** $p < 0.01$，* $p < 0.05$。

3. 地域流动的骑手换工作比例更高

笔者通过分析地域流动性不同的外卖骑手未来一年和未来五年的规划选择，来探讨地域流动性与职业规划的关系。分析结果如表 5-14 和表 5-15 所示。首先，从整体上看，未来一年里 70.7% 的调查对象表示会继续从事当前的工作，但在未来五年的规划上，表示会继续从事骑手工作的比例降至 51.7%，换言之，很多人并未把骑手当作长期的职业来规划，只是将其作为职业生涯中的一部分。无论是短期计划还是长期计划，都有一定数量的人将自己开店、自己创业作为未来职业，尤其是在五年规划里，做出这一选择的人数比例更高。还有一小部分调查对象计划进一步学习，提升自己。

对地域流动性不同的骑手进行比较分析可以发现，他们在职业规划上的差异并不明显，只是普遍来说，跨省或跨市流动的骑手计划换工作的比例略高于在本省或本市工作的骑手。

表 5-14 外卖骑手地域流动与未来一年工作规划

单位：%

	总体	跨省流动		跨市流动	
		是	否	是	否
继续当前的工作	70.7	68.4	71.2	68.7	71.6

	总体	跨省流动		跨市流动	
		是	否	是	否
换个类似工作	5.5	7.2	5.1	6.3	5.1
换个不同的工作	11.0	11.0	11.0	11.3	10.9
上学或参加培训，给自己未来充电	6.6	5.9	6.8	6.8	6.5
自己开店、自己创业	14.2	14.0	14.3	14.1	14.3
离职生育子女	0.6	0.6	0.6	0.6	0.6
不想工作，歇一段时间	4.4	4.2	4.5	4.0	4.7
没有打算	1.7	2.2	1.6	1.9	1.7
说不清	7.3	8.1	7.1	7.9	7.0
其他	5.0	4.3	5.2	4.7	5.2

注：职业规划为多选题，故选择比例相加可能超过100%。

表 5-15 外卖骑手地域流动与未来五年工作规划

单位：%

	总体	跨省流动		跨市流动	
		是	否	是	否
继续当前的工作	51.7	50.1	52.1	49.7	52.7
换个类似工作	5.7	6.3	5.6	5.7	5.7
换个不同的工作	11.1	12.1	10.9	12.0	10.7
上学或参加培训，给自己未来充电	8.4	8.7	8.4	9.2	8.1
自己开店、自己创业	26.1	26.5	26.0	26.9	25.7
离职生育子女	1.1	1.2	1.0	1.2	1.0
不想工作，歇一段时间	5.1	4.8	5.2	4.6	5.4
没有打算	1.4	1.7	1.3	1.6	1.3
说不清	10.0	11.2	9.7	10.9	9.6
其他	6.1	5.2	6.3	5.3	6.4

注：职业规划为多选题，故选择比例相加可能超过100%。

4. 职业阶层向上流动的骑手职业规划更模糊，向下流动的骑手职业规划更清晰

如表 5-16 和表 5-17 所示，在短期的职业规划上，职业阶层流动情况不同的外卖骑手间的差异不是特别明显，但仍然存在，包括：阶层向下流

动的骑手会有更多人计划一年后自己开店、自己创业；平行流动的骑手计划换工作的比例更高；阶层向上流动的骑手和其他骑手相比，对自己的规划相对更为模糊，表示说不清和没打算的比例更高，而打算"上学或参加培训，给自己未来充电"的比例要比其他两类骑手低。在长期的职业规划上，这种差异变得更为明显，阶层向下流动而成为骑手的人计划五年后自己开店、自己创业的比例远高于其他两类流动类型的骑手；平行流动的骑手中有更多人计划换工作；向上流动的骑手说不清未来规划的比例略高，打算通过培训提升自己的比例相对更低。从上述结果看，在阶层向下流动而成为骑手的人中，相对有更多的人打算自己开店或创业，骑手工作可能只是作为缓冲，前述动机分析显示向下流动的骑手选择这份工作时更看重积累经验，也从一定程度上验证了这一结论。

表 5 – 16　外卖骑手职业流动与未来一年工作规划

单位：%

	平行流动	向下流动	向上流动
继续当前的工作	71.8	71.9	70.1
换个类似工作	6.3	4.6	5.6
换个不同的工作	12.4	10.2	10.8
上学或参加培训，给自己未来充电	8.0	7.5	5.6
自己开店、自己创业	12.1	19.6	13.0
离职生育子女	0.5	0.7	0.6
不想工作，歇一段时间	1.9	1.4	1.9
没有打算	4.4	3.4	4.8
说不清	5.7	6.2	8.3
其他	4.5	4.6	5.3

注：职业规划为多选题，故选择比例相加可能超过 100% 。

表 5 – 17　外卖骑手职业流动与未来五年工作规划

单位：%

	平行流动	向下流动	向上流动
继续当前的工作	50.8	51.5	52.3
换个类似工作	7.2	4.3	5.8
换个不同的工作	13.1	11.4	10.1
上学或参加培训，给自己未来充电	9.2	10.1	7.4

	平行流动（％）	向下流动（％）	向上流动（％）
自己开店、自己创业	23.6	34.1	23.9
离职生育子女	1.4	1.0	0.9
不想工作，歇一段时间	5.6	3.3	5.8
没有打算	1.1	1.5	1.5
说不清	9.0	8.0	11.2
其他	5.4	5.1	6.5

注：职业规划为多选题，故选择比例相加可能超过100%。

四 结果讨论

（一）青年外卖骑手地域流动呈"地铁模式"特点，人口学特点鲜明

本章调查发现，大部分外卖骑手是在本省或本市工作，区域流动比例不是很高。这表明外卖骑手作为一种新职业，对从业的地域要求较少，在各地都有就业机会。这种社会流动模式符合前述机会多但距离短的"地铁模式"特征（李煜，2019）。本章还发现，骑手的地域流动与其个人特征存在关联。第一，当骑手的家乡经济发展相对落后时，他们更可能跨省或跨市来寻求就业机会。比如来自西北、东北和西南地区的调查对象外出从事骑手工作的比例更高。第二，年轻骑手和年纪较大的骑手相对更可能跨地域寻求工作机会。可能的原因是00后骑手初入职场，70后骑手在就业市场上相对处于劣势地位，两者更愿意闯荡或是想寻求更多机会，因此离开家乡的比例相对更高。第三，客观社会经济地位相对较低的人更可能跨地域去从事骑手工作。在本章中，受教育程度较低、农业户籍的骑手在外地从事骑手工作的比例更高，可能因其工作选择机会相对较少，因而需要外出扩大就业机会。第四，跨地域从事工作的骑手收入更高。可能的解释是，调查对象就是为了获得更高的收入才会选择去外地从事骑手工作，在外地工作的骑手月收入自然就高于在本地工作的骑手。

（二）外卖骑手为青年提供了职业向上流动的机会

本章将骑手纳入传统的社会分层体系，分析其社会流动情形。结果显示，从事骑手工作，对于 54.7% 的人来说实现了阶层向上流动，对于 22.6% 的人来说是阶层向下流动，对于 22.7%（其中 6.2% 为首次就业）的人来说是平行流动。这一结果低于以往研究发现的向上流动率的平均水平，如胡建国等采用相同的职业分层方法，对 2000～2015 年的社会流动方向分析的结果显示，2000 年后，代内向上流动率为 64.3%，向下流动率为 16.1%（胡建国等，2019）。本章是针对骑手从业者自身的职业流动方向进行分析，并且主要是与上一份工作而不是第一份工作进行比较，因此结果可能低于各行业的均值分析结果。这一流动模式可以反映出新就业形态下人们的从业动机和职业规划特征，后文会再讨论。从职业类型看，骑手的向上流动往往是由产业工人和自雇佣者（自由职业者）上升为作为商业服务业员工的骑手，而向下流动往往是从个体工商户或办事人员成为骑手。

从人口学分析结果看，客观社会经济地位较低的调查对象通过骑手职业获得向上流动的比例较高，反之，则经历向下流动的比例较高。比如，年龄较大、受教育程度较低、农业户籍的调查对象有更高比例因成为外卖骑手而实现了职业向上流动。而受教育程度较高、持有非农业户籍的骑手则有更高比例因成为骑手而产生了职业向下流动。

（三）外卖骑手的社会流动模式与从业动机和职业发展规划有关

从整体上看，本章发现外卖骑手的从业动机排在前三位的是入行要求简单、可以积累经验、工作灵活性高，再其次是待遇（收入）较好。也就是说，人们选择骑手这份工作主要看重其工作特征，如入职要求简单、工作灵活，对于自身内在成长也会比较重视，包括从中增长见识、锻炼自身和建立社会关系。而从职业发展规划看，受访骑手并没有计划将此作为长期职业，42.9% 的人计划五年后换工作或自己创业。而骑手所呈现的社会流动特点在一定程度上与这些动机和规划有关。

在地域流动方面，本章发现外卖骑手的地域流动与其从业动机存在一定关联。当人们持有不同动机时，对就业地点的选择会有所不同。更看重工作灵活、可以顾家的骑手，以及看重积累经验和扩展人脉的骑手，会更多选择在本地工作。

在职业流动方面，外卖骑手的职业流动与从业动机和职业发展规划都有关联。职业向上流动的骑手更看重入行要求简单、工作灵活，但对于自己未来的职业规划并不明确。而看似职业在向下流动的骑手选择这份工作，则更多是看重这份工作有助于内在成长，如锻炼自身、积累经验、获得成就感，以及工作的灵活性，而较少去关注入行门槛和待遇。同时，这一群体中也有更多的人有长远的职业规划，计划未来自己开店或创业的比例较高。因此，职业的向下流动可能是一种主动选择，即将外卖骑手这一职业作为未来事业发展的一个缓冲平台。

五　本章小结

本章分析了外卖骑手这一新职业群体的社会流动特点，及其与骑手职业规划的关系，得到了以下一些主要结论。第一，外卖骑手的地域流动性较低，表明外卖骑手作为一种新职业，地域限制性较低，能够为人们提供本地就业的机会，而不需要集中在某些地区发展。第二，外卖骑手这一新职业为客观社会经济地位相对较低的人群提供了向上社会流动的机会，年龄较大、受教育程度较低、持有农业户籍的人更可能通过这一职业而实现向上流动。第三，外卖骑手职业虽然因入行要求简单、工作灵活而吸引人，但人们在择业的时候还是会关注其对自身成长的作用。不少人并没有将这一职业纳入自己长期的职业生涯规划中，未来打算换工作的人占比较高。特别是一些原本职业阶层较高的人，选择这一职业可能是将其作为未来事业发展的跳板或缓冲平台，因而形成了一定比例的向下流动。

总体而言，外卖骑手这一新职业为很多人创造了本地就业和向上社会流动的机会，也为一些人的长远职业规划提供了支持，形成了具有自身特点的社会流动模式。未来这一职业在发展上，可利用职业的灵活性特点，为从业者提供更多培训机会，帮助从业者形成清晰的职业发展规划，使之不仅成为一个暂时的上升通道，而且形成一个真正的发展空间，让从业者有更多的发展可能。

第六章
骑手就业与共同富裕

从扩大中等收入群体、推进共同富裕的角度看，从事新就业新业态的青年和进城农民工不应被忽视。"十四五"规划提出，到 2035 年，人均国内生产总值达到中等发达国家水平，中等收入群体显著扩大。2021 年《政府工作报告》明确要求，"着力提高低收入群体收入，扩大中等收入群体，居民人均可支配收入增长与国内生产总值增长基本同步"①。农民工和大学毕业生是扩大中等收入群体的重点人群。习近平总书记在《扎实推动共同富裕》一文中指出，进城农民工是中等收入群体的重要来源，要深化户籍制度改革，解决好农业转移人口随迁子女教育等问题，让他们安心进城，稳定就业（习近平，2021）。

尽管发展势头迅猛，但新就业新业态存在就业和收入不稳定、就业质量不高的突出问题，根本原因是劳动权益和福利保障不足以及新业态发展不成熟。一方面，从业者仅将当前职业作为缓冲平台，度过人生的应急或特殊阶段，职业规划偏短期、临时，同时又缺乏职业培训，上升发展空间有限。这种困境既不利于从业者自身的职业发展，也不利于新业态的发展。另一方面，在新经济新业态发展的背景下，稳就业、保民生、扩大中等收入群体的相关政策也要适应新形势和新趋势，尤其要适应影响力不断增强的青年新世代的就业和生活方式。那么，如何处理新就业新业态的"稳定性"与"灵活性"、"过渡性"与"准备性"之间的张力，值得深入研究。

本章使用实证数据，从劳动社会学、社会分层以及代际社会学等理论

---

① 参见中国政府网，http://www.gov.cn/xinwen/2021 - 03/19/content_5590441.htm。

视角出发，分析骑手及其所处的新业态和新世代群体的社会经济特征以及发展困境，探讨推进共同富裕背景下如何促进新业态群体成长和青年就业，并提出既要重视就业稳定性也要重视就业灵活性的建议，为扩大中等收入群体提供新的政策思路。

一 外卖骑手群体的中等收入特征

新业态新就业在"提收入"方面发挥了显著作用，外卖骑手群体总体呈现中等收入的特征。全国新职业青年调查显示，骑手月收入为 2000 元以下的占 4.3%，2000~3999 元的占 25.4%，4000~5999 元的占 44.3%，6000~7999 元的占 19.2%，8000~9999 元的占 4.8%，1 万元及以上的占 1.9%。《2020 年农民工监测调查报告》[①] 显示，农民工月均收入为 4072 元，而骑手的月均收入为 5079.6 元，显著高于农民工的收入水平（国家统计局，2021a）。

此外，骑手的收入分布较为均衡，近似于橄榄型的收入结构。我们将骑手的收入结构与同年龄段城市务工者的收入结构进行对比，如图 7-1 所示。根据 2019 年中国社会状况综合调查（CSS），同年龄段城市务工者[②]的收入为 2000 元以下的占 18.4%，2000~3999 元的占 34.6%，4000~5999 元的占 23.2%，6000~7999 元的占 7.3%，8000~9999 元的占 5.1%，1 万元及以上的占 11.4%。骑手的月收入中位值为 5000 元，而务工者的月均收入为 5788.4 元、月收入中位值为 3500 元，可见，骑手的月收入分布较为集中，而城市务工者月收入的内部差异较大。

本章采用国内外较为公认的一些指标来测算骑手中的中等收入群体比例。我们选取了以下四个中等收入群体标准：①每人每天收入 11~110 美元（2011PPP）（Kharas，2017），根据 2011 年购买力平价指数（1 美元等于 3.524 元人民币）[③]，相当于每人每天收入约 38.76~387.64 元人民币，即每人

---

① 国家统计局于 2008 年建立农民工监测调查制度，在农民工输出地开展监测调查。调查范围是全国 31 个省（自治区、直辖市）的农村地域，在 1587 个调查县（区）抽了 8488 个村和 22.6 万名农村劳动力作为调查样本。采用入户访问调查的形式，按季度进行调查。

② 本章从 CSS2019 中选取 18~45 周岁、调查时在城镇地区工作、以"商业工作人员""服务业工作人员""农、林、牧、渔、水利生产人员""生产工人、运输工人和有关人员"为主要职业的样本，有效样本 1021 个。

③ 详见世界银行，https://databank.worldbank.org/embed/ICP-2017-Cycle/id/4add74e? inf = n。

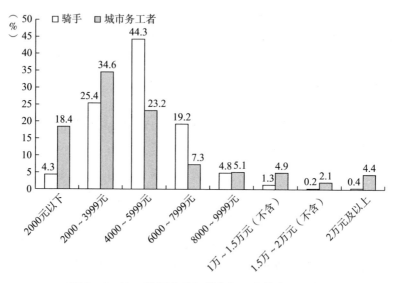

图 6-1　18~45 岁骑手和城市务工者的收入分布

数据来源：全国新职业青年调查和 2019 年中国社会状况综合调查。

每月约 1163~11629 元；②家庭人均收入中位数的 75%~200%，2020 年城镇居民人均可支配收入中位数为 40378 元，该标准为家庭人均月收入 2524~6730 元；③国家统计局"家庭年收入（典型的三口之家）介于 10 万~50 万元之间"的标准①，相当于每人每月收入为 2778~13889 元；④世界各国当年收入中位数的 67%~200%（详见杨修娜等，2018），参考世界各国人均 GNI②，根据各国人口规模排序后得出 2019 年世界人均 GNI 中位值为 11940 美元（PPP），根据 2017 年购买力平价计算，相当于每人每月收入中位值为 4159 元，该标准为每人每月收入 2787~8318 元。计算出中等收入群体的收入范围之后，我们再参照全国新职业青年调查中骑手的收入分组，分别划定宽松标准和严格标准，测算得出骑手样本（以专送骑手为主）中有 60%~80% 的人属于中等收入群体。不同指标下的骑手中等收入群体比例详见表 6-1。

---

① 《国家统计局局长就 2018 年国民经济运行情况答记者问》，http://www.stats.gov.cn/tjsj/sjjd/201901/t20190121_1645944.html。

② 具体使用的指标为 GNI per capita 和 PPP（current international $），详见世界银行，https://data.worldbank.org/indicator/NY.GNP.PCAP.PP.CD。

表 6 – 1　按不同标准计算的骑手群体中属于中等收入群体的比例

单位：元，%

中等收入群体标准	每人每月收入范围	收入范围的严格标准	中等收入群体比例	收入范围的宽松标准	中等收入群体比例
每人每天收入 11～110 美元	1163～11629	2000～9999	93.8	2000～14999	95.1
家庭人均收入中位数的 75%～200%	2524～6730	4000～5999	44.3	2000～7999	88.9
家庭年收入（典型的三口之家）介于 10 万～50 万元之间	2778～13889	4000～9999	68.3	2000～14999	95.1
世界各国收入中位数的 67%～200%	2787～8318	4000～7999	63.5	2000～9999	93.8

数据来源：全国新职业青年调查。

　　与总体上的中等收入特征有关，骑手也表现出了较高的工作满意度和职业认同。调查显示，外卖骑手对工作总体满意度平均为 7.1 分（满意度分值范围为 1～10 分），属于比较满意的程度。2019 年中国社会状况综合调查（CSS）数据显示，18～45 岁的"商业工作人员""服务业工作人员""农、林、牧、渔、水利生产人员""生产工人、运输工人和有关人员"对工作的总体满意度均值分别为 7.3 分、7.1 分、6.6 分、6.7 分，可以看出，外卖骑手在工作满意度上与商业、服务业工作人员相近，高于农、林、牧、渔、水利生产人员以及生产工人、运输工人和有关人员（见图 6 – 2）。

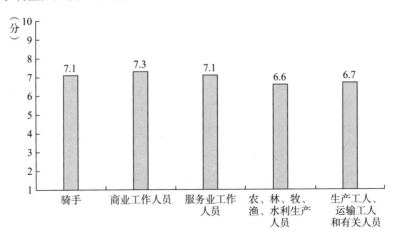

图 6 – 2　18～45 岁骑手与其他职业群体的工作满意度比较

数据来源：全国新职业青年调查和 2019 年中国社会状况综合调查。

具体来看，外卖骑手满意度得分最高的是"与领导和同事的关系"（8.1分），然后从高到低依次为"工作的自由程度"（7.6分）、"工作环境"（7.4分）、"收入及福利待遇"（7.0分）、"晋升机会和未来职业前景"（6.5分），得分最低的是"社会地位"（6.0分）。总体而言，收入越高、越年轻的骑手对工作的满意度越高。月收入1.5万元以下的骑手，收入越高，总体工作满意度越高；21~30岁群体对"工作环境""工作的自由程度""晋升机会和未来职业前景"表示满意（得分在6分及以上）的比例均高于其他年龄组，分别为76.4%、78.3%、62.5%。

外卖骑手对本职业表示非常认同或比较认同的占87.0%，很不认同或比较不认同的仅占13.0%。随着收入的增加，骑手对自己职业的认同度也随之上升，在月收入6000~7999元时达到顶峰，有92.6%的骑手表示认同。有一定福利保障的外卖骑手的职业认同度要高于没有任何福利保障的外卖骑手，比例分别为90.9%和75.1%。

二　外卖骑手群体的发展困境

骑手就业具有很大的"不稳定性"，主要体现在福利保障不完善、工作强度较高，从而带来他们对职业前景较悲观的评价以及工作规划的短期性。不管是社会保障还是商业保险，在骑手样本中，27.2%的人有养老保险或退休金，44.8%的人有医疗保险，20.5%的人有失业保险，43.3%的人有工伤保险，24.9%的人没有任何社会保障或商业保险。对比同年龄段城市务工者，根据CSS2019的数据，47.4%的人有养老保险或退休金，78.5%的人有医疗保险，21.7%的人有失业保险，27.5%的人有工伤保险，15.9%的人没有任何社会保障或商业保险。可以看到，骑手的福利保障要低于城市务工者的平均水平，尤其在较重要的养老保险和医疗保险上，骑手的拥有率低于城市务工者平均水平超过20个百分点。

在工作强度方面，如图6-3所示，骑手平均每周工作6.4天（标准差为1.1天），平均每天工作9.8小时（标准差为2.2小时）；同年龄段城市务工者平均每周工作5.8天（标准差为1.4天），平均每天工作9.1小时（标准差为2.9小时）。可以看到，骑手的工作时间要长于城市务工者的总体情况，且工作时间的标准差较小，这也反映出骑手的高工作强度是普遍情况。

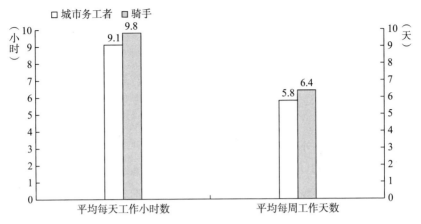

图 6 - 3 18 ~ 45 岁骑手与城市务工者的工作强度比较

数据来源：全国新职业青年调查和 2019 年中国社会状况综合调查。

因此，我们在肯定骑手职业带来较高收入、改善生活的同时，也要看到骑手职业的"高收入"其实是建立在"高强度""低保障"的基础上的。一是高收入基于高强度、长时间的工作，随着年龄增长、体力下降，再加上福利保障不完善，高收入很难持续；二是收入构成以计件工资为主，面对突发状况或者生病，从业者容易陷入经济困境，这种薪资结构降低了从业者的抗风险能力。

由此可以理解，虽然骑手群体的工作满意度较高、职业认同度较高，但是他们对未来的职业发展呈现一定程度的焦虑。笔者在调查中发现，骑手认为 6 个月内可能失业的比例达 49.5%，而同年龄段城市务工者的该比例仅为 32.0%。相较于商业工作人员、服务业工作人员、农业生产人员和产业工人，骑手认为未来社会经济地位会向上流动的比例最低（依次为60.5%、56.3%、52.4%、59.2% 和 49.5%），而认为未来会向下流动的比例最高（依次为 5.5%、4.2%、2.4%、4.3% 和 8.4%）。此外，虽然有76.1% 的骑手表示对职业前景充满信心，但有 73.2% 的人认为收入不会有大幅增加，有 80% 的人认为随着年龄增大可能会被取代，这与新业态新职业本身的发展不完善有关，也与骑手自身人力资本和技能水平较低有关。

此外，"高强度""低保障"的特征，也部分造成了骑手工作的短期性或者说"过渡性"。在骑手群体看来，骑手职业更多起一个"缓冲平台"的作用，仅有少部分人将骑手职业视为一个长期稳定的职业选择。调查显示，有 70.7% 的被访骑手表示未来一年会继续从事当前的工作，但在未来五年的规划上，该比例下降至 51.7%；另外还有 50.6% 的被访骑手认为这份工作与自己的梦想/理想不一致。换言之，很多人选择骑手工作是仅将其作为职业生涯中的一个阶段，比如急需一笔钱的应急阶段，或者一时找不到理想工作的过渡阶段。这种"过渡性"和短期性的深层次制度性原因主要在于城乡二元分割很大程度上限制了农民工群体在城市地区的职业选择，被排斥在正规就业系统外，使得一大批农民工选择进入更"灵活"与更"来钱"的外卖行业，但其就业脆弱性状况却并未因此得到改善（崔岩，2021）。

"过渡性"也意味着"灵活性"，而对于工作时间、工作场所、工作模式的灵活性要求，已经成为当代很多人尤其是年轻人的追求，在这个意义上，骑手职业被称为"阈限型职业"，给了普通人等待重启但不必停下脚步的缓冲空间（郑少雄，2021）。下面笔者将重点讨论骑手职业的"灵活性"。

三　新业态和新世代的发展需求

新业态和新就业的独特优势在于灵活性，工作时间灵活、准入门槛较低、就业场所分布广泛，适合不同情况的人群实现初次就业或者就近就业，既帮助他们解决了就业难问题，也能丰富他们的职业体验，帮助他们解决择业难问题。我们的全国调查所反映出的骑手就业特征和就业价值观都指向了"灵活性"，这也是新业态和新业态群体的发展需求。

调查发现，骑手的年龄主要集中在 21～30 岁，占 51.0%；其次是 31～40 岁，占 37.1%；41～45 岁与 18～20 岁群体分别占 6.5% 和 5.4%。可以说，骑手样本以 80 后和 90 后青年为主。首先，在就业模式上，骑手群体就近就业的比例更高。我们通过比对受访者的户口登记地与工作地来测量其就业流动情况。分析发现，骑手省内就业比例为 81.0%，而《2020 年农民工监测调查报告》显示，全国农民工省内就业比例为 75.3%。可见，骑手的省内就业比例高于全国农民工的总体水平。

其次，在就业动机上，新业态青年更强调兴趣爱好和工作家庭的平衡。全国新职业青年调查显示，新业态青年选择目前工作的原因排在前三的是：符合自己的兴趣爱好（23.0%）、入行要求比较简单（21.4%）、能使自己得到更多锻炼（21.2%）。细分来看，网络主播、电子竞技员、全媒体运营人员、网络文学写手和互联网科技从业人员的就业动机中"有发展空间，能展示自己的才干"和"符合自己的兴趣爱好"都较突出；新型职业农民则有独特的就业动机"能为社会做贡献"，有28.6%的从业者选择此项；骑手的主要就业动机为"入行要求比较简单"、"能兼顾家务、照顾家人"以及"一时间找不到更好的工作"（见图6-4）。

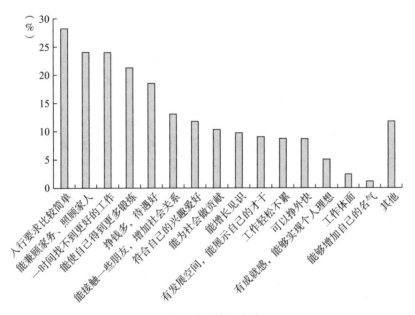

图6-4　骑手的就业动机

数据来源：全国新职业青年调查。

不同年龄组和不同户籍的骑手在就业动机上略有差异。从最重要的工作动机来看，18~20岁群体为"能使自己得到更多锻炼"（27.5%）、21~30岁群体为"入行要求比较简单"（28.4%）、31~40岁群体为"能兼顾家务、照顾家人"（31.2%）、41~45岁群体为"入行要求比较简单"（31.6%）。此外，非农户籍骑手的就业动机更强调"赚钱"，选择"挣钱多，待遇好"和"可以挣外快"的比例均高于农业户籍骑手；而农业户籍骑手的就业动机更强调"家庭"，选择"能兼顾家务、照顾家人"的比例高于非农户籍骑手。这反映出新业态和新就业中多元化的就业动机和现实需求，包括年轻人希望增加社会经验、中青年人群较严峻的就业压力、青年较普遍的赚钱动机以及农村青年较重的家庭负担等，而颇具灵活性的骑手职业能够为这些多样化的需求和动机提供一种选择。

　　本部分将使用骑手数据构建两个回归模型，考察稳定性和灵活性在新业态群体就业中的重要性。如表6-2所示，模型1为工作满意度的OLS模型，工作满意度变量的范围为1~10分，代表从最不满意到最满意；模型2为未来五年继续从事这个职业的二元Logistic模型。解释变量主要为四类就业偏好，根据全国新职业青年调查数据，将就业动机方面选择"能兼顾家务、照顾家人"的定义为灵活偏好，选择"符合自己的兴趣爱好"的定义为兴趣偏好，选择"未来6个月不可能失业"的定义为稳定偏好，选择"一时间找不到更好的工作"的定义为权宜偏好。控制变量包括月收入、保障情况（有无保险保障和是否签订合同）、年龄、户口和受教育程度。

表6-2　外卖骑手的工作满意度和未来五年继续从事此工作的回归模型

	模型1	模型2
	工作满意度	未来五年继续从事此工作
灵活偏好	0.28 ***	0.28 ***
	(0.09)	(0.09)
兴趣偏好	0.75 ***	0.34 ***
	(0.11)	(0.12)
稳定偏好	1.55 ***	0.63 ***
	(0.09)	(0.10)
权宜偏好	-1.05 ***	0.01
	(0.08)	(0.07)
月收入（以4000元以下为参照）		
4000~5999元	0.55 ***	0.35 ***
	(0.07)	(0.07)
6000~9999元	0.74 ***	0.56 ***
	(0.08)	(0.08)
1万元及以上	0.91 ***	0.60 ***
	(0.22)	(0.23)
保障情况（以无任何保险保障为参照）	1.28 ***	0.46 ***
	(0.07)	(0.07)
劳动合同（以未签订合同为参照）	0.81 ***	0.28 ***
	(0.13)	(0.12)

续表

	模型 1	模型 2
	工作满意度	未来五年继续从事此工作
年龄（以 18~20 岁为参照）		
21~30 岁	−0.14 (0.14)	0.40*** (0.12)
31~40 岁	−0.23* (0.14)	0.59*** (0.13)
41~45 岁	−0.30* (0.18)	0.70*** (0.17)
户口（以农业户口为参照）	0.03 (0.07)	0.27*** (0.07)
受教育程度（以小学及以下为参照）		
初中	0.17 (0.15)	0.01 (0.14)
高中、中专或职高	0.37*** (0.14)	0.19 (0.14)
大专	0.44*** (0.15)	0.17 (0.15)
本科及以上	0.33* (0.18)	−0.05 (0.17)
常数	4.75*** (0.22)	−0.78*** (0.21)
样本量	6072	6072
R^2	0.214	

注：*** $p<0.01$，** $p<0.05$，* $p<0.1$；括号中为标准误。

模型结果显示，控制了其他变量，灵活偏好、兴趣偏好和稳定偏好均对骑手的工作满意度有显著正效应，而权宜偏好有显著负效应；灵活偏好、兴趣偏好和稳定偏好也对骑手未来五年继续从事此工作有显著正向影响，而权宜偏好的影响不显著。实证分析说明，在以骑手为例的新业态群体中，工作灵活、稳定以及符合自身兴趣，对于就业的满意度和长远规划都非常重要。

事实上，就业价值观的多元化，尤其是对工作与家庭、生活平衡的强调，不仅是新业态青年的特征，也是当代中国青年的典型特征。根据中国大学生追踪调查，超过 90% 的大学生认同"幸福就是家人朋友陪伴""生活和工作能够按照自己的想法很重要"，而仅有不到 40% 的大学生认同"成功很重要"。世界价值观调查显示（如图6-5所示），从2001年到2018年，中国18～30岁青年整体上越来越多地认同"未来，工作的重要性降低是件好事"，选择同意的比例从2001年的18.41%上升到2018年的23.45%，而对于"即使意味着减少休闲时间，工作也应该放在第一位"的认同度整体上在下降，选择同意或者非常同意的比例从2001年的73.49%下降到2007年的57.05%，2018年回升至71.47%，但也低于2001年的水平。当然，更完整的画面是，相对于日本、美国、德国青年，我国青年仍然强调工作的重要性。

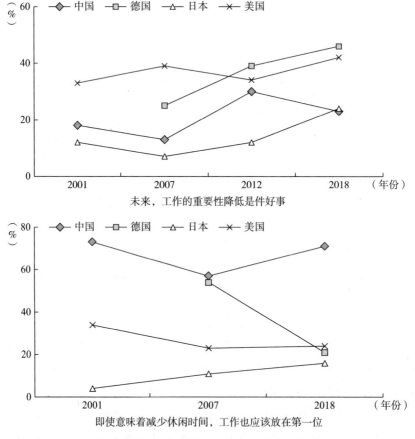

图6-5　中国、德国、日本和美国18～30岁人群的价值观比较

数据来源：世界价值观调查。

基于研究发现，本章提出，在新业态背景下扩大中等收入群体，既要

重视就业稳定性也要重视就业灵活性，稳就业稳收入的同时也要适应灵活性和流动性。首先，在当前新经济新业态背景下，"稳收入""稳就业"不能简单理解为稳定在同一份工作。新就业的独特优势在于灵活性，并且这可能不仅是阶段性特征，未来社会中灵活就业、"斜杠青年"、身兼数职可能成为常态，人们更注重工作与兴趣、家庭、生活相协调，认清这一发展趋势，应积极探索符合新经济新职业发展需求的"稳收入"对策措施。其次，扩大中等收入群体应做到"稳中容变"，在允许灵活性、流动性的同时加强民生保障。在当前新经济新就业形势下，稳定在同一份工作不太可能，即使企业希望如此，从业者也难以做到；此外，稳定在同一种劳动强度的高收入也不现实。中等收入群体应当是安稳小康又富有灵活性的，无论是这个月做骑手、下个月做房产中介，还是这个月在北上广、下个月回老家，又或者是暂时不工作，都能够基本维持中等收入生活水平，才是我们所追求的"扩中"。最后，应处理好新就业的短期性与准备性之间的关系。新业态新就业带来的就业流动性本身默认了短期性和过渡性的特征，为了促进从业者的职业发展，政府和企业应重视并积极推进灵活用工人员职业培训，采取措施鼓励该群体参与职业培训，即使在"临时"工作中也能为下一份更好的工作做好准备，促进就业流动的上升态势。

四　本章小结

新业态群体是我国当前劳动力市场中不容忽视的力量，青年和进城农民工是其中的主力群体，从不同层面来讲，新业态群体都是扩大中等收入群体、扎实推进共同富裕的重要人群。本章对新业态群体的就业、收入、价值观等进行实证分析，考察这一新兴群体的发展特征、存在困境以及态度诉求等，试图为"扩大中等收入群体"提供政策思路。首先，骑手群体具有中等收入的特征，骑手的收入水平显著高于农民工，收入分布较为均衡，根据不同指标测算，有60%～80%的骑手属于中等收入群体，表现出了较高的工作满意度和职业认同。其次，骑手群体存在"不稳定就业"的发展困境，主要体现在福利保障不完善、工作强度较高，从而带来对职业前景较悲观的评价以及工作规划的短期性，要看到骑手职业的"高收入"其实是建立在"高强度""低保障"的基础上的，由此可以理解他们对未来的职业发展呈现一定程度的焦虑。最后，新业态和新世代都显示出了追求灵活性的发展需求，就业动机上新业态青年总体更强调兴趣爱好和工作家庭的平衡，模型显示，工作灵活、稳定以及符合自身兴趣对于骑手就业的满意度和长远规划都非常重要，重视工作与生活、工作与家庭的平衡也是当代中国青年的典型特征。基于实证分析，保障新业态背景下青年和农民工就业、扩大中等收入群体，既要重视就业稳定性也要重视就业灵活性，稳就业稳收入的同时也要适应灵活性和流动性。

与已有研究一致，笔者认同外卖骑手具有一定的"不稳定劳动"特征，不完善的劳动权益和福利保障、较高的劳动强度以及情感劳动要求与职业技能之间的鸿沟给他们带来了诸多职业发展困境。但是在我国，无论从收入水平、工作满意度还是职业认同看，这一新业态群体的社会经济地位显著区别于"不稳定无产者"，更接近新服务工人、"新富裕工人"或者"新兴服务业工人"，是我国现代化建设中的重要新兴力量，在促进共同富裕、全面建设小康社会中发挥着重要作用。在理解和引导新业态新就业群体时，要重视代际社会学的视角，应充分理解新业态青年乃至整个青年群体的价值观和行为模式，这是理解新兴就业群体、做好稳就业保民生工作的关键。

第三部分

社会融入与城乡发展

第七章
骑手的返乡意愿和影响因素

近年来，互联网技术的发展与应用，催生出一大批形态多样、分工精细的新职业，这些新职业层面广泛、就业形态灵活多样，吸纳了大量就业人口。在乡村青年人口大量进城的背景下，新职业的出现使进城青年就业渠道日益多元化而不再局限于传统的就业模式。新职业从业人员规模日益庞大，其中以青年人从业为主的外卖骑手是新职业群体的重要组成部分，其从业人口及潜在人口需求已达千万级。

外卖骑手因其从业门槛低、工作方式自由灵活而成为大量进城青年的职业选择，而与这一新职业从业人员规模庞大相关的则是因从事这一职业群体所具有的"脆弱性"而带来的从业人员的频繁流动，骑手职业本身会增加个体的就业脆弱性，降低个体的职业稳定性以及抵御风险的能力（崔岩，2021）。对于多数外卖骑手来说，这个职业只是作为职业生涯的一部分，高文珺（2021）在《新就业形态下外卖骑手社会流动特点和影响因素》一文中指出，未来一年里有 70.7% 的调查对象表示会继续从事当前外卖骑手的工作，但在对未来五年的规划上，只有 51.7% 的调查对象表示会继续从事骑手工作，无论是短期计划还是长期计划，都有一定数量的人计划将自己开店、自己创业作为未来职业，尤其是五年计划，做出这一规划的人数比例会更高；还有一小部分调查对象计划进一步学习，提升自己。

对这些将从事外卖骑手职业作为"过渡性"工作的群体而言，外卖骑手从业经历在一定程度上有助于该群体增加收入、增长见识，引发对今后从业的思考。在这一"过渡性"职业从业结束后，在离开家乡工作的外卖骑手中，有 71.1% 认为自己未来很有可能或有可能返回家乡工作，有

28.9%认为自己不太可能或完全不可能返回家乡工作；返回家乡后，有71.1%计划创业/做小买卖，36.9%计划当地就业，8.3%计划务农，1.7%选择不工作（朱迪、王卡，2021）。

来自农村的青年群体中有意愿返乡的青年人对推动乡村振兴而言将是一笔潜在的、宝贵的青年人力资源，这些青年生长于乡村土地，是连接农村与城市的天然纽带，他们可以利用自己的资金、经营知识和技术优势积累，借助移动互联网提供的便利，迅速成长为带动乡村振兴的有力推动力量。《中共中央关于制定国民经济和社会发展第十四个五年规划和二○三五年远景目标的建议》中提出优先发展农业农村，全面推进乡村振兴，同时还专门提出实施乡村建设行动，提高农民科技文化素质，推动乡村人才振兴①。习近平总书记（2019）指出，人才振兴是乡村振兴的基础，要创新乡村人才工作体制机制，充分激发乡村现有人才活力，把更多城市人才引向乡村创新创业。青年人思想活跃，对新事物有较强的吸收能力，是社会中最为积极、最有生气的力量，是最可宝贵的人才资源，乡村振兴的全面推进需要青年人参与并承担更为积极的角色。因此，有必要对这一职业群体的返乡意愿及其影响因素进行分析，并对潜在返乡青年群体及其构成进行评估，以引导其更好地为乡村振兴战略服务。

一　外卖骑手返乡研究的理论视角

农村青年进城为追求好的工作和高收入以获得更高的社会经济地位。我国长期存在的城乡二元结构虽有改观但依然未从根本上发生改变，长期以来农村青年进城务工所面临的几乎是同样的"边缘化"问题，因而无法真正从身份上、更无法从心理上融入城市，加之进城青年就业选择有限，多从事耗时长、劳动强度大的工作，使得流动人口尤其是青年流动人口的进城工作选择不具有可持续性。外卖骑手在职业身份和所处社会、生活环境方面较之传统流动人口研究对象如农民工和蓝领从业流动人口有所差别，

---

① 《中共中央关于制定国民经济和社会发展第十四个五年规划和二○三五年远景目标的建议（2020年10月29日中国共产党第十九届中央委员会第五次全体会议通过）》，http://www.xinhuanet.com/politics/zywj/2020-11/03/c_1126693293.htm。

但其本质仍是城市当中的流动人口、是最为普通的劳动者，其从业过程中面临的问题较之其他流动人口依然有诸多相似性，同时，也因其就业方式不同于传统就业形式，面临的问题也具有一定的特殊性。

（一）返乡意愿影响因素研究

针对流动人口或农民工返乡意愿的研究可分为宏观制度、城市认同和融入以及个人特征及从业等三个层面。在宏观制度层面，在我国城乡二元的户籍制度下，由于户籍的不同，外来人口流入城市后在教育、社保、医疗、住房等方面都与本地居民存在较大的差距。长期存在的制度障碍降低了农民工居留的意愿，户籍制度下的"门槛效应"也会对流动人口的身份认同造成相当程度的负面影响（王志涛、李晗冰，2019）。在城市认同和融入层面，个人在群体中的身份认同以及在社会中的融入感决定了个人从事生产性活动的能力，个体的主观心理因素如对城市的适应、感受到的压力以及感受到的歧视等都会对其留城意愿造成影响（蔡禾、王进，2007），如果流动人口能够享受到与流入地居民平等的市民待遇、获得与流入地居民相对接近的收入，他们将会有更强的社会融入感（崔岩，2012），从而更愿意选择留在城市，返乡意愿也会随之降低。在个人特征及从业层面，人力资本水平（李强、龙文进，2009）和工作满意度（林树哲等，2019）等与流动人口留在城市的意愿呈正相关关系，即个人人力资本水平越高、对当前从事的工作或者对进城工作经历满意度越高就越有意愿留在城市。

（二）外卖骑手职业困境与返乡推力

由于存在低门槛和高收益形成的巨大红利窗口，以外卖骑手为代表的新职业吸引大量新的劳动力涌入，进而导致整个行业的收入下降，使得从事新职业的群体只得通过不断增加劳动时间和劳动强度等方式来维持原有的收入水平，在这样一种人力资源和人本身的高速流动的新职业生存业态现状下，离"心"运动是一种必然（陈龙、孙萍，2021）。劳动群体面临的职业压力是影响职业流动意愿的重要原因（梁玉成、张咏雪，2020），当付出同样或者更多的劳动依然无法获得与以往相当的收入时，离"心"在一定程度上会增加离职的概率。外卖骑手在面临职业压力的同时还承受着多方的职业歧视。对北京市（外卖）快递小哥群体的风险压力研究称，职业歧视与恶意投诉是（外卖）快递小哥的核心痛点，其作为外来流动人口，由于制度性安排和市场化区隔的存在使他们在城市中面临一定的社会排斥和边缘化倾向，在与客户和公司三者形成的关系中缺乏相应的话语权（廉思、周宇香，2019）。在系统算法日益完善的背景下，配送时间被不断压缩；在高速度与高单量同收入挂钩的背景下，从消费者的角度而言，配送员的配送质量不断下降，进而增加对整个配送员群体的歧视。可以看出，依托信息技术得以迅速发展的外卖平台的成长壮大并不等同于借助平台从业的外卖骑手的发展，外卖平台从业实质上仍属从事较低职业技能的行业，从业者发展空间不足，就业质量不高（崔岩，2021），日益成为"困在系统里的人"，无法获得预期地位的提升，进而会降低留城的客观可能性和主观意愿。

结合既有研究，本章从宏观层面的城乡二元结构背景下的政府服务支持和社会保障状况、中观层面的社会融入以及微观个体层面的职业压力现状三个方面对农业户籍青年外卖骑手的返乡意愿进行讨论。为研究上述问题，我们提出以下研究假设：①越是在政府服务和社会保障方面未得到充分满足的外卖骑手，越可能会产生返乡意愿；②外卖骑手遭遇过职业歧视、对所在城市的社会融入感知越低，越可能会产生返乡意愿；③外卖骑手在从业过程中面对的职业压力越大，越可能会产生返乡意愿。

二 核心变量与研究方法

当前有关流动人口返乡意愿的研究有两种思路：一是研究已经返乡和已经留城的人群，二是研究还处在迁移过程中的群体的返乡和留城意愿（李强、龙文进，2009）。从研究对象的选取方法可以看出，第一种思路是对完成状态的研究，属于事后分析，由此得出的返乡原因具有一定的建构性，并不能对青年返乡整体意愿进行全面评估，进而对整体的青年返乡规模及其构成做出有效预估的作用有限，对返乡青年的整体工作布局无法提供有效参考。使用第二种思路开展的有关流动人口的研究相对较少，既有研究采用的调查方式主要为深度访谈和抽样调查，尽管有在大城市开展的调查研究，但出于调查研究主题和内容的原因，其研究对象相对广泛、调查区域以大城市为主，缺少专门针对某一群体返乡意愿的全国性的大型社会调查。

（一）数据和核心变量说明

1. 数据来源

本章的数据来源于 2020 年由共青团中央维护青少年权益部、中国社会科学院社会学研究所共同组织实施的全国新职业青年调查。本章选取其中户籍为农业户籍并且以外卖骑手为主要职业的群体作为分析对象。如表 7 - 1 所示，该群体有效样本为 2758 个，其中男性占 92.35%，女性占 7.65%；年龄范围在 18 ~ 45 岁，平均年龄 28.82 岁；受教育程度在初中及以下的比例为 34.45%、高中/中专/职高的占 44.96%、大专及以上的占 20.59%；平均月收入为 5208.66 元。

表 7 - 1　样本基本情况描述（N = 2758）

单位：%

变量	变量定义	样本总体	有返乡意愿	无返乡意愿
地区	东部	55.11	56.42	51.70
	中部	36.80	35.56	40.05
	西部	8.09	8.02	8.25
性别	男性	92.35	94.13	87.70
	女性	7.65	5.87	12.30
年龄（岁）	均值	28.82	28.76	28.96
受教育程度	初中及以下	34.45	35.41	31.94
	高中/中专/职高	44.96	44.73	45.55
	大专及以上	20.59	19.86	22.51
前一份职业	传统职业	99.02	98.95	99.21
	新职业	0.98	1.05	0.79
月收入（元）	均值	5208.66	5178.29	5287.96
政府服务需求	均值	2.12	2.11	2.14
社会保障	有	74.98	73.52	78.80
	无	25.02	26.48	21.20
职业歧视遭遇	有	36.63	38.82	30.89
	无	63.38	61.18	69.11
社会融入认知	否	49.09	43.93	62.57
	是	50.91	56.07	37.43

续表

变量	变量定义	样本总体	有返乡意愿	无返乡意愿
每天工作时长（小时）	均值	11.18	11.28	10.90
就业稳定性	可能	53.05	57.97	40.18
	不可能	46.95	42.03	59.82

2. 变量说明

本章以农业户籍青年外卖骑手是否具有返乡意愿为因变量，分析外卖骑手产生返乡意愿的影响因素。本章对"返乡"的界定为，农业户籍青年外卖青年骑手返回其家所在区县层面的广义上的家乡，同时包括了返乡不返村和返乡返村等情况。

本章的控制变量包括研究对象工作地所属区域、性别、年龄、受教育程度、前一份职业类型和月收入。调查对象所属区域指的是调查期间其工作所在地，根据我国经济带的划分将其工作地所属区域分为东部地区、中部地区和西部地区，以东部地区为参照组，分析不同区域农业户籍青年返乡意愿的差别；引入性别控制变量的原因在于有近一成的女性外卖骑手，女性外卖骑手相较于男性外卖骑手在客观条件和主观态度方面存在较大的差异；在年龄范围上，本章涵盖调查数据中所有年龄段的外卖骑手；受教育程度是评估职业选择的重要指标，本章将受教育程度分为初中及以下、高中/中专/职高和大专及以上三类，以初中及以下为参照组；前一份职业指的是研究对象在从事本职业之前所从事的职业，本章将其分为新职业和传统职业两类；月收入为研究对象所选择的收入区间均值。

主要自变量由宏观层面的政府服务需求和社会保障享有状况、中观层面的职业歧视遭遇和对城市社会的融入认知以及微观层面的个体从业压力构成。其中，政府服务需求根据研究对象在"您希望政府为您做些什么①"问题的选择项数对其政府服务需求进行测量，社会保障依据研究对象在五险一金、最低生活保障及其他补充保障方面的享有状况分为有社会保障和没有社会保障两个大类；遭遇职业歧视指的是研究对象在从业和城市生活中因其从事的职业而受到歧视，社会融入认知根据研究对象对所在城市的

---

① 此问题选项包括：完善相应就业政策和服务、保障劳动报酬支付、完善社会保险政策、支持技能培训、维护劳动权益、提供法律援助和解决子女上学问题等。

归属感进行测量，依据研究对象是否同意"感觉自己不属于这个城市（地方）"的说法分为融入和未融入；每天工作时长计算的是从事外卖骑手这一职业平均每天的工作时长，就业稳定性根据失业可能性感知进行测量，依据研究对象对"认为自己在未来6个月内失业的可能性有多大"的回答分为有可能失业和不可能失业两类。

（二）研究方法和模型

如前文所述，本章依据从事外卖骑手职业的农业户籍青年有无返乡意愿将其分为两类作为本章分析使用的因变量。因为在一般回归模型中，因变量多为定距或定比变量，并且在理论上对其分布存在诸多现实条件下难以满足的假设，如需要满足正态分布、线性关系以及同方差性等条件，而 logistic 回归模型与一般回归模型的主要不同之处在于它可使用的因变量类型与一般回归模型不同，使用 logistic 回归模型可以对一个分类变量的各类别发生概率进行预测，其因变量为分类变量，而自变量可以为各种类型的变量。本章选用 logistic 回归模型对从事外卖骑手这一职业的农业户籍青年群体返乡意愿的影响因素进行分析，回归模型的表达式如下：

$$P(y = 1 \mid x_1, \cdots, x_i) = \frac{e^{\varepsilon_i}}{1 + e^{\varepsilon_i}} \tag{3.1}$$

$$\varepsilon_i = \alpha + \sum_{k=1}^{k} \beta_k x_k \tag{3.2}$$

$$\varepsilon_i = \ln\left(\frac{p}{1-p}\right) \tag{3.3}$$

这一 logistic 回归模型可以很好地拟合是否具有返乡意愿与其影响因素之间的关系。根据该模型，假定从事外卖骑手职业的农业户籍青年群体具有返乡意愿的概率为 P，取值范围为 [0, 1]，以农业户籍青年外卖骑手是否具有返乡意愿的概率为因变量，各影响因素 $x_1, \cdots, x_i$ 为自变量，建立 logistic 回归方程，可得从事外卖骑手职业的农业户籍青年群体具有返乡意愿的概率为：

$$P = \frac{e^{\alpha + \sum_{k=1}^{k} \beta_k x_k}}{1 + e^{\alpha + \sum_{k=1}^{k} \beta_k x_k}} \tag{3.4}$$

　　从事外卖骑手职业的农业户籍青年群体具有返乡意愿的概率表示选择有返乡意愿的可能性大小，使用公式（3.4）计算出的数值表示从事外卖骑手职业的农业户籍青年群体具有返乡意愿的可能性大小，数值越大表示越有可能具有返乡意愿，反之，则越不可能具有返乡意愿。

三　外卖骑手返乡意愿的模型分析

　　本章的分析工具为 Stata16.0，农业户籍青年外卖骑手返乡意愿的二元 logistic 回归模型的结果如表 7 - 2 所示。本次实证过程共建立了四个模型，其中，模型一是基准模型，模型二在控制个人基本特征的基础上增加了个人对宏观层面的政府服务需求和社会保障享有状况，模型三在模型二的基础上增加了个人在中观层面的社会歧视遭遇和社会融入认知，模型四在模型三的基础上增加了个人微观层面的每天工作时长和工作稳定性的评估。通过伪 R^2 和对数似然比值的变化可以看出模型得到了优化，亦即中观层面个体遭遇职业歧视和社会融入感知以及微观层面的工作时长和工作稳定性评估都对个人返乡意愿的产生有显著的影响。

表 7 - 2　农业户籍青年外卖骑手返乡意愿的二元 logistic 回归模型

	模型一		模型二		模型三		模型四	
	回归系数	概率比	回归系数	概率比	回归系数	概率比	回归系数	概率比
控制变量								
地区 （东部为参照组）								
中部	- 0.204 ** (0.092)	0.816	- 0.192 ** (0.092)	0.826	- 0.173 * (0.093)	0.842	- 0.217 ** (0.095)	0.805
西部	- 0.017 (0.167)	0.983	0.009 (0.170)	1.009	0.057 (0.171)	1.059	0.071 (0.175)	1.074
性别 （男性为参照组）	- 0.858 *** (0.153)	0.424	- 0.849 *** (0.153)	0.428	- 0.702 *** (0.155)	0.496	- 0.629 *** (0.159)	0.533
年龄	- 0.006 (0.007)	0.994	- 0.006 (0.007)	0.994	- 0.008 (0.007)	0.992	- 0.009 (0.007)	0.991

续表

	模型一		模型二		模型三		模型四	
	回归系数	概率比	回归系数	概率比	回归系数	概率比	回归系数	概率比
受教育程度 （初中及以下为参照组）								
高中/中专/职高	−0.099 （0.099）	0.905	−0.091 （0.099）	0.913	−0.036 （0.100）	0.965	−0.019 （0.101）	0.981
大专及以上	−0.087 （0.124）	0.916	−0.075 （0.123）	0.928	−0.038 （0.126）	0.963	−0.033 （0.128）	0.967
前一份职业 （传统职业为参照组）	0.317 （0.471）	1.372	0.298 （0.461）	1.347	0.376 （0.447）	1.456	0.357 （0.446）	1.430
月收入对数	−0.231** （0.096）	0.794	−0.205** （0.095）	0.815	−0.185* （0.097）	0.831	−0.107 （0.105）	0.898
宏观层面								
政府服务需求			−0.034 （0.045）	0.967	−0.050 （0.046）	0.951	−0.054 （0.047）	0.947
社会保障 （无社会保障为参照组）			0.248** （0.104）	1.282	0.182* （0.106）	1.200	0.083 （0.109）	1.087
中观层面								
职业歧视遭遇 （未遭遇为参照组）					0.274*** （0.095）	1.315	0.221** （0.096）	1.247
社会融入认知 （融入为参照组）					0.698*** （0.089）	2.010	0.612*** （0.090）	1.843
微观层面								
每天工作时长 （单位：小时）							0.037** （0.018）	1.038
就业稳定性 （可能失业为参照组）							0.579*** （0.093）	1.784
常数项	4.158*** （0.871）	63.958	3.928*** （0.869）	50.815	3.234*** （0.881）	25.381	1.937*** （0.928）	6.935
LR chi^2	43.13***		49.44***		123.01***		168.77***	
Log likelihood	−1605.9588		−1602.8008		−1566.0161		−1543.1387	
Pseudo R^2	0.0132		0.0152		0.0378		0.0518	

注：*、**以及***分别表示在0.1、0.05和0.01的水平上显著；括号内为回归系数标准误。

（一）基准模型

模型一代入的是地区、性别、年龄、受教育程度、前一份职业和月收入对数这 6 个控制变量，统计结果显示，LR chi^2 = 43.13，模型在 99% 的水平上显著，Pseudo R^2 = 0.0132。在这 6 个控制变量中，中部地区的 OR = 0.816，在 95% 的水平上显著，这表明，在控制其他变量的情况下，中部地区从事外卖骑手职业的农业户籍青年相较于东部地区从事外卖骑手职业的农业户籍青年更不倾向于产生返乡意愿。性别的 OR = 0.424，在 99% 的水平上显著，就性别而言，女性具有返乡意愿的概率比是男性的 1/2 左右。月收入对数的 OR = 0.794，在 95% 的水平上显著，这说明在控制其他变量的情况下，收入越高，从事外卖骑手职业的农业户籍青年越不倾向于产生返乡意愿。除了以上 3 个控制变量，剩下的年龄、受教育程度、前一份职业 3 个控制变量对从事外卖骑手职业的农业户籍青年返乡意愿的影响均不显著。

（二）宏观、中观和微观层面对农业户籍青年返乡意愿的影响分析

模型二在模型一的基础上加入了宏观政府层面的两个维度，考察研究对象对政府在包括就业政策、劳动权益以及子女教育等方面的服务需求和个人是否享有社会保障等对其返乡意愿的影响。统计结果显示，LR chi^2 = 49.44，模型在 99% 的水平上显著，Pseudo R^2 = 0.0152。实证结果显示，个人是否享有社会保障的 OR = 1.282，在 95% 的水平上显著，这说明在控制其他变量的情况下，享有社会保障的从事外卖骑手职业的农业户籍青年的返乡意愿是不享有社会保障的从事外卖骑手职业的农业户籍青年的返乡意愿的 1.282 倍。但在加入中观社会层面和微观个人职业压力层面的变量后，社会保障对从事外卖骑手职业的农业户籍青年返乡意愿不再显著。因此，假设①中认为宏观层面的社会政策需求和社会保障享有状况会影响从事外卖骑手职业的农业户籍青年群体返乡的假设并不成立，这在一定程度上说明尽管从事外卖骑手职业的农业户籍青年群体对宏观层面的社会政策和社会保障有较高的主观需求，但客观存在的差异对其是否产生返乡意愿并不能起到决定性的作用。

模型三在模型二的基础上加入了中观社会层面的两个维度，考察职业歧视遭遇和社会融入认知方面对从事外卖骑手职业的农业户籍青年群体返

乡意愿的影响。统计结果显示，LR chi^2 = 123.01，模型在99%的水平上显著，Pseudo R^2 = 0.0378。实证结果显示，中部地区的 OR = 0.842，在90%的水平上显著。月收入对数的 OR = 0.831，在90%的水平上显著。社会保障的 OR = 1.200，在90%的水平上显著。在职业歧视遭遇和社会融入认知方面，遭遇过职业歧视的群体相较于未遭遇过职业歧视的群体，前者返乡意愿的概率比是后者的1.315倍（β = 0.274，p < 0.01）；对工作所在城市（地区）社会融入认知低的群体，其返乡意愿概率比是社会融入认知高的群体的2.010倍（β = 0.698，p < 0.01）。这支持了本章提出的假设②，说明城市社会的融入在影响从事外卖骑手职业的农业户籍青年群体产生返乡意愿方面发挥了其推力作用。

模型四在模型三的基础上，加入了微观个人职业压力层面的两个维度，考察每天工作时长和就业稳定性对从事外卖骑手职业的农业户籍青年群体返乡意愿的影响。统计结果显示，LR chi^2 = 168.77，模型在99%的水平上显著，Pseudo R^2 = 0.0518。实证结果显示，月收入对数和社会保障对从事外卖骑手职业的农业户籍青年返乡意愿的影响不再显著。职业歧视遭遇的 OR = 1.247，在95%的水平上显著，概率比和显著性都有所降低。在微观层面的个人职业压力方面，平均每天工作的时间增加一小时，其产生返乡意愿概率比是不产生返乡意愿概率比的1.038倍（β = 0.037，p < 0.05）；认为有失业可能性的群体其产生返乡意愿概率比是认为不会失业群体的1.784倍（β = 0.579，p < 0.01）。因此，本章提出的假设③得到了验证，说明从事外卖骑手职业的农业户籍青年群体所面临的职业压力在其返乡意愿的产生中具有重要的影响。

四　本章小结与对策建议

新业态的发展带来就业形式的多元化，新职业的不断涌现吸纳了大量青年从业者，外卖骑手这一职业作为新职业的重要组成部分，其从业人员既具有与传统流动人口从事的高强度、低职业技能职业相似的特征和面对相似的问题，同时也因其发轫于新技术背景之下而使得从业人员所面临的问题具有一定的特殊性。本章主要从返乡推力的角度对农业户籍青年外卖骑手返乡意愿的影响因素进行了分析，该群体相较于传统流动人口表现出了较高的返乡意愿，但其返乡意愿产生的影响因素与以往的流动人口有所差异。

　　首先，从事外卖骑手职业的青年乃至所有青年流动人口所面临的城乡层面的宏观制度环境相较于20世纪末至21世纪初的流动人口得到了很大的改善。从表7-2模型结果中可以看出，个体在宏观层面的政府服务需求和社会保障享有状况对个体返乡意愿的影响并不显著。但应当注意的是，宏观层面的地区差异，尤其是中部地区青年外卖骑手低返乡意愿的现状则是反映了地区发展差距的客观存在。

　　其次，真正对农业户籍青年外卖骑手返乡意愿的产生形成推力的原因则是其在城市生活当中遭遇的如职业歧视等难以实现社会融入的困境，以及由此而产生的对城市或从业所在地区的低归属感和在从业过程中所面临的不断增加的职业压力。在无法实现预期的经济和社会地位获得以及需要面对无法融入的城市社会和不断增加的职业压力时，主动或被动产生返乡意愿乃至最终选择返乡是部分青年外卖骑手应对这一困境的一种选择。

　　最后，本章对农业户籍青年外卖骑手返乡从业意愿的量化和质性分析发现，有返乡意愿的群体今后从业方向以当地就业为主，有10%左右的受访者表示从业方向为务农；访谈分析发现，即使倾向于当地就业和创业的群体，其从业方向仍以涉农行业为主。这部分潜在返乡青年不仅仅是数量意义上的返乡人数，更是具有相对丰富的人力资本、能够为乡村的发展注入强劲活力的人力要素。对乡村而言，这部分有返乡意愿的青年是潜在可预期的人力资源和财富、是乡村与乡村振兴的文化链接。他们在既往的工作经历中积累的来自城市生活的商业意识、现代观念和人脉资源等都有助于他们在返乡创业和就业过程中形成一定的文化优势。对于部分返乡青年来说，回乡满足了他们对家庭生产生活的诉求，是返乡青年在追逐利益而付出身心代价后能够"软着陆"的最后"港湾"。同时，返乡青年具有自我实现与发展诉求，他们不满足现状，追求个性与挑战，渴望得到社会认可，很多返乡青年利用在城市积累下来的资本回乡创业，实现自我价值。

　　综上所述，有必要对具有返乡意愿的外卖骑手群体进行多方面预估，对其从产生返乡意愿到发生返乡行为的阶段进行判断，做好创业、择业支持工作以及心理调适工作等以积极地吸纳这部分青年人返乡。

　　通过对农业户籍外卖骑手青年的分析可以看出，该职业是农村青年进城务工最为重要的职业之一，但从事该职业的农业户籍青年群体中超过七成有返乡意愿，有该职业经历的青年必将成为返乡青年群体的重要组成部分。在支持和引导青年群体返乡方面，我们有如下建议。

第一，在宏观层面，对返乡青年群体及其构成进行预估，制定有针对性的社会政策。目前对农业户籍青年外卖骑手的返乡研究处于其返乡的可能性阶段，对返乡群体的规模进行预估有一定的参考意义，但还需对这一群体的其他特征、从业规划以及需求等方面做进一步分析以制定有针对性的支持政策。例如，在社会权益方面，农业户籍青年外卖骑手群体存在较多的政府服务需求未能得到满足、极低的社会保障享有状况等问题，应当持续推进相关政策的完善、满足返乡青年的合理需求以使其能够享受更为公平的社会待遇从而有效吸引青年人返乡；在返乡青年从业方面，做好返乡青年的创业支持工作，充分发挥这部分青年视野开阔与熟悉乡村现状的优势，支持其涉农产业的创业工作，这对于推动乡村人才振兴和产业振兴是重要的积极因素。

第二，在中观层面，做好返乡青年群体对家乡归属感的培养与再融入工作。农业户籍外卖骑手青年返乡的地域和职业转换是一个个人与社会因素综合影响的过程，对于返乡青年而言，家乡生活存在潜在的"乏味感"，当最初的返乡想象和激情褪去，未曾想到的困难和局限将逐渐显现，例如，乡村的基础设施与社会环境等与城市相比有较大差距，移居城市的吸引力便相对加大，返乡青年可能再次离乡，引发乡村的"二次空心化"。同时，较长时期的他乡、城市生活体验使得返乡青年面临原家乡文化的再适应问题。因此，从乡村振兴战略的角度而言，构建"共建共治共享"治理格局，积极鼓励返乡青年投身乡村建设，从大的政治制度环境予以优秀返乡青年更多的话语权，提高返乡青年参与乡村社会治理的能力，尊重青年人的个性，进一步激发返乡青年在城乡交流、教育事业等方面的身份优势有利于返乡青年对家乡的归属感的增强和家乡社会的再融入。

第三，在微观层面，农业户籍青年外卖骑手群体需做好返乡的角色调适。对于青年而言，从城市或在非农行业就业到返回乡村、从事农业或涉农职业，一般会被视为职业身份的向下流动，未能在城市或非农行业获得所期待的社会经济地位的青年群体在返乡后将面临较大的职业角色与生活调适问题。为此，返乡青年应当树立正确的职业价值观、做好返乡从业的规划与应对可能面临的新的从业压力等问题。

第八章
骑手就业质量与城市留居意愿

当前我国城市快速发展的服务业新业态为农业劳动力的转移提供了更多就业机会，但其更加灵活的用工方式也对我国的城镇化发展构成潜在挑战。本章以异地务工的骑手群体为研究对象，探究骑手的就业质量对其城市留居意愿的影响。从就业与城镇化的视角看，外来人口能否通过在流入城市就业实现长期留居是其在更高水平上融入城市的前提条件。

实现更充分、更高质量的就业是我国进一步推动城镇化高质量发展的基础，也是缩小城乡差距和收入差距，扎实推进共同富裕的重要途径。当前我国正处于产业转型升级的关键阶段，劳动密集型制造业吸纳新增就业人员的能力日益下降，而以互联网平台经济为基础的服务业新就业形态成为创造新增就业机会的重要渠道。然而，值得注意的是，大量增加的城镇就业岗位并未带来城镇化的显著提升，国家统计局最新数据显示，2021 年末全国常住人口城镇化率为 64.72%，比上年末提高 0.83 个百分点（国家统计局，2022）。这其中固然有城市高房价的影响，但也应看到，相比雇佣模式更加制度化的传统劳动者，以骑手为代表的城市新职业群体更加不稳定的就业状况不仅会直接影响其定居城市的收入预期，还会通过金融信贷间接影响其在城市购房安居的能力。

随着越来越多的中小型城市完全放开落户限制，生活成本与就业收入已成为决定劳动者城市去留的基本因素，推动城镇化进一步发展势必要在降低生活成本和提高劳动收入这两方面发力。单从就业收入看，外卖骑手群体的平均收入并不低，调查表明大部分送餐员月收入超过 3500 元（邱婕，2020），而较高的平均收入无疑也是新职业群体迅速扩大的根本原因。

由此引出一个现实问题。为何我国的城镇化率并未随着新职业群体的扩大而快速上升？除了关注以房价为核心的生活成本问题，新职业群体的就业特征对其市民化可能性的影响同样十分值得关注。现有研究广泛关注了新职业群体在收入、社会保障、法律地位、劳动技能、工作灵活性等方面的新特征（张成刚，2020），但很少有研究深入探讨上述特征与新职业群体市民化之间的关系。

从理论上看，对于进城务工人员而言，落户城市意味着生活方式的根本改变，这一决策的影响具有长期性。相应地，除了短期高收入，稳定的就业预期对进城务工人员的落户决策同样具有重要影响。骑手是城市新职业群体的重要组成部分，研究该群体的就业稳定性与城市留居意愿的关系，有助于明确新职业群体的就业特征对城镇化发展的影响。本章从客观与主观两个维度衡量就业稳定性，重点关注了收入、劳动合同、社会保障与失业预期这四个因素对骑手城市留居意愿的影响。通过使用全国代表性数据检验以上因素对新职业群体城市留居意愿的影响机制，本章初步厘清了就业稳定性对城市留居意愿的具体作用方式，研究结论对于进一步做好城市新职业群体的就业工作与推动城镇化高质量发展具有一定的参考意义。

一 新职业群体就业研究的理论视角

（一）新职业群体研究的新进展

目前学界对于"新职业"尚无统一的定义。有学者从新经济的背景出发，认为"新职业是指在新经济背景下，为适应数字技术创新、产业转型升级、美好生活需要而存在的各种专业化、技术化、个性化职业"（邓忠奇等，2021）。在新经济的背景下界定新职业，尽管可能遗漏一些新职业，但反映了数字经济发展催生大量新职业的重要事实。也有研究从政策层面界定新职业，将人力资源和社会保障部在2015~2021年颁布的56个新职业类型确认为新职业（丁述磊、张抗私，2021）。这样的界定方式更具体，也更容易操作化，但由于政策层面对新职业的确认存在滞后性，以此界定新职业可能遗漏某些尚在成长中的新职业类型。

本质上说，新职业是相对于传统职业而言的，从发展的角度看，现在的新职业也会变为传统职业。因此，在界定"新职业"的内涵时，如果超出时间维度上的"新旧"，很可能纳入一些互有矛盾的维度。例如，从2015年人力资源和社会保障部发布的新职业类型看，其中既包括专业技术人员，也包括生活服务人员和生产制造有关人员。有研究者注意到了新职业群体的异质性，指出新职业"既包括传统雇佣关系没有改变的新职业，又包括数字技术快速发展背景下新业态和新商业模式催生的新就业形态"（戚聿东等，2021）。

（二）新职业群体的市民化研究

现有研究关注了新职业与经济循环（丁述磊、张抗私，2021）、新型劳动关系（戚聿东等，2021）、工作满意度（邓忠奇等，2021）等方面的关系，较少有研究关注新职业对城镇化的影响。尽管新职业群体中从事专业技术工作的人员很少存在市民化的问题，但新职业群体中占比很高的网约配送员、互联网营销师、互联网平台家政工等仍旧面临着市民化的问题。已有研究深入探讨了农民工的市民化问题（刘传江、程建林，2008），部分新职业群体的市民化问题与农民工市民化问题有相通之处，但也存在明显不同。例如，大部分骑手属于流动到城市的农村户籍人员（邱婕，2020），符合农民工的身份定义，但其工作特征与传统的从事生产制造的农民工存在很大差别。此外，需要注意的是，许多骑手其实是从传统制造业中流出的，但这一职业转变对城镇化的影响也尚未引起足够重视。

鉴于新职业群体构成的复杂性，且该群体的就业方式与农民工存在明显差别，本章将研究对象聚焦于新职业群体中的典型代表——骑手。参考人力资源和社会保障部的研究报告，骑手的职业定义如下：通过移动互联网平台等，从事接收、验视客户订单，根据订单需求，按照平台智能规划路线，在一定时间内将订单物品递送至指定地点的服务人员（人力资源和社会保障部，2020）。从社会现实来看，网约配送员的主体是"外卖骑手"，数据表明，截至2021年底，外卖骑手的人数规模在1300万左右（刘萌萌，2022），一些平台外卖骑手达到400多万人（国家统计局，2022）。研究骑手的市民化问题，不仅有助于深化对新职业群体的市民化机制的理解，也为理解新生代农民工市民化问题提供了新视角。

（三）新职业群体不稳定的就业状况

由于以外卖骑手为代表的平台就业在新职业群体中占比很高，新职业群体的总体特征可以概括为收入水平较高、就业稳定性较低。从全球范围看，20 世纪 70 年代以来，发达国家出现的不稳定和不可预测的工作状况与其二战后三十年相对安全的工作状况形成鲜明对比，所谓"不稳定工作"是指从工人的角度来看是不确定的、不可预测的和有风险的就业（Kalleberg，2009）。随着我国市场化改革的推进，我国不稳定就业也表现出"常态化"趋势，以"非正规就业"统计为例，数据表明，2018 年我国城镇非正规就业人员规模达 26459.07 万人，占城镇就业人员的 60.94%（赵新宇、郑国强，2020）。从宏观层面看，骑手群体不稳定的就业状况是上述社会变迁的一部分。

有关不稳定就业社会影响的理论研究表明，由于工作日益表现出的不确定性和不可预测性，新进入城市的人口可能无法在城市扎根（Kalleberg，2009）。目前我国有关新职业群体不稳定就业与市民化的研究较少，在这一问题上，关于不稳定就业与农民工市民化的实证研究可以提供一定参考。有研究指出不稳定就业虽然有助于提高农民工个体的工资水平，但是不利于其家庭成员随迁，导致了农民工市民化的悖论（石智雷等，2020）。由此可以推论，对于以骑手为代表的新职业群体而言，其不稳定的就业状况也可能通过影响其家庭成员的随迁，进而影响其在就业城市落户、安家的意愿。

在不稳定就业的测量上，尽管学界尚未形成一致的看法，但大体上可以分为两类：离散型测量和连续型测量。离散型测量是通过确定不稳定就业的基本特征，将出现这些特征的就业状况视作不稳定就业，如有研究将"出现无养老保障、非全职工作、无固定雇主中情况的任意一种"（刘爱玉，2020）视作不稳定就业。连续型测量一般使用因子分析的方法实现多维度就业状况的简化，以此形成一个衡量就业稳定性状况的连续型变量，例如，有研究在分析骑手就业状况时，综合考虑了社会保险、专业技能、失业预期和劳动收入等多个维度（崔岩，2021）。不同研究者的分歧主要表现在具体指标的选择上，测量方式上的差异是次要的。

应当承认，不稳定就业测量上的差异在一定程度上也会影响到对于其所造成社会后果的评估。综合考虑现有研究对就业稳定性的测量，本章确定了收入、劳动合同、社会保障和失业预期四个基本维度，前三个维度侧重客观层面，最后一个维度侧重主观层面。与现有研究不同，本章并未将上述四个维度简化成一个综合性的就业稳定性指标，而是分别考察这四个维度对骑手群体城市留居意愿的具体影响。这主要出于以下三点考虑：一是综合性指标无法呈现就业稳定性不同维度对骑手群体城市留居意愿影响的差异；二是对于骑手等新职业群体而言，高收入与雇佣确定性之间的关系更弱，甚至存在反向关系，而综合指标假设收入具有单一的正向影响；三是以农民工为主体的骑手群体对于合同与保险可能存在一定误解，将其简化为综合指标可能会混淆某些影响。

（四）新职业群体的就业状况与城市留居意愿

本章在"不稳定就业"框架下研究主要就业特征对新职业群体城市留居意愿的影响，重点关注不同因素的相对重要性，以明确推进新职业群体市民化的重点。从理论上说，不稳定的就业状况是骑手等新职业群体离开务工城市的重要原因，自然也会对骑手群体的市民化有负面影响。相应地，收入低、缺少正式劳动合同保障、缺少社会保险、失业预期高均会成为推动骑手离开务工城市的重要因素。

从总体上说，就业稳定性越高，骑手留在当前城市的可能性也越高。不过，结合骑手的工作特征，就业稳定性不同维度的影响可能有所不同。例如，收入较高的骑手固然能够更好地承担城市生活的高成本，但本质上是"计件制"的高收入并不稳定，其对市民化倾向的影响可能较为有限。因此，尽管有关工作稳定性与市民化关系的总体性论断争议不大，但上述四个维度对于骑手群体城市留居意愿的差异性影响仍旧需要通过实证数据分析加以检验和分辨。

二　骑手群体就业与城市留居意愿的基本状况

本节首先基于抽样调查数据描述了骑手群体就业和城市留居意愿的基本情况，所使用的数据来源于全国新职业青年调查，其中目前主要职业为外卖骑手的样本有6196个，占比为53.9%。本章以目前不在家乡的外卖骑手为研究对象，这部分样本有3652个。关于异地务工骑手群体的基本特征见表8-1。

表 8 – 1 变量描述统计 （ $N = 3652$ ）

变量	统计量	变量	统计量
分类变量	占比（%）	分类变量	占比（%）
城市留居可能性：		性别：	
完全不可能	34.97	男	90.28
不太可能	35.93	女	9.72
有可能	21.25	婚姻状况：	
很有可能	7.86	未婚或同居	44.80
平均月收入：		初婚有配偶	46.17
2000 元以下	4.60	再婚有配偶	3.37
2000～3999 元	23.17	离婚	4.93
4000～5999 元	41.79	丧偶	0.74
6000～7999 元	21.85	政治面貌：	
8000 元及以上	8.60	群众	54.08
工作合同：		中共党员	7.50
签订劳动合同	62.71	共青团员	26.07
与平台签订合同	32.23	其他	12.35
没有签订合同	5.07	户籍：	
养老保险：		非农业户口	24.15
没有	73.82	农业户口	75.85
有	26.18	民族：	
医疗保险：		汉族	93.87
没有	56.65	少数民族	6.13
有	43.35	健康状况：	
失业保险：		比较差	11.88
没有	80.31	不好不坏	37.24
有	19.69	比较好	50.88
工伤保险：		城市类型：	
没有	56.05	一线城市	14.65
有	43.95	非一线城市	85.35
失业预期：		连续变量	平均值
完全不可能	15.01	年龄（岁）	27.19
不太可能	32.94	受教育年限（年）	11.62
有可能	28.53	主观经济地位评价（分）	4.94
完全有可能	23.52	平均每周工作时长（小时）	64.29

（一）骑手群体总体的城市留居意愿较弱

调查问卷中询问了异地务工骑手未来返回家乡工作的可能性，选项区分为"完全不可能"、"不太可能"、"有可能"和"很有可能"四个等级。本章以此反向测量骑手的城市留居意愿，返乡的可能性越高，留居务工城市的可能性就越低。需要说明的是，尽管返回家乡工作并不意味着回到农村务农，也可能是返回家乡的城市就业，但在就业驱动的城镇化视角下，这些返乡骑手在家乡城市将更加难以找到合适的工作。骑手跨省、跨市流动到其他城市就业是市场调节下劳动力资源优化配置的结果。因此，这些骑手能否在当前就业城市定居仍旧是衡量其市民化倾向的重要指标。从调查结果看，在异地务工的骑手中，不太可能或完全不可能留在当前务工城市的比例高达70.90%。

（二）骑手群体的就业状况差异较大

表8-1也汇总了这些非本地骑手就业的基本情况。从结果看，在收入方面，以"4000～5999元"为中心，呈现正态分布，月收入低于2000元或高于8000元的占比较少，绝大部分集中在2000～7999元，占86.81%。在工作合同方面，大部分骑手签订了正式的劳动合同，包括与"人力服务商/第三方机构"和"现单位或雇主"两类对象签订合同，占62.71%，这两类合同在当前司法实践中一般被确认为存在劳动关系。对于没有正式劳动合同的骑手，大部分人（32.23%）认为自己是与平台签订了合同，而不是没有签订合同。不过，在当前司法实践中，与平台签订合同一般难以确认为劳动关系，与"没有签订劳动合同"在法律意义上没有实质差异，但也反映了骑手在主观认知上的差异。

在保险方面，近半数的骑手有医疗保险和工伤保险，仅有两成左右的骑手有养老保险或医疗保险，社会保障水平较低。在失业预期方面，调查中询问了受访者"认为自己在未来6个月内失业的可能性有多大"，分为"完全不可能"、"不太可能"、"有可能"和"完全有可能"四类。从调查结果看，骑手群体两极分化严重，认为可能失业的和认为不太可能失业的占比大体相当。关于骑手群体的描述统计表明，不仅新职业群体具有很强的异质性，其中的某个职业类别，如骑手群体，同样具有很强的异质性。

从骑手的社会经济基本特征的描述中可以发现，骑手群体以农村户籍的男性为主，尚未结婚者和已婚者的比例大致相当，健康状况普遍较好。该群体的平均年龄为 27.19 岁，平均受教育年限为 11.62 年，平均每周工作时长为 64.29 小时，以十个等级测量的主观经济地位评价的平均值为 4.94。

三　骑手就业质量与城市留居意愿的机制分析

为进一步探究就业因素和社会经济因素对骑手群体城市留居意愿的独立影响，本节进一步使用序次 logistic 回归模型估计这些因素对骑手群体城市留居意愿的影响。序次 logistic 方程利用了因变量取值的有序性，但对于各类别之间的相对距离不做任何假定，符合城市留居意愿取值的特征。自变量包括平均月收入、劳动合同签订状况、社会保障情况、主观失业预期、性别、年龄、受教育年限、婚姻状况、政治面貌、户籍、民族、主观经济地位评价（十级）、健康状况、平均每周工作时长、城市类型等。序次 logistic 回归模型估计结果如表 8-2 所示。

表 8-2　骑手城市留居意愿的序次 logistic 回归模型估计结果（$N=3652$）

变量	系数	标准误
平均月收入：（2000 元以下 =0）		
2000～3999 元	0.245	0.165
4000～5999 元	0.278	0.162
6000～7999 元	0.300	0.171
8000 元及以上	0.372	0.192
工作合同：（签订劳动合同 =0）		
与平台签订合同	-0.192**	0.069
没有签订合同	0.123	0.143
有养老保险（没有 =0）	-0.159	0.103
有医疗保险（没有 =0）	-0.015	0.075
有失业保险（没有 =0）	0.026	0.115
有工伤保险（没有 =0）	-0.011	0.070
失业预期（完全不可能 =0）		
不太可能	-0.202*	0.097

续表

变量	系数	标准误
有可能	− 0.490 ***	0.101
完全有可能	− 1.142 ***	0.112
女性（男性 = 0）	0.751 ***	0.109
年龄	0.008	0.004
受教育年限	0.026 *	0.011
婚姻状况：（未婚或同居 = 0）		
初婚有配偶	0.063	0.070
再婚有配偶	− 0.150	0.182
离婚	0.084	0.149
丧偶	0.225	0.386
政治面貌：（群众 = 0）		
中共党员	− 0.188	0.125
共青团员	− 0.119	0.076
其他	0.057	0.098
农业户口（非农业户口 = 0）	− 0.076	0.075
少数民族（汉族 = 0）	0.087	0.130
健康状况：（比较差 = 0）		
不好不坏	0.188	0.105
比较好	0.118	0.105
一线城市（非一线城市 = 0）	− 0.343 ***	0.090
主观经济地位评价	− 0.029 *	0.013
平均每周工作时长	− 0.005 **	0.002
切点 1	− 0.594	0.299
切点 2	1.017	0.299
切点 3	2.649	0.303
Log likelihood	− 4467.795	

注：* $p < 0.05$，** $p < 0.01$，*** $p < 0.001$。

（一）就业收入与骑手的城市留居意愿

收入方面，以月平均收入"2000 元以下"的群体为参照组，依次递增的系数表明，收入越高的骑手，其留在当前务工城市的意愿越强。不过，与参照组相比，四个收入组的系数均不显著，这表明工作收入对于留在就业城市有正向影响，但其影响程度也是十分有限的。例如，在综合考虑模型各项因素的情况下，平均月收入"2000元以下"的骑手有可能留在当前城市的期望概率为16.49%，"2000~3999元"为21.07%，"4000~5999元"的为21.37%，"6000~7999元"的为21.64%，"8000元及以上"的为22.19%。可见，除了平均月收入在"2000元以下"的骑手城市留居意愿明显较低，其他各收入组的城市留居意愿大致相当，有可能留居当前城市的比例均在22%左右。

（二）劳动合同保障与骑手的城市留居意愿

工作合同方面，以"签订劳动合同"的骑手为参照组，"与平台签订合同"的骑手留居城市的可能性更低（$p = 0.005$），而"没有签订合同"的骑手与前者无显著差异。如前所述，在当前社会情境下，骑手与平台签订的合同多属于合作性质，并不属于劳动法意义上的劳动合同，其与"没有签订合同"的骑手的差别更多属于主观认知层面的差异，而非法律意义上的实质差别。考虑到认为自己"没有签订合同"的骑手占比很低（5.07%），且其中可能有很多人是将骑手作为过渡性就业的摩擦失业人员，因而该群体的城市留居意愿与"签订劳动合同"的群体未表现出显著差异。综上所述，除去少部分过渡就业的骑手，可以认为签订劳动合同的骑手比未签订劳动合同的骑手有更强的城市留居意愿。

（三）社会保障与骑手的城市留居意愿

社会保险方面，养老、医疗、失业和工伤四类保险对于骑手的城市留居意愿均无显著影响。而且，从系数看，社会保险对于骑手城市留居意愿的影响总体上呈负向，这意味着现有的社会保险反而会成为推动骑手离开务工城市的因素。造成上述现象的原因是多方面的：一是现有的社会保障体系具有很强的地域性，如果骑手拥有的医疗和养老保险的参保地非当前城市，那么社会保险反而会成为促使其离开当前城市的原因；二是劳动法律意义上的工伤保险以建立正式劳动关系为前提，但一些骑手会将按日缴纳的工伤意外保险视作工伤保险，因而保险的有无难以充分反映劳动者的保障状况，如送餐平台"饿了么"会自动从送餐员第一笔订单的服务费中扣除购买人身意外保险和第三方责任保险的费用（张成刚，2020：61）；三是骑手一般较为年轻，健康风险低，相较于完善的社会保障，该群体可能更加看重工作的稳定性，亦即能否获得持续的收入。

（四）失业预期与骑手的城市留居意愿

失业预期方面，与认为自己"完全不可能"失业的骑手相比，认为自己"不太可能"、"有可能"或"完全有可能"失业的骑手的城市留居意愿均更弱。从系数看，随着失业预期可能性的提高，骑手留居城市的可能性在下降。例如，在综合考虑模型各项因素的情况下，预期自己完全不可能失业的骑手很可能留在当前城市的预测概率为27.10%，而预期自己完全有可能失业者的预测概率仅为12.59%，前者留在当前城市的概率比后者高出1倍多。可见，主观失业预期对于骑手城市留居的可能性有很强的影响，这也反映出，对于城市新移民而言，有稳定的就业和收入预期才能适应城市较高的生活成本并长期居住。

（五）影响骑手城市留居意愿的其他因素

在性别的影响机制上，女性骑手的城市留居意愿更强，她们更加倾向于留在城市中，不过，骑手群体中女性占比较少，女性骑手也具有一定特殊性。年龄对于骑手群体的城市留居意愿没有显著的影响，而受教育年限则有显著的正向影响，受教育年限越高的骑手，留居当前务工城市的可能性越高。与目前在非一线城市就业的骑手相比，一线城市就业的骑手留在务工城市的可能性较低，这也反映出一线城市较高的生活成本对于外来务工人员的挤出效应。主观经济地位评价越高的骑手，留在务工城市的可能性越低，这可能是因为评价较高的骑手更多地以家乡而非当前城市为评价的参照系，相应地，其与家乡的联系也更加紧密，离开当前城市的可能性也越高。平均每周工作时间越长的骑手，留在务工城市的可能性也越高。此外，骑手的婚姻状况、政治面貌、户口性质、民族、健康状况等因素对于其城市留居意愿没有显著影响。

四　本章小结

本章以当前规模十分庞大的骑手群体为研究对象，分析了骑手的工作收入、劳动合同、社会保障、失业预期、工作时间等就业状况以及主要社会经济特征与其城市留居意愿之间的关系。本章研究发现，收入与社会保险对骑手群体城市留居意愿的影响并不大，这与以往关于农民工市民化意愿研究所得出的结论有所不同（梅建明、袁玉洁，2016）。当前，对骑手群体留居城市可能性影响最大的因素均与"狭义"的工作稳定性有关：是否通过订立劳动合同与雇主建立正式的劳动关系，以及是否对自己未来一段时间的就业状况有稳定的预期。

从广义上看，工作收入、社会保障、劳动合同和稳定的就业预期均是衡量就业稳定性的重要指标（Kalleberg，2011）。但在影响骑手群体留居城市意愿的因素中，是否拥有正式的劳动合同以及是否有稳定的就业预期比收入和社会保障有更强的影响。当前，以骑手为代表的新职业群体的就业状况备受社会各界关注，尤其是以职业伤害保障为核心的社会保险建设问题（王天玉，2021）。不过，如若将新职业群体放在新型城镇化和共同富裕的宏观背景下考察，那么更加紧要的问题或许是改善新职业群体不稳定的就业状况。相比于更高的收入水平以及可以通过收入扣除实现的社会保险而言，新职业群体更稳定的就业预期是其在城市长期发展的基础，也是其成为稳定的中等收入群体的必要条件。

正如都阳（2021）所说，灵活、非正规的平台从业者在收入水平上有明显的提升，而且大多数平台经济的从业者是自愿选择这种就业方式，而非被迫。本章的实证分析结果也表明收入高低对于骑手群体是否留居城市无显著影响，该群体较高的平均收入意味着其落户城市的收入限制已经大为减少。在新型城镇化的背景下，值得关注的问题是为何更高的收入未能显著提升骑手群体留在城市的意愿。本章基于数据分析所得出的结论部分回应了上述疑问，简言之，骑手群体不稳定的就业状况限制了落户城市的能力。对于流动人口而言，若想长期在城市中生活，必然面临着居住的问题，而无论是租房还是购房，不稳定的就业状况意味着不稳定的居住状况，进而限制了家庭化迁移的能力。因为只有在稳定的雇佣关系前提下，劳动者才能够签订长期租房合约或通过信贷的方式购房以实现城市定居。综上所述，推动骑手群体雇佣关系正规化是提升其就业稳定性和落户城市可能性的根本途径。

经济和技术的快速发展催生了一系列新就业形态和新职业群体，然而无论是相关的就业者，还是规范劳动关系的法律法规，都难以迅速适应快速的社会变迁。例如，有研究表明，绝大部分骑手（78.50%）认为自己与送餐平台之间存在"雇主-雇员关系"，同时，绝大部分骑手也希望与送餐平台订立劳动合同和缴纳社会保险（81.31%）（邱婕，2020：88）。可见，虽然骑手是一种新的就业形态，但其对自己职业的看法更加倾向于雇员，而非个体经营者，而且从业者也希望获得更加完善的劳动保障，而非长期处于一种相对自由的就业状态。因此，基于现行的劳动法律框架体系，在充分理解骑手群体的工作特点和职业认知的基础上，研究并提出骑手群体的"稳就业"对策具有紧迫性和重要性。

从推进城镇化和共同富裕的角度看，本章研究发现表明，提升骑手的城市留居意愿，为骑手城市融入创造更坚实的基础，需要从劳动合同与失业预期两方面入手。在客观的劳动合同订立方面，骑手群体雇佣正规化的核心困难在于用工方难以负担正式劳动关系所附带的社会保险成本。因此，探索适合骑手群体就业特点的社会保险体系，推动骑手群体雇佣关系正规化和合法化，有助于提升骑手群体的就业稳定性。在主观的失业预期方面，签订劳动合同固然能够降低劳动者的失业预期，但更加根本的策略还是不断创造更多的就业岗位，这就需要进一步推动城市群和中心城市高质量发展，因为只有较大规模的劳动力市场才能提供更加充分、更加高质量的就业，才能从根本上提升劳动者的就业安全感。

第九章
骑手的城市融入

改革开放以来，伴随着工业化的快速发展，我国城镇化水平得以大幅提升。1978年，我国城镇化水平只有17.92%，而到2020年，我国居住在城镇的人口为90199万人，占比为63.89%；居住在乡村的人口为50979万人，占比为36.11%。可以说，中国社会已经不再是传统的"乡土中国"面貌，目前超过六成的人口居住在城镇，有近5亿的人口（人户分离人口）流动于城乡之间、城市之间，其中就包括近3亿的流动农民工，因此，有学者称中国社会已经进入了"迁徙中国/流动中国"时代。与此同时，流动人口进城的路似乎并不是那么平坦顺畅，与常住人口城镇化率不同，到2020年我国户籍城镇化率只有45.4%，以户籍制度分割的城乡二元结构仍然限制着农民工进城后的诸多权益，户籍仍区分和再生产着城乡之间的差异，农民工长期处于边缘地位，市民权的缺乏成为农民工融入城市社会的重大阻碍。

2020年党的十九届五中全会出台的《中共中央关于制定国民经济和社会发展第十四个五年规划和二〇三五年远景目标的建议》中再次提出，要推进以人为核心的新型城镇化。城镇化要以人为核心，就是要更多强调直面流动人口问题，更多强调着力解决农民工的市民化问题。农民工是推进我国工业化、城镇化发展的主力军，已成为我国产业工人的主体，是"中国制造"走向世界的有力支撑，为经济社会发展做出了巨大贡献。以农民工为主体的流动人口能否顺利融入城市社会的问题，不仅关系到城镇化的高质量发展，而且关系到和谐社会建设和城市化目标的实现。因此，流动人口尤其是农民工的市民化进程不仅是学术界同时也是政府高度关注的一个议题。而数据显示，农民工占据骑手群体的八成以上，可以说骑手是当前农村青年进城务工的一个重要的职业选择。为此，本章将以骑手为代表，分析农民工的社会融入。

一 农民工城市融入的理论视角

（一） 社会融入视角下的农民工市民化

社会融合视角主要从卡尔·博兰尼（Karl Polanyi）提出的嵌入（embedding）观点出发，认为农民工市民化进程不仅仅包含经济领域内农民工的参与，还涉及社会系统、文化系统、制度系统的融合和整合。王春光（2006）提出了"半城市化"的概念，认为农村流动人口仅仅从经济系统上被接纳，在社会、文化、制度系统中却受到排斥。农村流动人口虽然进入城市社会，但他们主要还是在不太成熟的市场层面与城市发生联系，即使在市场层面，他们也只能在城市的"次级劳动力市场"实现就业，难以进入城市主流劳动力市场，没有融入城市的社会、制度和文化系统，在城市的生活、行动得不到有效的支持，在心理上产生一种疏远乃至不认同的感受，处在"半城市化"状态。农村流动人口的"半城市化"具体表现为非正规就业和发展能力的弱化、居住边缘化和生活"孤岛化"、社会认同的"内卷化"。在系统层面上，由于没有社会系统、制度系统和文化系统的配套改革，导致农村流动人口在城市社会不能享受完整的市民权利，他们不能与城市居民"同工同酬、同工同时、同工同权"，权利配置错位且不完整。在经济活动上，农村流动人口只能从事非正规就业，并且没有被赋予组织权、社会保障权、发展权（比如受培训、受教育等）等，他们的发展能力以及向上流动的机会也就受到了限制，甚至随着时间的流逝而不断地弱化和减少。在城市的社会生活行动层面，他们不能进入城市主流社会，只能生活在城市的边缘地带，与城市居民形成了明显的隔离，难以建立交往纽带。在社会心理层面，由于不被城市居民所接纳和认可，反过来也导致了他们对城市社会的复杂情结，逐渐地转向对内群体的认同，寻找内群体的情感支持和社会支持，左右他们交往的原则是血缘、地缘、业缘和社会身份，这为他们构建了在城市生存的社会支撑体系。

王春光提出的"半城市化"的观点，系统性地阐释了农民工市民化过程其实涉及农民工在城市中的经济系统、社会系统、文化系统、制度系统全面的融合，是一个关于市民化概念的非常好的分析框架，但与此同时我们也注意到"半城市化"是一个描述农民工市民化的阶段性概念，农民工市民化的过程本身是动态的、变化的，是由政策赋能、市场推拉、农民工自身世代更替、社会适应、主体意愿等多重因素塑造的，因此需要梳理不同时期阶段之下农民工市民化所面临的政策和社会环境以及农民工主体性的意愿和能力特征。

（二）农民工市民化的三个阶段

以社会发展时期变化和重大政策文件出台时间为划分标准，以农民工进城就业、市民待遇、身份转换、文化适应和群体关系和谐的演变过程为实践依据，黎红（2021）将农民工市民化过程分为三个发展阶段，其中，农民工城市融入的第一阶段（1984～2000年），是指农民工在农村的"推力"和城市的"拉力"的双重作用下，为改变贫困的生活境遇，冲破各种阻力进城就业，在流向上，大量中西部农业人口纷纷流向城市和东部沿海发达地区；在流动决策上，农民工就业地点和职业选择不断趋向理性化，自主性流动取代了计划性迁移。这一阶段的农民工城市融入具有强制性"嵌入"特征，表现为劳动就业方面的被限制和排斥，以及市民群体对农民工的偏见、隔阂和歧视。

农民工城市融入的第二阶段（2001～2012年），伴随着中央提出要"提高城镇化水平，转移农村人口"，以及《国务院关于解决农民工问题的若干意见》发布，确认农民工是工人阶级的一部分，并出台了一系列有关农民工的人口流动、劳动就业、工资报酬、技能培训、社会保障等方面的政策规定。随着这些社会政策的逐步制定落实，农民工的城市生活工作环境有所改善，歧视性劳动就业规定基本取消，社会群体关系趋向友好，但由于我国的户籍制度和社会保障制度改革滞后，农民工的城市生活总体上还处于漂泊游离状态，农民工的根在农村，为了家庭生计，需要经常流动，变换职业和住所，城市所提供的居住环境、社会福利、网络并不足以支撑农民工在城市中定居生活，农民工对城市归属感并不十分强烈，这一阶段具备王春光提出的"半城市化"阶段的特征。

农民工城市融入的第三阶段（2013年至今），农民工城市融入问题也得到了党和政府前所未有的高度重视。党的十八大报告指出："加快改革户籍制度，有序推进农业转移人口市民化。"这是从国家政策层面首次提出农民工市民化问题。2019年国家发展改革委员会印发了《2019年新型城镇化建设重点任务》文件，提出"加快农业转移人口市民化"，规定城区常住人口100万~300万的Ⅱ型大城市，要全面取消落户限制；城区常住人口300万~500万的Ⅰ型大城市，要全面放开放宽落户条件，并全面取消重点群体落户限制；超大特大城市要调整完善积分落户政策，大幅增加落户规模、精简积分项目，确保社保缴纳年限和居住年限分数占主要比例。由此可见，最近几年国家在城镇化政策上有了实质性的变革，为农村流动人口在500万人口以下城市的市民化扫除了制度性障碍。但是，这是否意味着农村流动人口就愿意市民化，且容易市民化呢？

近几年关于农民工市民化意愿的研究表明，由于农业户籍本身附带的土地价值、安全属性、社会网络，以及失去农民身份进入城市过程中面临的经济不安全、社会不安全和政治不安全，农民工对于转换户籍成分、成为城镇居民的意愿的积极性已不同于以往，很多农民工并不想永久迁入城市。而在市民化能力方面，具备不同人力资本、社会资本的农民工在城市中的社会融入也不尽相同，其中新老世代农民工的社会融入能力得到了较多关注，李培林、田丰（2012）从新老世代农民工的成长经历、教育特点、社会政策利用以及劳动力结构需求角度出发，分析了新生代农民工和老一辈农民工在城市融入过程中的相同和差异，结果发现，在经济方面的融入如工作条件、收入以及心理层次接纳和身份认同方面，新生代农民工要较好于老一代农民工；在社会关系、社会互动方面，老一代农民工的融入略好于新生代农民工。以上因素在控制了教育水平、工作年限、社会保障水平、社会参与之后，新老世代农民工之间的差异消失，这表明新老世代之间的差异在很大程度上是由不同的人力资本、社会资本、政策使用的因素而导致的。

骑手群体以新生代或新世代（Z世代）农民工为主体，调查显示，18~20岁占的骑手5.4%，21~30岁的骑手占51%。本章将分析骑手在城市工作与生活的境遇，从侧面反映出不同城市提供公共服务的水平或社会包容度，由此可以看出骑手社会融入的外部环境状况。

二　骑手的城市融入现状分析

"人民城市人民建，人民城市为人民。"在城市建设中，贯彻以人民为中心的发展思想，把人民对美好生活的追求看作城市建设和治理的目标，让城市成为老百姓宜业宜居的乐园。骑手为城市经济和社会发展做出贡献，城市也应考虑如何善待这群城市建设者，如何进一步提升社会治理水平。本章基于全国新职业青年调查数据，依据代表性和科学性的原则，选取全国 31 个大中城市，通过骑手对工作满意度、职业信心、职业声望、职业歧视遭遇以及职业规划等指标评价，分析作为新兴职业群体，骑手们在不同城市中的主观职业体验，并进行排名。下文所指的骑手以外卖骑手为主。

（一）八成骑手在省内就业

近些年，伴随数字生活服务业、平台经济等新业态的兴起，"骑手""闪送小哥"成为城市中人们熟悉的身影。根据此次在全国开展的新职业青年调查，骑手的典型画像是，九成以上为男性，近五成为高中学历、四分之一为初中学历，七成为农业户口。由于骑手职业的灵活性，大量骑手选择就近就业，有八成在省内就业，这也是为什么虽然一线城市集中了大量骑手，但二三线甚至四线城市也存在相当比例，并且随着数字生活服务业的下沉，二三线城市的骑手数量在不断增长。

骑手并不是伴随新业态的发展突然涌入城市的。调查显示，80% 的骑手之前有正式全职工作或为自由职业者，其中，三成做过普通工人、近两成本来就是商业服务业工作人员，还有近三成是自由职业者或者个体经营者。单纯由于骑手职业从农村进入城市的占比不到 3%。当然，城市之间的流动是有可能的。因此，骑手在城市工作和生活的体验，或者幸福，或者沉重，涉及社保、住房、子女入学等诸多现实问题，可能并非骑手这个职业群体所特有，而是作为外来务工人员、作为城市新移民、作为大学毕业生、作为一名普通市民都可能会经历的。

只不过，作为新职业和新兴群体，骑手可能会有一些独特的经历或遭遇：下雨天收到备注"我不着急，请注意安全"，感受到这个城市中人们的温暖和理解；疫情期间为独居老人送餐后收获感谢，为自己的工作感到自豪。负面经历也有，如居民小区和写字楼商场对骑手的"特殊管理"，相亲时姑娘听说对方工作是骑手时表现出的不情愿，还有遇到动不动给差评的客户等。

调查发现，不同于传统职业，骑手的从业时间对职业认同和城市认同的影响并不显著，很大程度上反映了当前骑手群体的一些困境，从业时间越长、积累的负面经历可能越多，再加上对职业规划的不确定，因而会"求变"，谋求新的职业出路，研究同时发现，工作中遭遇的不愉快经历越多，骑手的城市认同显著越低。

事实上，现在很难想象，如果生活中没有了骑手会怎样？骑手是网约配送新业态、新商业模式落地实现的载体，直接为城市居民带来便利的生活方式。并且，骑手以"80后"和"90后"青年为主体，他们也是扩大消费的主力人群，为城市注入了新的活力。

（二）社会地位主观感受

骑手给人们的生活带来很多方便，但调查中发现，骑手遭遇了不同程度的职业歧视。有骑手说自己常被小区保安拒之门外，"瞧不起我们送单的"，还有骑手曾受到顾客辱骂，攻击其"地位低下，能力堪忧"。还有一些骑手主观上认为自己在社会上所处的地位比较低。对不同城市骑手遭遇职业歧视的比例排序分析发现，一线城市中，北京和广州的骑手感受到的社会包容性更强，位列遭遇歧视比例最低的第一序列。合肥、西宁、忻州和扬州也进入了第一序列。这些城市的骑手在工作中感受到的包容度相对更高。

在骑手感觉较少遭遇过职业歧视的城市中，骑手对自身社会地位的感知会更积极，比如北京、西宁、忻州、武汉和佛山，都处于第一序列，骑手认为自己的社会地位低于他人的比例较低。但也有一些一线和新一线城市处在第五序列，表明在这些较发达城市中，有更高比例的骑手认为自己社会地位偏低。

骑手的主观社会地位感知，部分源于其对于自身职业所获得社会认可的感受。一方面，大城市本身会给人一种压抑感和渺小感，无论是鳞次栉比的高楼大厦、高昂的生活成本还是较疏离的人际关系，一定要与周围人相比较的话，很多人都会觉得自身社会地位偏低；另一方面，职业地位是人们与他人进行社会比较的一个重要指标，如果自身职业收入和职业声望较高，在与周围人比较时，也会倾向于认为自身社会地位较高。因此，在骑手对自身社会地位评价的指标上，很多大城市排在第五序列，可能与这两方面原因都有关系。

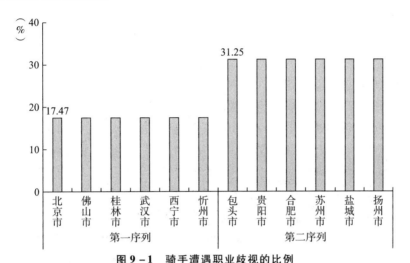

图 9 - 1　骑手遭遇职业歧视的比例

注：按照遭遇职业歧视的比例由低到高排列，每个序列内城市按照拼音排序。由于空间有限，图中仅列出排名比较靠前的城市，下同。

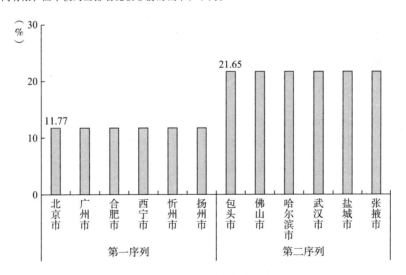

图 9 - 2　骑手主观社会地位感知

注：按照骑手认为在城市中社会地位低于他人的比例由低到高排列，每个序列内城市按照拼音排序。

（三）职业体验与发展预期

对骑手的工作满意度、职业发展预期和职业稳定性进行综合分析，以了解不同城市骑手的职业心理。

在工作满意度上，综合考虑了骑手对于工作环境、工作自由度、工作收入、同事关系、晋升机会、职业地位等六方面的满意程度，结果显示，排在第一序列的名单中，未有一个一线城市上榜。骑手工作满意度最高的第一序列城市有包头、佛山、桂林、沈阳、盐城、扬州。

骑手的职业发展预期总体上都比较积极，76%的骑手表示对职业前景非常有信心或者比较有信心。从不同城市骑手的职业前景预期来看，包头、北京、大连、桂林、苏州和扬州位于第一序列，这些城市的骑手对于其职业未来的发展充满信心。

一方面，这些城市以一线城市和热门旅游城市为主，行业需求较大，因此增强了骑手的信心；另一方面，这些城市多是骑手工作满意度较高、遭遇职业歧视较少、主观社会地位感知较高的城市。也就是说在主观职业体验比较积极的城市里，骑手对于职业发展的预期会更乐观，对所从事的新职业也更有信心。

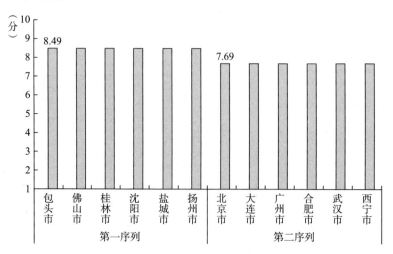

图 9 - 3　骑手工作满意度

注：工作满意度最低为 1 分，最高为 10 分，将分数均值按照从高到低划分序列，每个序列内城市按拼音排序。

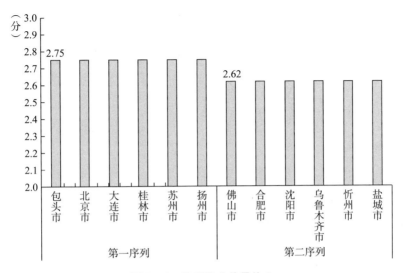

图 9 - 4 骑手职业前景信心

注：职业前景信心最低为 1 分，最高为 4 分，将分数均值按照从高到低划分序列，每个序列内城市按照拼音排序。

这种信心还会体现在行动倾向上。总体上，约有一半的被访者表示五年后不会继续做骑手，但是这种职业规划在不同城市之间存在一定差异。在一些经济比较发达、骑手主观职业体验比较积极的城市，比如一线城市北京和广州、新一线城市佛山和苏州，还有旅游城市大连和扬州，骑手五年后打算继续从业的人数比例相对较高。骑手的职业规划可以说是骑手对其职业认可的最直接体现，骑手在城市中获得的积极职业体验是其继续从事这一新职业的动力。

三 本章小结

城市，让居住在这里的每个人生活更美好，城镇化率已达六成的中国，打造智慧城市、幸福城市、文明城市，为的都是提高人民群众获得感、幸福感、安全感。党的十九届五中全会强调"推进以人为核心的新型城镇化"，使城市更健康、更安全、更宜居，成为人民群众高品质生活的空间。

此次调研发现，当骑手在城市中的主观职业体验越积极，其对职业发展的预期就越乐观，也越愿意继续从事这一职业。如何营造一种开放包容的氛围，让骑手等新职业群体从业者获得相对积极的职业体验，是城市在建设和发展过程中所要考量的一个议题。

开放包容不仅是对外来人口、新兴群体的包容，更是对经济社会创新、未来发展机会的开放。以骑手为代表的城市新兴群体是城市建设大军中的重要一员，从政策制度到人文关怀的城市软环境，是否对新兴群体包容、友好、支持，会在很大程度上影响劳动者的职业认同感和责任感，也会反过来影响城市的创新与发展

一个持续健康发展的城市，标志之一是每个人都能够在城市有尊严地生活。考察以骑手为代表的新职业人群在城市工作与生活的境遇，从侧面反映出不同城市提供公共服务的水平或社会包容度，这就要求地方政府从治理和服务的视角出发，更加重视以人为本的发展理念。城市归根结底是人民的城市，技术的升级、数据的汇聚、流程的优化，都要把人放在第一位，同时要完善城市精细化管理，突出问题导向、服务导向和制度导向，不断提升城市发展与治理水平。

第四部分

社会认同与社会流动

第十章
骑手的社会认同

本章聚焦网约配送员的社会认同问题，基于三方面的考虑：首先，阶层意识和地位认同是考察一个群体阶层属性的基础；其次，灵活就业形态决定了他们的工作乃至生活各方面都与体制疏离，了解该群体的社会态度，有助于引导其社会参与和社会融入、树立积极的价值取向；最后，相关研究具有丰富的政策含义，涉及公共服务、制度支持体系、城市发展以及乡村振兴等。本章将通过调查数据分析，呈现网约配送员群体的社会认同现状，接着将根据研究框架和数据来源建立回归模型，考察网约配送员不同维度社会认同的影响机制，最后将在总结研究发现的基础上提出政策建议。本章的主要数据来源是全国新职业青年调查中的骑手（网约配送员）样本。

一　不同维度下的社会认同分析

（一）网约配送员的客观社会经济地位

本章使用常用的一些社会阶层定义，来考察网约配送员的客观社会经济地位。我们采用收入中位值作为参照标准，将收入等于中位值的 0.75 倍及以下的人群定义为低收入群体，将收入高于中位值的 0.75 倍但低于中位值的 1.25 倍（包括 1.25 倍）的人群定义为中低收入群体，将收入高于中位值的 1.25 倍但低于中位值的 2 倍（包括 2 倍）的人群定义为中高收入群体，将收入高于中位值的 2 倍的人群定义为高收入群体（朱迪，2017）。根据国家统计局发布的公报，2020 年城镇居民人均可支配收入中位数为 40378

元（国家统计局，2021c），根据上述定义，将月收入低于 2524 元的定义为低收入群体，月收入在 2524～4206 元（含）的定义为中低收入群体，月收入在 4206～6730 元（含）的定义为中高收入群体，月收入高于 6730 元的定义为高收入群体。

结合上述收入群体界定和调查中的收入分组，网约配送员的收入分布大致为，月收入在 2000 元及以下的定义为低收入群体，占比为 4.3%；月收入在 2000～3999 元的定义为中低收入群体，占比为 25.4%；月收入在 4000～7999 元的定义为中高收入群体，占比为 63.5%；月收入在 8000 元及以上的定义为高收入群体，占比为 6.76%（详见表 10－1）。可见，网约配送员群体所属收入阶层较高，高达 88.9% 属于中等收入群体。

表 10－1　网约配送员群体所属的收入阶层

单位：元，%

收入群体（月收入定义）	占比
低收入群体（≥2000）	4.3%
中低收入群体（2000～3999）	25.4%
中高收入群体（4000～7999）	63.5%
高收入群体（≥8000）	6.76%
合计	100%

本章尝试使用现行的社会阶层框架，来描述网约配送员群体的客观社会经济地位。我们将收入高于平均水平的普通白领定义为"中产阶层"，其中也包括了一部分管理精英和专业精英；将收入处于平均水平或以下的普通白领以及收入高于平均水平或者本科及以上学历的蓝领（体力劳动者）定义为"边缘中产"；将收入处于平均水平或以下、本科以下学历的蓝领，定义为"社会底层"（朱迪，2018）。

如果按照传统的职业分类，网约配送员应当属于商业服务业人员。以 2020 年城镇居民人均可支配收入 43834 元为标准（国家统计局，2021c），得到城镇居民月均收入均值为 3653 元，考虑到网约配送员的收入分组，本章将月收入在 3999 元以上定义为中产阶层的收入标准。综合职业和收入，可以看到 70% 的网约配送员应当说属于传统意义上的"中产阶层"。这个比例初看有点难以接受，但是研究发现依然告诉了我们一些有益的启示。一方面，网约配送员职业的体力强度和危险性都比较高，不同于我们对较高收入的"白领"的一般认知，而且该群体的受教育程度偏低，仅两成多为本科及以上学历，这是"中产－非中产"的社会结构框架可能需要突破的地方；另一方面，我们也要看到，不同于制造业工人或者农业生产工人，网约配送员的职业属性毕竟属于商业服务业人员，人际性、城市性以及连带的现代性等职业特征，塑造了其不同于"蓝领"的工作环境和生活机会，因而在某种程度上，他们的阶层意识和生活方式可能确实更倾向于"白领"和"中产"。这种复杂性，也正是以网约配送员为代表的新职业的研究价值所在。

（二）网约配送员的职业认同

参考已有文献，本章将从职业认同、地位认同、城市认同和乡土认同四个维度来分析网约配送员的社会认同。分析显示，网约配送员的职业认同和地位认同的相关系数为 0.37，为显著正相关；城市认同和乡土认同的相关系数为 －0.05，为显著负相关。

从职业认同来看，网约配送员本人对当前的职业选择非常认同或比较认同的占 87.0%，选择很不认同或比较不认同的仅占 13.0%，可见总体的职业认同度较高。随着收入的增加，个人的职业认同度也随之上升，在月收入 6000～7999 元时达到顶峰，有 92.6% 的网约配送员表示认同，有一定福利保障的网约配送员的职业认同度也较高。相比之下，网约配送员认为家人对其职业的认可度要低于本人，选择非常认可或比较认可的比例为 76.1%，选择很不认可或比较不认可的比例为 23.9%，分析显示，家人对职业的认可程度与网约配送员的经济收入和福利保障也有紧密关系，同时家人的认可程度也与家庭背景密切相关，涉及对网约配送员这种新职业的认知。

工作满意度、未来工作打算以及对职业前景的判断，也能够反映职业认同程度。网约配送员对工作总体满意度平均为 7.1 分，属于比较满意的程度，得分最高的是"与领导和同事的关系"（8.1 分），然后依次为"工作的自由程度"（7.6 分）、"工作环境"（7.4 分）、"收入及福利待遇"（7.0分）、"晋升机会和未来职业前景"（6.5 分），得分最低的是"社会地位"（6.0 分）。根据 2019 年中国社会状况综合调查（CSS）数据显示，18～45

岁的"商业工作人员""服务业工作人员""农、林、牧、渔、水利生产人员""生产工人、运输工人和有关人员"对工作的总体满意度均值分别为 7.3 分、7.1 分、6.6 分、6.7 分，可以看出，网约配送员在工作满意度上与商业服务业人员相近，而高于农业生产人员和产业工人。

网约配送员在未来一年选择继续从事现在工作的比例高达 70.7%，而对于五年后选择继续从事现在工作的比例有所下降，为 51.7%；相比于未来一年的工作规划，五年后选择"当个体户/自己开店/自己创业"的比例明显上升，由 14.2% 增至 26.1%；同时，"上学或参加培训，为以后找工作充电"的比例也有所上升。

关于职业前景，76.1% 的网约配送员表示对职业前景充满信心，但也有 73.2% 认为收入不会有大幅增加，同时，80% 的网约配送员认为随着年龄增大可能会被取代。此外，50.6% 的网约配送员呈现一些焦虑状态，认为这份工作与自己的梦想/理想不一致。

（三）网约配送员的地位认同

地位认同用社会经济地位自评来测量。用 1~10 分代表社会经济地位等级，网约配送员对目前的社会经济地位自评平均分为 4.86 分，处于中层以下；对五年后社会经济地位自评的平均分为 5.94 分，高于中层。可见网约配送员对未来的社会经济地位持较积极态度。对比当前和未来的社会经济地位，认为不会有变化的网约配送员比例为 42.1%，认为会向上流动的比例为 49.5%，仅有 8.4% 的网约配送员认为会向下流动。

为了将网约配送员的地位认同与全国不同职业群体相比较，我们将十分制社会经济地位等级转化为五分制，表 10-2 显示了网约配送员同 2019 年 CSS 调查中 18~45 岁多个职业群体的社会经济地位自评对比情况。

总体来看，网约配送员的社会经济地位自评较高，均值为 2.72 分，高于商业工作人员的 2.38 分、服务业工作人员的 2.26 分、农业生产人员的 2.46 分和产业工人的 2.15 分，这可能与网约配送员收入较高、年轻代际占比较高有关，因此可以说从地位认同来讲，网约配送员接近较高社会阶层的阶层意识。但是也要看到，网约配送员对未来的社会流动稍显消极，认为未来社会经济地位向上流动的比例最低，而认为未来向下流动的比例最高，相对而言，商业工作人员和产业工人对未来社会流动最乐观。可见，虽然收入相对可观，但由于福利保障的不完善以及职业发展相关的不稳定预期，还是影响了网约配送员对未来社会流动的信心。

表 10 - 2　网约配送员与 18 ~ 45 岁多个职业群体的社会经济地位自评对比

	当前社会经济地位自评	预期五年后与当前社会经济地位比较（%）		
	均值	没有变化	向上流动	向下流动
网约配送员	2.72	42.1	49.5	8.4
商业工作人员	2.38	34.0	60.5	5.5
服务业工作人员	2.26	39.4	56.3	4.2
农、林、牧、渔、水利生产人员	2.46	45.2	52.4	2.4
生产工人、运输工人和有关人员	2.15	36.5	59.2	4.3

（四）　网约配送员的城市认同

城市认同用城市归属感来测量。调查显示，超四成的网约配送员对所在城市/地方缺乏归属感，这一情况在一线城市更加明显。样本中，对于"我感觉自己不属于这个城市/地方"的说法，表示非常同意或比较同意的比例分别为 15.96% 和 25.82%，表示不太同意或者非常不同意的比例分别为 35.62% 和 22.60%。

城市归属感与本地是否为家乡有很大关系。本地为家乡（在家乡工作）的网约配送员，同意"我感觉自己不属于这个城市/地方"的比例为 26.8%，而工作地不是家乡的网约配送员选择同意的比例显著较高，为 51.7%。此外，是否在北上广深一线城市工作也有显著影响，在一线城市工作的网约配送员归属感更低，同意"我感觉自己不属于这个城市/地方"的比例为 59.1%，而在非一线城市工作的网约配送员选择同意的比例为 40.0%。

未来工作地流向在一定程度上也能够反映城市认同。目前在一线城市工作的网约配送员，未来五年计划继续在一线城市发展的比例为 44.1%；而目前不在一线城市的网约配送员，更高比例选择经济发达的非省会城市、其他城市/自治区/地区/盟、县城/乡镇，选择一线城市的比例为 19.4%。这群青年网约配送员对一线城市虽然仍有较强的认同，但由于其较强的选择性和高昂的生活成本，当前的 90 后、95 后青年也考虑在其他城市发展，一线城市的"虹吸"效应或可能在这批年轻人身上逐渐减弱。

（五） 网约配送员的乡土认同

本章中，乡土认同用未来是否计划去农村发展来测量。对于五年后会去哪里发展的问题，选择北上广深一线城市的比例为21.7%，选择非北上广深的其他直辖市或省会城市的比例为22.5%，选择经济发达的非省会城市的比例为27.9%，选择除前面三项的其他城市/地区/自治州/盟的比例为22.5%，选择县城/乡镇的比例为28.3%，选择农村的比例为11.9%。可见，在所有受访者中，未来发展计划中考虑了农村的仅占11.9%，其中，农业户口的网约配送员有13.4%愿意到农村发展，非农业户口的网约配送员这一比例为8.2%。

数据进一步显示，即使"返乡"也并非返回农村。除去目前在家乡工作的39.8%的网约配送员，在工作地非家乡的网约配送员中，有71.1%认为自己未来很有可能或有可能返回家乡工作，有28.9%认为自己不太可能或完全不可能返回家乡工作。返回家乡后，有71.1%计划创业/做小买卖，36.9%计划当地就业，8.3%计划务农，1.7%选择不工作。在有可能或者很有可能未来返回家乡的群体中，未来计划包括去农村发展的分别占9.87%和13.73%，未来计划包括去县城/乡镇发展（但不包括选择了农村）的分别占25.98%和27.26%，而未来计划包括去小城市发展（但不包括选择了县城/乡镇和农村）的分别占28.25%和24.91%。研究发现指出一个值得注意的现象，所谓的农民工回流，更可能回流到家乡附近的县城或者小城镇，而回到来源地的农村地区比例较低。

二　网约配送员社会认同的影响因素分析

参考已有文献，本章将构建有关职业认同、地位认同、社区认同和乡土认同的四个回归模型，来考察网约配送员的社会认同影响机制。本章使用"您个人如何看待当前从事的职业"作为测量职业认同的变量，使用"我感觉自己属于这个城市"作为测量城市认同的变量，职业认同和城市认同的变量值为1~4分，从低到高分别表示非常不认同、比较不认同、比较认同、非常认同。本章使用"您认为本人的社会经济地位目前在哪个等级"

作为测量地位认同的变量，地位认同的变量值为 1 ~ 10 分，1 分表示最底层，10 分表示最上层，使用"未来五年会去哪里发展"（多选题）作为测量乡土认同的变量，变量值处理为 0 和 1，0 表示未来五年不可能去农村发展，1 表示未来五年考虑去农村发展（也可能同时选择了县城或城市）。根据因变量的性质，职业认同、地位认同和城市认同的分析都是用 OLS 回归模型，乡土认同的分析使用逻辑斯蒂回归模型。

首先，我们从收入与福利、职业稳定性、职业前景和人力资本四个维度来考察职业认同和地位认同的影响因素。变量操作方法如下。收入通过"就这份工作而言，您当前平均月收入"的问题来定义，根据数据分布将月收入划分为 4000 元以下、4000 ~ 5999 元、6000 ~ 9999 元和 1 万元及以上四组。福利保障通过这份工作有无保险保障和是否签订合同两个变量来定义。职业稳定性通过"您认为自己在未来 6 个月失业的可能性"来定义，处理为表示不可能失业和可能失业的二分变量。职业前景通过"我对这个职业的前景充满信心"这道态度题来测量，分析中将其处理为没有信心和充满信心的二分变量。人力资本主要包括受教育程度和从业时间，受教育程度划分为"小学及以下""初中""高中、中专或职高""大专""本科及以上"，从业时间通过"您在目前的单位/平台工作了多长时间"来测量，根据数据分布，处理为从 0 ~ 8 年及以上的连续变量。控制变量纳入了年龄和户口性质，其中年龄分组为 18 ~ 20 岁、21 ~ 30 岁、31 ~ 40 岁、41 ~ 45 岁，户口分为农业户口和非农户口。此外，由于网约配送员作为新职业的特殊性，其社会来源不光有服务业，其他行业和职业人群也涌入该职业，不同的职业经历也会影响其对网约配送员职业的认同，因此控制变量也纳入了前一份工作的主要职业，包括商业服务业职工、工厂工人、个体经营者/务农、干部职员管理者和自由职业或新职业五类职业。进入模型的相关因变量和自变量的描述性统计见表 10 - 3。

表 10 - 3　回归模型包含的因变量和自变量描述性统计

变量	变量值	样本数	均值	标准差
职业认同	1 = 非常不认同，2 = 比较不认同，3 = 比较认同，4 = 非常认同	6196	3.11	0.69
地位认同	1 ~ 10 分，1 = 最底层，10 = 最上层	6196	4.86	2.71

续表

变量	变量值	样本数	均值	标准差
城市归属感	1 = 非常不认同, 2 = 比较不认同, 3 = 比较认同, 4 = 非常认同	6196	2.65	1.00
未来五年发展选择	0 = 城市, 1 = 农村	6196	0.12	0.32
月收入	1 = 4000 元以下, 2 = 4000 ~ 5999 元, 3 = 6000 ~ 9999 元, 4 = 1 万元及以上	6196	1.98	0.78
保障情况	0 = 无任何保险保障, 1 = 有保险保障	6196	0.75	0.43
劳动合同	0 = 未签订合同, 1 = 签订合同	6196	0.94	0.23
失业可能性评估	1 = 不可能失业, 2 = 可能失业	6196	1.50	0.50
职业前景评估	1 = 没有信心, 2 = 充满信心	6196	1.76	0.43
受教育程度	1 = 小学及以下, 2 = 初中, 3 = 高中、中专或职高, 4 = 大专, 5 = 本科及以上	6196	2.97	0.94
从业年数	0 ~ 8 年及以上	6196	1.61	1.86
年龄组	1 = 18 ~ 20 岁, 2 = 21 ~ 30 岁, 3 = 31 ~ 40 岁, 4 = 41 ~ 45 岁	6196	2.45	0.70
户口性质	0 = 农业户口, 1 = 非农户口	6072	0.30	0.46
之前职业	1 = 商业服务业职工, 2 = 工厂工人, 3 = 个体经营者/务农, 4 = 干部职员管理者, 5 = 自由职业或新职业	5133	2.85	1.40
未成年子女情况	0 = 无未成年子女, 1 = 有未成年子女	6196	0.53	0.50
是否在家乡工作	0 = 不在家乡工作, 1 = 在家乡工作	6196	0.40	0.49
工作中的遭遇	0 ~ 7, 0 表示没有任何不愉快遭遇, 7 表示有 7 项或更多不愉快遭遇	6196	1.49	1.46
是否在一线城市工作	0 = 不在一线城市工作, 1 = 在一线城市工作	6196	0.09	0.29

表 10 - 4 列出了网约配送员的职业认同和地位认同 OLS 回归模型。两个模型都是显著的，职业认同模型能够解释 25.55% 的变异，地位认同模型能够解释 17.24% 的变异。

表 10 - 4　网约配送员的职业认同和地位认同 OLS 回归模型

	职业认同	地位认同
当前月收入（以 4000 元以下为参照）		
4000 ~ 5999 元	0.09 *** (0.02)	0.51 *** (0.09)

续表

	职业认同	地位认同
6000~9999 元	0.09 *** (0.02)	0.89 *** (0.10)
1 万元及以上	0.18 ** (0.06)	1.39 *** (0.25)
有福利保障	0.17 *** (0.02)	0.80 *** (0.09)
签订劳动合同	0.09 * (0.04)	0.44 ** (0.16)
未来 6 个月可能失业	- 0.16 *** (0.02)	- 0.36 *** (0.07)
对职业前景有信心	0.66 *** (0.02)	1.66 *** (0.09)
受教育程度（以小学及以下为参照）		
初中	- 0.10 * (0.04)	- 0.79 *** (0.17)
高中、中专或职高	- 0.07 ˆ (0.04)	- 0.57 *** (0.16)
大专	- 0.12 ** (0.04)	- 0.43 * (0.18)
本科及以上	- 0.17 ** (0.05)	- 0.21 (0.21)
从业年数	0.00 (0.00)	0.11 *** (0.02)
年龄（以 18~20 岁为参照）		
21~30 岁	- 0.04 (0.04)	- 0.37 * (0.17)
31~40 岁	- 0.08 ˆ (0.04)	- 0.30 ˆ (0.17)
41~45 岁	- 0.09 ˆ (0.05)	- 0.52 * (0.22)
非农户口	0.01 (0.02)	0.18 * (0.08)
之前职业（以自由职业者或新职业为参照）		
商业服务业职工	0.06 * (0.03)	0.15 (0.11)

续表

	职业认同	地位认同
工厂工人	0.03 (0.02)	0.11 (0.10)
个体经营者/务农	0.01 (0.03)	− 0.07 (0.12)
干部职员管理者	− 0.00 (0.03)	− 0.15 (0.12)
常数	2.54 *** (0.07)	2.90 *** (0.29)
N	5031	5031

注：$p < 0.1$，$^{*} p < 0.05$，$^{**} p < 0.01$，$^{***} p < 0.001$；括号中为标准误。

从以上模型中可看出，网约配送员职业认同和地位认同的影响机制非常类似，收入与福利、职业稳定性、职业前景和人力资本都具有显著影响。在控制其他变量的情况下，收入对网约配送员的职业认同非常重要，相对于月收入 4000 元以下的网约配送员，月收入 4000 ~ 5999 元的网约配送员职业认同程度高出 0.09 个单位，而月收入 1 万元及以上的网约配送员职业认同则高出 0.18 个单位。有福利保障的网约配送员比没有任何福利保障的职业认同高出 0.17 个单位，有劳动合同的网约配送员比没有签订劳动合同的职业认同高出 0.09 个单位，这些差异都是显著的。认为自己未来 6 个月可能失业的比认为自己不可能失业的网约配送员，其职业认同要低 0.16 个单位，对职业前景有信心的比没信心的网约配送员，其职业认同要高出 0.66 个单位。人力资本的作用体现在，相对于小学及以下学历，初中，高中、中专或职高，大专，本科及以上学历的网约配送员职业认同显著更强，但是从业时间的影响不显著。从业时间长未必职业认同强，可能一方面反映了网约配送员、快递员这种偏体力劳动的服务业从业者，学历和经验对收入的影响不大（朱迪等，2020）；另一方面也反映了新职业遭遇的社会偏见，从业时间越长，累积的负面经历可能越多。而地位认同更是个综合的、累积的指标，从业时间越长，经济资源、社会资源累积越多，从而对自身经济社会地位的评估会显著提升。在地位认同模型中，月收入越高、有福利保障、签订劳动合同、认为未来 6 个月不可能失业、对职业前景有信心、受教育程度越高、从业年数越长的网约配送员，认为自己的社会经济地位越高。

职业认同模型中，就控制变量来看，年龄越小、职业认同越强，虽然显著性并不强；之前职业的影响显著，相对于之前是自由职业者或者新职业，之前职业为商业服务业职工的网约配送员的职业认同显著更强，而之前职业为工厂工人、个体经营者/务农、干部职员管理者对职业认同的影响并不显著。地位认同模型中，控制变量的影响主要体现在年龄和户口，相对于 18～20 岁群体，21～30 岁、31～40 岁和 41～45 岁的网约配送员对自身社会经济地位的评估显著较低，非农户口的网约配送员认为自身的社会经济地位显著更高。地位认同的年龄效应，主要反映了网约配送员及其他新职业的"青春饭"典型特征，对新技术的掌握以及体力精力充沛是获取更高收入、更高职业地位的优势所在。

接下来，根据已有研究和数据来源，本章将从个体、工作、家庭、文化四方面考察网约配送员的城市认同和乡土认同的影响因素。个体因素包括受教育程度和从业时间，二者主要测量人力资本。工作因素包括收入、有无福利保障、有无劳动合同；此外，由于网约配送员职业的特殊性，包括被"算法"控制、为消费者和商家提供双重服务、同时又作为新兴职业进入公众视野，工作因素特别纳入工作中遭遇不愉快经历的数量，范围涉及职业歧视、网络暴力、网络骚扰、职场 PUA、性骚扰、强制加班、遭遇交通事故、遭遇人身伤害（除交通事故）、被客户打骂、同行恶意抄袭和模仿、身体素质明显下降、拖欠工资及其他遭遇。家庭因素主要考虑的是子女情况，受到数据限制，无法获得是否和子女/家人在同一个城市的信息，通过有无未成年子女来近似测量。文化因素主要检验"就近认同"假设，纳入是否在家乡就业的变量，基于网约配送员大量就近就业的特征，可以考察基于文化上的相似性，是否就近就业能够既促进城市认同又促进乡土认同。控制变量包括年龄、户口和是否在一线城市工作，乡土认同模型特别纳入父母受教育程度，来考察家庭背景作为资源支持和情感认同的作用。进入模型的因变量和自变量描述性统计详见表 10-3。

表 10-5 列出了网约配送员的城市认同和乡土认同回归模型。两个模型都是显著的，城市认同模型能够解释 11.06% 的变异，乡土认同模型能够解释 5.05% 的变异。模型结果显示，人力资本因素中受教育程度对城市认同有显著影响，相对于小学及以下学历，初中，高中、中专或职高，大专，本科及以上学历有更高的城市认同，从业年数的影响不显著；研究发现验

证了已有文献中的"市场能力假设"。工作因素中的收入和福利保障影响显著，月收入 6000~9999 元、有福利保障的网约配送员城市认同较高，而是否签订合同的影响不显著，基本验证了已有文献中的"工作认知－城市认同"影响机制模型。此外，工作中遭遇的不愉快经历越多，城市认同显著较低，这种"社会环境假设"也是本章提出的创新性观点：对于新职业群体来讲，社会认同的影响机制不仅体现在劳动市场因素，也体现在社会环境因素，可以看到，相对于传统职业，以网约配送员为代表的新职业面临更多的新问题和不公平之处，这些社会环境因素对从业者的社会认同也有深刻影响。家庭因素中的有无未成年子女的影响不显著，这可能由于有无未成年子女与家人共同居住和子女随迁的模糊关系。文化因素中，在家乡工作能够显著提升城市认同，同时也能够显著提升乡土认同，这符合"就近文化假设"：大量网约配送员在本省、本市或者家乡周边城镇就业，本地城市社区、农村社区与"家乡"有很大程度的相近之处，数据表明，这种独特的就近就业模式既有助于本地社区的社会融入，又有助于着眼未来的乡村建设。控制变量中，在一线城市工作的网约配送员的城市认同显著较低，而年龄和户口性质的影响不显著。

就乡土认同而言，模型结果与已有研究中的"发展能力假设"和"人力资本假设"基本一致，受教育程度越高，网约配送员越不愿意未来去农村发展，由于较高的人力资本以及与之关联的较高的城市认同，这部分网约配送员认为能够利用城市发展机会获得更好的发展前景。但是控制其他因素的情况下，从业年数越长，网约配送员的乡土认同越高，这与课题组定性访谈的发现一致。因为网约配送是高强度、户外工作，再加上遭遇的一些不愉快经历，很多被访者表示不会一直从事这份工作，随着从业时间增长，经济压力得到缓解，而体力和精神上想要放松，因而倾向于更加稳定的、"室内"的工作，比如做小买卖、回乡创业，从而去农村或者家乡发展的想法会更强烈。工作因素中，仅有福利保障影响显著，没有任何福利保障的网约配送员有更高的乡土认同。工作中遭遇的不愉快越多，网约配送员的乡土认同越高，且差异显著，部分印证了从业时间的影响机制。控制变量中，年龄越大，网约配送员的乡土认同越高；农村户口群体的乡土认同显著越强；另外我们也发现，家庭背景的影响显著，父母受教育程度越高，网约配送员越不愿意去农村发展，反映了更优越的家庭背景能够提供更多的资源支持，从而有利于网约配送员在城市的发展。

表 10-5 网约配送员城市认同的 OLS 回归模型和乡土认同的逻辑斯蒂回归模型

	城市认同	乡土认同
受教育程度（以小学及以下为参照）		
初中	0.30***	-0.49**
	(0.06)	(0.17)
高中、中专或职高	0.39***	-0.65***
	(0.06)	(0.16)
大专	0.43***	-0.84***
	(0.06)	(0.19)
本科及以上	0.36***	-0.53*
	(0.07)	(0.23)
从业年数	0.01ˆ	0.05*
	(0.01)	(0.02)
当前月收入（以4000元以下为参照）		
4000~5999元	0.03	-0.11
	(0.03)	(0.10)
6000~9999元	0.09**	-0.22ˆ
	(0.03)	(0.12)
1万元及以上	-0.03	-0.09
	(0.09)	(0.31)
有福利保障	0.14***	-0.33***
	(0.03)	(0.09)
签订劳动合同	0.02	-0.26
	(0.05)	(0.16)
工作中遭遇不愉快经历数量	-0.11***	0.11***
	(0.01)	(0.03)
有未成年子女	-0.04	-0.00
	(0.03)	(0.10)
在家乡工作	0.48***	0.34***
	(0.03)	(0.09)
年龄（以18~20岁为参照）		
21~30岁	0.03	0.62*
	(0.06)	(0.26)
31~40岁	-0.06	0.84**
	(0.06)	(0.27)

续表

	城市认同	乡土认同
41 ~ 45 岁	- 0.09 (0.08)	1.08 *** (0.30)
非农户口	0.02 (0.03)	- 0.60 *** (0.11)
在一线城市工作	- 0.17 *** (0.04)	0.09 (0.15)
父母受教育程度		
初中	—	- 0.55 *** (0.10)
高中、中专或职高	—	- 0.53 *** (0.11)
大专及以上	—	- 0.49 * (0.20)
常数	2.12 *** (0.09)	- 1.47 *** (0.34)
N	6072	5879

注：$\hat{}p < 0.1$，$^* p < 0.05$，$^{**} p < 0.01$，$^{***} p < 0.001$，括号中为标准误。

三　本章小结

　　本章主要考察了网约配送员的社会认同情况及其影响因素。研究发现可以总结为：①职业认同方面，超八成网约配送员对当前的职业非常认同或比较认同，对工作总体满意度平均为7.1分，与商业服务业人员相近，高于农业生产人员和产业工人；②地位认同方面，网约配送员对目前的社会经济地位自评平均为4.86分，处于中层以下，高于商业服务业工作人员、农业生产人员和产业工人，但是相对于传统职业，网约配送员对未来的社会流动稍显消极，判断未来向上流动的比例较低；③城市认同方面，超四成网约配送员对所在城市/地方缺乏归属感，这在一线城市更加明显；④乡土认同方面，网约配送员在未来五年发展计划中考虑了农村的仅占11.9%，而考虑去县城/乡镇或者去小城市发展的比例则升高至25%以上；⑤月收入越高、有福利保障、签订劳动合同、认为未来6个月不可能失业、对职业前景有信心、受教育程度越高的网约配送员，对职业认同感越强、认为自身社会经济地位越高，此外，从业时间越长的网约配送员，认为自己的社会经济地位也越高；⑥就城市认同来讲，研究验证了"市场能力假设"、"工作认知－城市认同"假设、"社会环境假设"和"就近文化假设"，而乡土认同的机制更类似于"逃离式返乡"，人力资本较低、发展能力较低人群更可能去农村发展，文化因素具有一定政策含义，在家乡（附近）工作能够显著提升城市认同，同时也能够显著提升乡土认同。

综合客观和主观的社会经济地位，或许可以认为，以网约配送员群体为代表的城市新兴生活服务业人员，对传统的"中产阶层－中低阶层"或"白领－蓝领"社会结构框架提出了挑战。从收入的维度来看，网约配送员的收入水平较高，有的甚至高于办公室白领和专业技术人员；从职业的维度，应该属于商业服务业从业人员，但是工作强调体力强度；从教育水平来看，文化程度偏低，更接近"外来务工人员"水平；从主观认同来看，其社会经济地位认同高于体力劳动者和半体力劳动者，但是职业认同某种程度更接近商业服务业人员。因此，伴随信息化带来的社会变迁，在中产阶层和中低阶层之间、在白领和蓝领之间，中国社会结构可能裂变出一个新型的结构，或可暂时称为"新服务工人"，主要从事城市新兴服务业，大多来自农村或者小城镇，是新兴的年轻城市人群，经济资本较高而文化资本较低；除网约配送员之外，还有一些收入较高的城市生活服务从业人员（如育儿嫂、装修工、网约车司机等），也属于这种正在兴起的社会阶层。

本章的实证分析发现也能够产生一些政策启示。首先，就如何提升以网约配送员为代表的新职业青年的发展信心和社会认同方面，本章建议应落实完善福利保障和劳动权益保护，政府相关部门做好就业服务、重视鼓励职业培训，促进该群体的就业能力和职业发展，也应构建各个层面的社会支持体系，增强理解包容，推进新兴群体的社会融入；其次，就城市发展和乡村振兴来讲，鼓励新经济、新业态发展，促进就近就业模式，同时完善城市户籍制度改革，提升教育、住房、社保等公共服务，加强农村新基建，转变地方政府工作思路，有效利用这群"新服务工人"的技能、经验和本地认同，加强新型城镇化建设和乡村建设。

第十一章
骑手的社会流动

随着新发展阶段的到来，推进共同富裕成为我国高质量发展的重要战略任务。促进社会性流动被认为是实现共同富裕的重要途径之一（蔡昉，2021；董志勇、秦范，2022）。党的十九大报告中曾提出"社会性流动"的概念，指出"破除妨碍劳动力、人才社会性流动的体制机制弊端，使人人都有通过辛勤劳动实现自身发展的机会"（新华社，2017）。2021年，习近平总书记在中央财经委员会第十次会议上强调"要防止社会阶层固化，畅通向上流动通道，给更多人创造致富机会，形成人人参与的发展环境"（习近平，2021）。而一个社会是否具有社会性流动的活力，一方面体现在制度和环境能够促进现实的社会流动，并且这种社会流动能够有助于人们的发展，让人人都有勤劳致富的机会和发展环境，这可理解为是实现共同富裕的一个社会环境基础；另一方面体现在人们对于社会性流动强弱的感知，即对于社会阶层流动可能性的感知，对阶层上升可能性的积极感知可增强人们对未来发展的信心，成为奋斗的动力，这可理解为是有利于实现共同富裕的一个社会心态基础。本章将分析青年外卖骑手的现实社会流动和社会流动感知对于促进共同富裕的意义。

一 主客观社会流动与共同富裕的关系

（一）社会流动与共同富裕

社会性流动可以通过改变每个人的收入状况实现共同富裕（蔡昉，

2021）。在社会学领域，社会流动是指个人或群体在社会分层结构与地理空间结构中位置的变化，包括代际流动和代内流动（李强，2008）。根据布迪厄的生成结构主义观点，阶层在结构与建构、再生产的过程中是可以跨越的。布迪厄用模态轨迹（trajectoire modale）来说明不同阶层个体成员向上或向下的流动轨迹（布尔迪厄，2015）。研究者总结这些轨迹包括向上流动的轨迹、向下流动的轨迹和摇摆不定的轨迹。向上流动的轨迹让人持有乐观的态度，对未来充满希望；而向下流动的轨迹则让人对未来充满疑虑，持有悲观的态度。阶层轨迹的变化会由此内化到成员的阶层习惯之中，影响人们的生活态度和生活方式（刘欣，2003）。

研究显示，高社会流动率的社会，人们能够获得较多的流动机会来改变自己的社会经济地位，以往研究显示，在流动率高的情况下，人们的公平感会更强（张顺、祝毅，2021），收入水平会更高（孙敬水、支帅帅，2019），基尼系数会在一定范围内减小，贫富差距也会缩小（Montenegro，2010）。反之，当阶层固化、社会流动停滞的时候，贫富分化会日趋严重，发展机会出现鸿沟，导致勤奋努力与成功之间不再对等（罗伯特·帕特南，2017），损害了个体努力的积极性，还可能造成公平感降低（张顺、祝毅，2021）、幸福感下降（Clark et al.，2008）、生育意愿下降（何明帅、于淼，2017）等一系列社会问题。可见，社会流动会同时影响人们的收入和心态，无论是对实现物质生活的共同富裕还是对实现精神生活的共同富裕，都能起到重要的作用。

（二）社会流动感知与共同富裕

社会流动对社会财富分配和心态的影响，不仅通过现实的流动来实现，还会通过主观的社会流动感知来实现。社会流动感知是指相信社会系统是灵活的，阶层可以跨越，个体有机会进入不同的阶层（Taylor & Moghaddam，1994）。这种对社会流动性强弱的主观感知会影响人们的社会心态。低社会流动的感知使人们认为社会阶层不可跨越，没有机会改变自己的地位现状，这会让人更为消极，失去努力的动力。比如，有研究发现，通过心理学实验操纵，让人们认为社会阶层向上流动的可能性很小的时候，人们就很少会持有"努力会有回报"的信念，也会更加质疑结果的公平性（Day & Fiske，2017）。相反，如果人们对社会阶层向上流动有信心，不仅有助于提高其公平感知（张衍，2021），还能减少人们身处劣境时的负面情绪和对他人的敌意（Sagioglou et al.，2019）。由此可见，主观的社会流动感知会影响人们的奋斗信念和行为，而努力奋斗又是实现共同富裕的行为基础，因此我们认为高社会流动感知是有利于迈向共同富裕的一个重要的社会心态基础。

网约配送员，更多被叫作外卖骑手，是伴随着信息技术和平台经济迅速发展而产生的新型职业的代表，成为很多青年人的职业选择，更有调查显示骑手从业者有八成来自农村（阿里研究院，2020），是农村青年从事比较多的一种非农工作。这也让很多骑手对社会流动有了更为深切的体验。因此，本章将以青年外卖骑手为例，分析现实的社会流动轨迹是否会影响其收入，以及主观社会流动感知是否会影响其发展信心和城市认同。

二　主客观社会流动的界定

（一）数据来源

本章数据来源于全国新职业青年调查，该调查由共青团中央维护青少年权益部、中国社会科学院社会学研究所共同组织实施。调查对象为 18~45 岁的新职业青年，来自全国 31 个省、自治区和直辖市。本章选用其中以外卖骑手为主要职业的样本，有效样本 6196 个，其中，男性占 90.8%，女性占 9.2%，平均年龄为 29.92 岁，农业户籍比例为 68.90%，非农户籍比例为 29.10%。

（二）主要测量变量

1. 客观社会流动的测量

本章分析了青年外卖骑手的社会流动经验，包括代际的教育流动、代内的职业流动和地域流动。教育流动通过计算外卖骑手与其父母的最高受教育程度之间的差异得出，分别记为低于父母、与父母相同和高于父母三种流动情况。职业流动比较骑手当前工作与其上一份工作之间的流动情况，包括三种情况：一是首次就业从事骑手工作，二是从失业或下岗状态到从事骑手工作，三是从其他工作换为骑手工作。地域流动比较调查对象家乡所属城市和当前城市的流动情况，并将城市类型按照一线城市（北上广深）

和直辖市、省会城市和其他地级市做出从高到低三个层级的人为划分，由此将地域流动分为向下流动、平行流动和向上流动三种情况。

2. 社会流动感知的测量

客观流动经验之外，本章还要分析青年外卖骑手对社会流动活力的感知，而其对阶层流动的信心可以作为其社会流动强弱感知的重要指标。调查中询问了调查对象对于自己当前经济地位所属阶层的感知和其对自己五年后所处阶层的感知，用 10 点量表计分，1 为最底层，10 为最顶层，计算五年后阶层感知和当前阶层感知的差值表示其阶层流动预期，负值记为向下流动，0 分记为平行流动，正值记为向上流动。

三 青年外卖骑手的社会流动与收入和发展信心的关系

（一）青年外卖骑手教育、职业和城市流动特征

1. 近六成青年外卖骑手教育代际呈向上流动趋势

比较青年外卖骑手和父母一辈的受教育程度的变化发现（见表 11-1），青年外卖骑手与其父母相比，有更多机会接受较高程度的教育，受访骑手受教育程度在小学及以下的比例仅为 5.00%，而其父母之中受教育程度在小学及以下的比例达到了 24.81%；近一半的骑手接受了高中/中专/职高教育，而其父母一辈只有三成人有这样的机会。从教育流动方向看，在青年骑手群体中，教育代际向上流动的比例平均达到了 57.53%，平行流动的比例为 33.17%，向下流动的比例为 9.31%。

表 11-1 骑手代际教育流动情况

单位：%

受教育程度	骑手	父母
小学及以下	5.00	24.81
初中	23.98	37.89
高中/中专/职高	47.06	30.64
大专	16.85	4.03
大学本科及以上	7.10	2.62

　　对比分析农业户籍和非农户籍骑手的教育代际流动情况，结果显示（见表11-2和图11-1），非农户籍骑手无论是自身还是父母的受教育程度都要明显高于农业户籍的骑手，特别是父母的受教育程度，农业户籍骑手父母的受教育程度在初中及以下的累计为69.67%，而非农户籍骑手父母的这一比例为46.55%；而骑手自身的受教育程度差异主要表现在非农户籍骑手接受高等教育（大专、本科及以上）的人数比例（35.72%）要远高于农业户籍骑手（18.97%）。但两类骑手在代际教育流动上的差异并不明显，农业户籍骑手代际教育向上流动的比例（58.54%）略高于非农户籍骑手（55.75%），但未达统计显著性。

表 11 - 2　城乡骑手代际教育流动情况对比

单位：%

受教育程度	骑手自身		骑手父母	
	农业户籍	非农户籍	农业户籍	非农户籍
小学及以下	5.48	3.44	28.79	15.19
初中	28.58	12.87	40.88	31.36
高中/中专/职高	46.97	47.98	25.91	41.54
大专	13.96	23.96	2.73	7.19
大学本科及以上	5.01	11.76	1.69	4.72

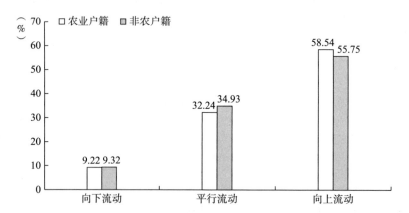

图 11 - 1　城乡青年外卖骑手代际教育流动方向

　　上述分析结果表明，从事骑手职业的青年中，无论是持有农业户籍还是非农户籍，其获得代际教育向上流动的机会比率都是接近的，只是在目前所达到的最高受教育水平上，农业户籍的骑手还是低于非农户籍的骑手。

2. 八成多青年外卖骑手存在职业流动经历

本章的受访骑手中，大部分骑手都有职业流动的经历，有85.87%的骑手是从其他职业转行从事骑手工作，其之前所从事的职业以产业工人、商业服务业员工和自由职业者居多（见表11-3）；7.94%的人之前处于失业或下岗状态，选择从事骑手工作；另有6.19%的人是以骑手为其首份职业。

表11-3 青年外卖骑手职业流动情况

单位：%

职业流动类型	人数百分比
首次就业-骑手	6.19
失业或下岗-骑手	7.94
其他职业-骑手	85.87
产业工人	28.26
商业服务业员工	16.55
自由职业（自雇佣者）	15.26
个体经营者	9.41
办事人员	7.99
企业管理者	3.25
农民	3.20
专业技术人员	1.18
国家与社会管理者	0.77

从农业户籍与非农户籍青年骑手的对比分析看（见图11-2），农业户籍的青年骑手从其他职业流动到骑手职业的比例要高于非农户籍骑手，而非农户籍骑手在首次工作或是从下岗、失业到再就业时选择骑手职业的比例会比农业户籍骑手高。

3. 青年外卖骑手的城市流动以平行流动为主，近两成会向上流动到更大城市

比较青年外卖骑手家乡所属城市和其当前工作城市之间的差异，结果发现青年外卖骑手中39.03%目前的工作地域是未流动状态（见表11-4），即在家乡工作。而对于地域流动的骑手来说，流动轨迹多为地级市之间的平行流动，占42.72%，其中大部分是一般地级市之间的流动，一线城市直

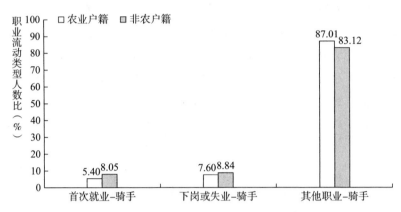

图 11 - 2　城乡青年外卖骑手职业流动情况

辖市之间的流动和省会城市之间的流动比较少。还有 16.33% 的骑手是向上流动到发展机会比较多的大城市，从一般地级市流动到一线城市/直辖市或是省会城市的比例相当，但是从省会城市流向一线城市/直辖市的比例很低。地域上向下流动的骑手占比很低，仅为 1.92% 。

表 11 - 4　青年外卖骑手城市流动的方向

单位：%

城市流动方向	城市流动类型	人数百分比	流动方向占比
向下流动	省会城市——一般地级市	1.29	1.92
	一线城市/直辖市——一般地级市	0.50	
	一线城市/直辖市—省会城市	0.13	
平行流动	一般地级市——一般地级市	37.77	42.72
	省会城市—省会城市	2.45	
	一线城市/直辖市——一线城市/直辖市	2.50	
向上流动	一般地级市——一线城市/直辖市	8.49	16.33
	一般地级市——省会城市	7.34	
	省会城市——一线城市/直辖市	0.50	
未流动	未流动		39.03

（二）青年外卖骑手的社会流动可以增加其收入，助其迈向共同富裕

如前所述，社会流动性可以通过改变每个人的收入状况实现共同富裕。

青年骑手的社会流动经验是否会影响其收入，是本章所关注的重点。对此，我们将逐一进行分析，在分析过程中，为更准确捕捉社会流动变量与收入之间的关联，采用协方差的形式，将人口学变量性别、年龄和受教育程度作为协变量，控制其对收入的影响；此外，由于外卖骑手的收入与工作时长关联紧密，也将平均每日工作时长作为协变量，以控制其影响。

1. 青年外卖骑手的教育代际流动与收入关联性较弱

通过协方差分析青年外卖骑手的代际教育流动与收入的关联，以代际教育流动类型为自变量，骑手工作的月收入为因变量，以前述人口学变量和工作时长作为协变量，结果如表11-5所示。青年骑手代际教育呈向上流动趋势时，其收入会增加，但整体上，不同教育流动类型之间的收入差异并不显著。对农业户籍和非农户籍的青年骑手的对比分析也没有发现显著区别。这一结果表明，对于青年骑手群体来说，代际的教育流动与其收入关联性不大。

表11-5　代际教育流动类型与收入的协方差分析结果

代际教育流动类型	收入（元）	F 值
向下流动	4952.42	
平行流动	5040.81	0.08
向上流动	5131.86	
协变量		
年龄		2.67
性别		39.55 ***
代际教育流动类型	收入（元）	F 值
受教育程度		21.06 ***
平均每日工作时长		150.13 ***

注：*** $p < 0.001$。

2. 职业流动可以提高青年外卖骑手的收入

以青年外卖骑手的职业流动类型为自变量，以骑手工作的月收入为因变量做协方差分析，结果如表11-6所示。在控制了年龄、性别、受教育程度和工作时长的影响之后，青年骑手的职业流动类型与其收入存在明显关联，从其他职业转行的骑手平均月收入最高，首次就业的骑手平均月收入次之，收入最低的是失业或下岗后再就业的骑手。可能的原因是其他行业转行的骑手已有一定工作经验，并且更可能是主动选择流动到工作待遇或工作灵活性更适于自己的骑手职业，工作热情更高；首次就业的骑手则可能因缺乏工作经验而影响收入；而失业或下岗的骑手，可能更多是被动选择了职业流动，工作认同度较低，影响了表现和收入。为验证这一解释，进一步分析职业流动类型不同的骑手对于骑手工作的认同程度，结果显示，失业再做骑手的受访对象对骑手工作的认同率（83.75%）也要低于其他工作转做骑手（87.33%）和首次就业做骑手（87.34%）的受访对象。

表 11-6　职业流动类型与收入的协方差分析结果

职业流动类型	收入（元）	F 值
首次就业-骑手	4894.46	
失业或下岗-骑手	4721.19	6.20**
其他职业-骑手	5129.19	
协变量		
年龄		3.37
性别		35.56***
受教育程度		27.14***
平均每日工作时长		146.27***

注：*** $p < 0.001$，** $p < 0.01$。

对比农业户籍和非农户籍的青年骑手发现，骑手的职业流动类型和收入的关系因骑手户籍背景不同而呈现不同模式（见表 11-7）。在农业户籍骑手中，其他职业转行到骑手职业的受访对象平均月收入最高，因失业或下岗而转做骑手的受访对象平均月收入次之，而刚工作就做骑手的受访对象平均月收入则最低，这样的差异表明对于农业户籍骑手来说，其职业收入可能与其在城市的工作经验的累积有关，前两者都曾做过其他工作，与进城就只从事过骑手工作的农村青年相比，城市融入度和适应性可能会更强。

而对于非农户籍骑手来说，则是首次就业做骑手的受访对象平均月收入最高，其次是从其他职业转行的骑手，而失业或下岗再就业的骑手的平均月收入则最低。这一差异可能更多与工作匹配性有关，首次就业就选择骑手工作的受访者往往认同度较高并且精力处在较好时期，而转行的骑手因更多基于主动选择而有所准备，但失业或下岗的再就业骑手往往是被动选择，工作认同度和匹配性相对较差，因而影响了收入。

表 11 - 7　城乡骑手职业流动类型与收入的协方差分析对比

职业流动类型	农业户籍骑手		非农户籍骑手	
	收入（元）	F 值	收入（元）	F 值
首次就业 - 骑手	4688.60		5272.73	
失业或下岗 - 骑手	4841.12	4.06*	4512.74	4.67**
其他职业 - 骑手	5207.83		4962.76	
协变量				
年龄		8.44**		0.01
性别		48.18***		0.32
受教育程度		34.29***		3.43
平均每日工作时长		90.73***		52.01***

注：*** $p < 0.001$，** $p < 0.01$，* $p < 0.05$。

3. 积极的城市流动可以增加青年骑手的收入

以青年外卖骑手的城市流动类型为自变量，以骑手工作的月收入为因变量做协方差分析的结果如表 11 - 8 所示。青年骑手的城市流动类型与其收入存在明显关联，从家乡所属城市向上流动到更大的省会城市或一线城市工作的骑手，平均月收入最高；收入排在第二位的则是从资源更多的城市向下流动到资源相对更少的城市的骑手；平行流动的骑手收入排在第三位，排在最后的是在家乡所属城市工作、没有发生地域流动的骑手。这一结果表明，整体上，仅从收入角度、不考虑生活成本等问题，地区间的流动是有助于骑手的收入提升的。

而向下流动的骑手之所以收入高于平行流动和不流动的骑手，可能的解释是，这些骑手之所以放弃留在家乡所在的省会城市或一线城市而选择流动到其他城市，是因为这些城市有更符合其发展规划的机会，工作动力更强。为验证这一点，进一步比较了城市流动类型不同的骑手五年后的工作规划。结果发现，向下流动的骑手选择"现在工作不错，继续好好干"和"虽然工作干得还不是很好，但是前途不错，会想办法好好干"的比例达到 64.7%，要明显高于其他城市流动类型的骑手。

表 11 - 8　地域流动类型与收入的协方差分析结果

城市流动类型	收入（元）	F 值
未流动	4818.44	
向下流动	5239.50	
平行流动	4990.56	64.41 **
向上流动	5917.49	
协变量		
年龄		10.80 ***
性别		51.98 ***
受教育程度		27.49 ***
平均每日工作时长		143.01 ***

注：*** $p < 0.001$。

对农业户籍和非农户籍的青年骑手做对比分析可以发现，骑手的城市流动类型和收入的关系会因户籍背景不同而略有不同（见表 11 - 9）。在农业户籍和非农户籍骑手中，都是工作地域向上流动的骑手平均月收入最高，而没有流动的骑手平均月收入最低。但农业户籍骑手中，地域平行流动和向下流动的骑手之间的平均月收入几乎没有差别；而非农户籍骑手中，从资源可能更好的家乡所属城市向下流动到其他城市的骑手，其收入则接近向上流动的骑手。非农户籍骑手向下流动时更可能是基于适合的规划，因而收入更高，但农业户籍骑手中这种情况较少。

表 11 - 9　城乡骑手城市流动类型与收入的协方差分析对比

城乡流动类型	农业户籍骑手		非农户籍骑手	
	收入（元）	F 值	收入（元）	F 值
未流动	4883.88		4713.82	
向下流动	5066.27		5818.18	
平行流动	5023.35	46.15 ***	4924.36	19.79 ***
向上流动	5952.83		5959.39	
协变量				
年龄		16.68 ***		0.01
性别		67.60 ***		1.46
受教育程度		29.29 ***		4.06 *
平均每日工作时长		85.70 ***		56.41 ***

注：*** $p < 0.001$，* $p < 0.05$。

4. 青年外卖骑手的客观社会流动整体上会增加其收入

为综合比较青年外卖骑手的社会流动类型在相互作用下与其收入的相互关系，以平均月收入为因变量，以代际教育流动、代际职业流动和城市流动为自变量进行多重线性回归分析，其中职业流动以首次就业成为骑手为参照类，城市流动以在家乡所属城市工作而未流动作为参照类。为了剔除人口学变量和工作时长对收入的影响，将相关变量纳入回归方程，结果如表 11 - 10 所示。在考虑到社会流动的相互作用之后，代际的教育流动与骑手的月收入没有明显关联。和首次就业成为骑手相比，因失业或下岗而从事骑手职业的月收入与之没有明显差异，但从其他职业转行为骑手的人月收入会更高。与在自己家乡所属城市工作而没有流动的骑手相比，无论是到更大的城市还是到更小的城市，地域流动的骑手月收入都会更高，从回归系数看，向上流动的骑手月收入增多更明显。

表 11 - 10　青年骑手月收入对社会流动的回归分析结果

变量	平均月收入标准化回归系数
年龄	0.040^{**}
性别	-0.105^{***}
受教育程度	0.048^{**}
平均每日工作时长	0.060^{***}
代际教育流动	0.014
失业或下岗 - 骑手	-0.008
其他职业 - 骑手	0.047^{*}
城市向下流动	0.032^{*}
城市平行流动	0.039^{**}
城市向上流动	0.191^{***}

注: $^{***}p < 0.001$, $^{**}p < 0.01$, $^{*}p < 0.05$。

（三）青年外卖骑手的向上社会流动感知会增强其发展信心

本章用青年外卖骑手对于自己未来社会阶层上升空间的感知来衡量骑手对于社会流动性强弱的感知。

1. 近半数青年外卖骑手对社会阶层向上流动看法积极

比较青年外卖骑手对自己五年后和当前所处社会阶层的差异发现，

49.50%的受访对象对社会流动性持有积极预期，认为自己五年后的社会阶层会有所提升；42.06%的受访对象认为自己的阶层五年内不会有变化；还有8.44%的受访对象认为自己的阶层未来会下降。换言之，半数受访骑手相信社会阶层有向上流动的空间，半数受访骑手认为社会阶层流动性比较弱，甚至会向下流动。

对比不同年龄、受教育程度和户籍的骑手社会流动感知的差异发现，户籍和受教育程度与骑手社会流动感知没有明显关联，但不同年龄的骑手社会流动感知存在差异（卡方值$\chi 2 = 23.725$，$p = 0.001$），越年轻的骑手对阶层向上流动越有信心（见图11-3）[1]。

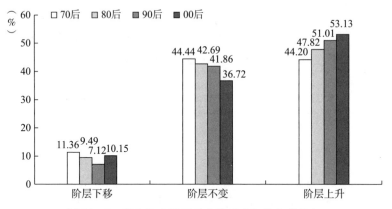

图 11-3 青年外卖骑手社会流动感知的年龄特征

2. 持有阶层向上流动积极感知的青年外卖骑手职业发展信心更强

从收入增加和就业稳定来衡量青年骑手对当前职业的发展信心，分别比较社会流动感知不同的骑手对于收入提高可能性的信心，对随年龄增长被取代的担心和对半年内职业稳定性的感知，结果如表11-11所示。

整体上，青年骑手的职业发展信心不高。具体而言，骑手对于自己收入会大幅度提高信心不大，只有平均26.84%的骑手认为如此；但在那些对阶层向上流动有信心的骑手中，这一比例达到29.61%，认为自己阶层可能向下流动的骑手中这一比例为22.75%。平均80.26%的骑手担心随着年

---

① 以社会阶层流动差值为因变量，以性别、年龄、受教育程度和户籍为自变量的回归分析结果与此一致，只有年龄与阶层流动显著相关。为让结果呈现更清晰，此处只列出交叉列联表分析的频次差异检验结果。

龄增长会被取代，但有阶层向上流动感知的骑手中这一比例是 77.21%，低于阶层会向下流动感知的骑手（84.32%）和阶层不会变化的骑手（83.04%）；平均 49.52% 的骑手认为自己未来 6 个月内有可能失业，有阶层向上流动感知的骑手中这一比例为 46.85%，有阶层向下流动感知的骑手中这一比例为 55.83%。可见，能够感知到社会阶层具有向上流动空间时，青年骑手对职业发展的信心会更强，更相信未来收入会增加，更少担心职业不稳定或因年龄增长而失业。

　　分别以职业发展信心的几个指标为因变量，以社会流动感知（向下流动为参照类）为自变量，以人口学变量和户籍作为控制变量进行回归分析。结果显示（见表 11-12），在考虑到人口学和户籍等因素的影响后，与预期自己社会阶层会向下流动的骑手相比，预期自己社会阶层会提升的骑手，越有信心收入会提高，越少认为自己可能随着年龄增长被取代或可能失业。

表 11-11　骑手的社会流动感知与职业发展信心

	阶层下移	阶层不变	阶层上升	百分比均值	卡方 χ^2
收入可能大幅度提高	22.75%	24.41%	29.61%	26.84%	24.161 ***
随年龄增长被取代	84.32%	83.04%	77.21%	80.26%	36.171 ***
未来 6 个月内可能失业	55.83%	51.38%	46.85%	49.52%	20.670%

注：*** $p < 0.001$。

表 11-12　骑手的职业信心对社会流动感知的回归分析结果

变量	收入可能大幅度提高标准化回归系数	随年龄增长被取代标准化回归系数	6 个月内可能失业标准化回归系数
年龄	-0.028 *	0.084 ***	0.040 **
性别	0.021	-0.050 ***	-0.050 ***
受教育程度	0.036 **	-0.025	-0.026 *
户籍	-0.009	-0.003	-0.023
阶层流动预期未流动	-0.029	0.015	-0.049 *
阶层流动预期向上流动	0.067 **	-0.069 **	-0.097 ***

注：*** $p < 0.001$，** $p < 0.01$，* $p < 0.05$。

　　3. 有阶层向上流动积极感知的青年外卖骑手的城市认同和社会地位比较更积极

　　以城市归属感和在城市中与他人社会地位的比较来衡量青年骑手的城

市认同，分别比较社会流动感知不同的骑手对于城市归属感和社会地位比较上的特点，由于骑手的城市认同还与其地域流动性有关，因此分别分析其在家乡所属城市工作和离开家乡工作的情况，结果如表 11 - 13 和图 11 - 4 所示。

表 11 - 13　骑手的社会流动感知与城市认同

单位：%

	是否在家乡	阶层下移	阶层不变	阶层上升	百分比均值	卡方 χ^2
感觉自己不属于这个城市	在	24.62	36.40	19.54	26.80	81.415 ***
	不在	57.41	59.40	43.76	51.67	87.892 ***
感觉自己地位比别人低	在	44.22	48.00	33.54	40.28	86.567 ***
	不在	61.73	60.83	44.98	53.25	56.219 ***

注：*** $p < 0.001$。

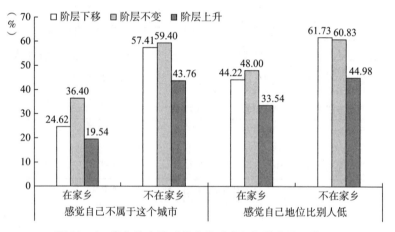

图 11 - 4　青年外卖骑手社会流动感知与城市认同关系

从地域流动看，青年外卖骑手是否在家乡所属的城市工作，会影响其城市归属感和社会地位比较，流动到家乡之外城市工作的骑手平均有 51.67% 的人对工作城市没有归属感，53.25% 的人认为自己在城市中的地位要比别人低；而在家乡工作的骑手有 26.80% 的人感觉没有归属感，40.28% 的人认为自己地位低人一等。但无论骑手在地域上如何流动，当他对阶层上升有信心的时候，都更有可能对当前所在城市形成归属感，做出积极的社会地位比较，不认为自己不如别人。具体而言，在家乡所属城市工作且持有阶层上升预期的青年骑手中，有 19.54% 的人城市归属感低，

33.54%的人做出消极的社会地位比较，认为自己比别人地位低，这两个概率都远低于认为阶层不变（36.40%、48.00%）或阶层会下降（24.62%、44.22%）的骑手。在外地城市工作且认为阶层流动方向会上升的青年骑手中，有43.76%的人城市归属感低，44.98%的人社会地位比较消极，而这两个概率也都低于认为阶层不变（59.40%、60.83%）或阶层下降（57.41%、61.73%）的骑手。

以城市归属感和社会比较为因变量，以社会流动感知（向下流动为参照类）为自变量，以人口学变量和户籍作为控制变量进行回归分析。结果显示（见表11-14），与预期自己社会阶层会向下流动的骑手相比，预期自己社会阶层会提升的骑手，城市归属感更强，也更少认为自己社会地位不如别人，而认为阶层不流动的骑手城市归属感会更弱。

表 11-14 骑手的城市认同对社会流动感知的回归分析结果

变量	不属于这个城市 标准化回归系数	地位比别人低 标准化回归系数
年龄	0.020	0.032 *
性别	−0.057 ***	−0.088 ***
受教育程度	−0.060 ***	−0.079 ***
户籍	−0.039 **	−0.002
阶层流动预期未流动	0.075 ***	0.031
阶层流动预期向上流动	−0.103 ***	−0.134 ***

注：*** $p < 0.001$，** $p < 0.01$，* $p < 0.05$。

四 本章小结与讨论

（一）从骑手分析看社会流动性有助于增加收入而实现共同富裕

如前所述，社会性流动可以通过改变个人的收入状况而实现共同富裕（蔡昉，2021），本章通过对青年骑手的分析发现，职业流动和地域流动为青年骑手带来了更多的收入，为社会流动性对共同富裕的作用加以佐证。

具体而言，青年外卖骑手的代际教育流动以向上流动和平行流动为主，并且农业户籍和非农户籍骑手之间的教育流动方向相差不大，体现出我国近些年整体教育水平的改善；但因农业户籍骑手父母受教育程度较低，虽然代际教育向上流动比例一致，但农业户籍骑手的受教育程度还是低于非农户籍的骑手。职业流动方面，超过八成的骑手都由其他行业转为骑手职业。城市流动方面，超过六成的骑手离开了家乡所属城市到其他城市工作，流动方向首先以一般地级市之间的平行流动为主，其次是向上流动到省会城市、一线城市或直辖市。代际教育流动与骑手的收入没有直接关联，但如果骑手的职业有流动经历，或是骑手经历了城市流动，特别是城市向上流动的时候，其收入会明显增高。对于农业户籍和非农户籍骑手来说，流动都与收入提升相关。

在城镇化过程中，外卖骑手作为新型职业成为很多青年，特别是农村青年的新职业选择。以往研究显示，骑手群体的社会流动在地域上呈现机会多、距离短的"地铁模式"，在职业阶层上表现出向上流动的趋势（高文珺，2021）。本章进一步发现，外卖骑手除了为更多农业户籍青年创造了非农就业的机会，还通过地域和职业上的灵活流动增加了从业者收入，向共同富裕迈进了一步。

（二）从骑手分析看社会流动感知可作为实现共同富裕的一个重要社会心态基础

社会的流动活力不仅体现在客观的社会流动性上，更是通过人们对社会流动性的主观感知来影响人们的心态。本章发现，社会阶层流动性感知会影响青年骑手的发展信心和城市融入。

在对社会阶层流动性的感知上，本章中的受访青年骑手近半数都持有积极感知，相信社会阶层具有向上流动的空间，自己五年后的社会阶层和现在相比会有所提高。四成骑手认为自己的社会阶层不会有变化，还有少部分骑手认为自己的阶层未来会向下流动。这一阶层流动性的感知影响了青年骑手对于自己职业发展的信心和城市归属感与社会认同，认为阶层有向上流动空间的骑手，与认为阶层不流动或向下流动的骑手相比，对自己未来收入增长更有信心，也更少担心就业不稳定或因年龄大而被取代，对城市的归属感更强，尤其是提升了外来劳动者的城市归属感，感知社会阶层向上流动的骑手还会有更为积极的社会地位比较，更少认为自己的社会地位不如别人。

如前所述，社会流动感知会影响人们的社会心态，本章发现，高社会流动感知会增强骑手对职业发展的信心和对城市的归属感，促进积极的社会认同，这会让青年骑手更为积极地工作，更好地融入工作的城市，这样的心态有利于迈向共同富裕。

（三）以骑手分析为例看社会性流动的提高与共同富裕

本章对青年骑手的分析发现，骑手通过现实职业流动和地域流动获得了更高的收入，特别是从事骑手职业的农业户籍青年，在社会流动过程中收入有所增加。而对阶层能向上流动的信心则让青年骑手的社会心态更为积极，对于未来职业发展的预期更为乐观，城市融入程度更高，与他人的社会地位比较也更为积极。这些都是有利于迈向共同富裕的社会环境基础和心态基础。因此，增加社会性流动的活力不仅有助于从优化收入分配格局上促进共同富裕的实现，还能通过提高人们对社会性流动的感知，培育人们形成更为积极、乐观、和平、向上的社会心态，乐于为更好的未来去奋斗。未来可从深化户籍制度改革、提高基本公共服务水平和均等化、推进教育深化和均衡发展等方面，促进社会性流动，让民众在社会身份、职业、受教育水平、发展地域等各方面都有灵活的、向上的流动空间，由此提高人们的社会流动感知，塑造积极的社会心态。

第五部分

研究讨论与对策建议

第十二章
骑手的就业价值与发展困境

本书通过定量和定性分析显示了平台新业态和骑手新就业群体的种种特征。作为结论的一部分，本章将从骑手职业的价值和现阶段发展面临的困境角度，进一步总结和讨论研究发现。

一 网约配送员职业对当前我国高质量发展具有重要的社会价值

（一）骑手职业的有序发展有助于促进农民工群体的向上流动

骑手职业为社会经济地位相对较低的人群提供了本地就业和向上流动的机会。数据显示，年龄较大、受教育程度较低、持有农业户籍的人更可能通过这一职业实现向上流动；由于入行容易、工作灵活性较强，很多人将骑手职业作为阶段性的缓冲，为长远职业规划提供支持。有54.7%的外卖骑手处于职业向上流动的状况，上一份工作以产业工人和自雇佣者（自由职业者）居多；相较于非农业户籍骑手，农业户籍骑手收入略高，月收入在6000元以上的比例达27.5%，月均收入为5149.4元，非农业户籍外卖骑手的相应数据分别为23.0%和4947.3元。外卖骑手是一份"多劳多得"的职业，相较于非农户籍骑手，农业户籍骑手由于家庭压力等，工作积极性更高，工作时间更长，收入也相对较高。

（二）进一步规范骑手职业有助于提高农民工的就业质量

虽然当前骑手职业在就业保障等方面存在一些问题，但是总的来看，骑手职业改善农民工群体的就业质量主要体现在工作收入和工作模式上。骑手职业薪资计算透明，工资拖欠发生率低，相较于传统次级劳动力市场，平台企业为骑手提供了更为稳定的劳动－薪资反馈机制，通过这种"多劳多得，及时反馈"的方式，激发劳动者的参与积极性，并激励农民工达到了更高的收入水平。调查结果显示，外卖骑手的平均月收入约为5079.6元，其中，六成外卖骑手月收入水平在4000~7999元区间，仅4.3%的骑手月收入在2000元以下，月收入在8000元及以上的骑手占比达到了6.7%。骑手收入水平存在着一定的地域差异，一线城市的外卖骑手收入整体更高。工作地为一线城市的外卖骑手中，月收入在6000~7999元的占34.8%，而该收入群体在非一线城市占比仅为17.6%；城市层级影响了外卖骑手的收入水平和分布，不同城市间外卖骑手的收入均值也存在差异，一线城市外卖骑手月收入均值约为6133.6元，非一线城市外卖骑手月收入均值约为4970.7元，总体而言，骑手职业在就业地基本属于中高收入群体。

数据显示，外卖骑手每周平均工作6.4天，每天平均工作9.8小时。外卖骑手的工作时间虽然不短，但胜在灵活，对于众包骑手而言，他们可以根据自己的安排和喜好随时上下线；而对于专送骑手而言，一般除了每天的午餐、晚餐用餐高峰期必须保持在线，其他时间骑手都可以自由安排。一名23岁的内蒙古呼和浩特专送骑手在从事骑手职业前做服务员，开过吊车，因为做骑手"来钱快，工作时间自由"而选择转行做全职骑手，"说轻松也轻松。但是想挣钱还是要稍微下点辛苦"。38岁的退役女骑手说："（当时）家里面有点变故，特殊原因么，我还领着两个娃娃，还照顾着娃娃，就不恰好，时间不恰好。然后我就到处找工作，感觉说是其他这些，时间啦各方面都不灵活，照管娃娃这些也就顾不上，然后呢工资也低，在牟定的话（意思是牟定各种工作工资都不高）。有朋友跟我介绍说骑手这个工作工资还是可以，时间也灵活，我就选择了做这个。"

（三）从事骑手职业有助于从业者提升劳动素质和人力资本

调研发现，在"劳动者技术技能"和"劳动者职业素养"的层面上，骑手职业有助于提升从业者的人力资本。外卖骑手的入行门槛很低，因而大部分骑手的学历并不是很高。调查显示，七成以上外卖骑手的受教育程度在高中及以下，其中占总数47.1%的外卖骑手为高中、中专或职高学历，

24.0% 为初中学历。

首先，锻炼思维能力与信息能力。外卖骑手需要与时间赛跑，而这要求他们熟练掌握电动车驾驶与电子地图的使用，与此同时，他们需要在工作过程中尽快熟悉配送范围内不同场景的特殊制度与顾客特点，在此基础上完成及时有效的判断，以提升送餐效率。在这个过程中，骑手的相关劳动技能与思维能力得到了有效的锻炼。38 岁的云南专送骑手白某在做骑手之前一直在家务农，"种地一年到头的话能把那个家里面维持住就差不多了，生活质量也是非常低的"，进城做了外卖骑手之后，干劲十足，"你像我们现在这个就是很好的证明，你跑一单 3 块钱，坐在那儿不跑单，谁给你钱？给你 50 块一单你不去跑（也没用）"，同时因为需要每天操作手机，对手机的操作也很娴熟，能熟练运用各类软件，还炒炒股，"用手机看看知乎、头条，有时候看看留学生日报，是写美国疫情的那个，关注即时的热点新闻，别的就是股票，东方财经（东方财富），偶尔玩一玩股票"。

其次，增长见识，积累创业经验。骑手工作连接了餐饮服务业的多个主体，在配送过程中，一些骑手得以积累见识，发现商机。对于来自农村的骑手而言，在送餐过程中近距离接触城市生活，也可以帮助他们实现"城市化"。在访谈中，一些骑手将该职业视为自己创业之前的试炼，如江西南昌的一位骑手表示，进入骑手行业"就是说想体验一下，就是说做服务行业会遇到一些什么样的经历，就是想自己亲身经历一下，给自己锻炼的一个机会。就是说自己以后开店，有些东西可以自己慢慢地适应过来"。

最后，提升沟通能力和服务能力。骑手职业能提升从业者的人际沟通技巧，促进从业者服务能力的提高。作为服务行业中新就业形态的代表，骑手在工作的过程中，需要学会处理好与商家、顾客以及道路交通管理人员、物业管理人员、保安等主体的多方关系，因而，从业者若想获得较高的收入，必须提升自己的服务技能和情感劳动能力，这些人际交往能力与沟通能力能够对骑手的职业生涯产生积极的影响。已经离开骑手行业的受访者任某表示，"……这些影响就是你学点好，最起码给别人打招呼，知道要礼貌了，见到顾客就一定要保持礼貌，要有这种服务意识"。27 岁的成都武侯区众包骑手赵某也表示，"沟通能力和交往能力肯定有一部分提高，比如说，你这个单要延时了，怎么跟客户沟通，让他要明白你的意思，理解你，达到一种共识"。

（四）　鼓励骑手职业规范发展有助于扩大中等收入群体

以骑手为代表的新职业有助于促进农民工和大学生群体就业、改善贫困人口就业质量、提高低收入群体收入。调查显示，骑手的月收入为 2000 ~ 3999 元的占 25.4%，4000 ~ 5999 元的占 44.3%，6000 ~ 7999 元的占 19.2%，可见超六成骑手的月收入为 4000 ~ 7999 元。我们采用国内外较为公认的一些指标，分别划定严格标准和宽松标准，测算认为其中 60% ~ 80% 的人属于中等收入群体。调查样本中，超过 90% 的骑手主要在一个平台工作，可以大致认为 60% ~ 80% 的"专送骑手"属于中等收入群体，总体收入水平要高于一般的农民工。

或许可以认为，以骑手为代表的城市新兴生活服务业人员对传统的"中产阶层 – 中低阶层"或者说"白领 – 蓝领"社会结构框架提出了挑战。从收入的维度来看，骑手的收入水平较高，甚至有的高于办公室白领和专业技术人员；从职业的维度来看，应该说他们属于商业服务业从业人员，但是工作强调体力强度；从教育水平来看，他们的文化程度偏低，更接近"外来务工人员"水平；从主观认同来看，其社会经济地位认同高于体力劳动者和半体力劳动者，但是其职业认同在某种程度上更接近于商业服务业从业人员。因此，伴随着信息化带来的社会变迁，在中产阶层和中低阶层之间、在白领和蓝领之间，中国社会结构可能会裂变出一个新型的结构，或可暂时称之为"新服务工人"，他们主要从事城市新兴服务业，大多来自农村或者小城镇，是新兴的年轻城市人群，经济资本较高而文化资本较低；除骑手之外，还有一些收入较高的城市生活服务从业人员（如育儿嫂、装修工、网约车司机等），也属于这种正在兴起的社会阶层。

二　现阶段新业态和网约配送员群体面临多重困境

基于前文的研究发现，本部分总结网约配送员群体普遍面临的四种困境：社会化困境、个体化困境、平台困境以及评价困境。

（一）外卖骑手的社会化困境

外卖骑手的社会化困境首先体现在城市正式制度对于外地户籍群体的排斥。自国务院 2014 年印发《关于进一步推进户籍制度改革的意见》以来，户籍制度一直在进行改革，如 2016 年国务院办公厅印发《推动 1 亿非户籍人口在城市落户方案》，2019 年国家发展改革委印发《2019 年新型城镇化建设重点任务》，说明了有关城市放宽落户的要求。随着国家和城市层面的制度政策不断完善，大部分属于城市外来人口的外卖骑手进行城市社会融入的制度环境已经在一定程度上有所改善和优化，但是制度改革的进度远远赶不上外来人口城市社会融入的需求，对于大部分外卖骑手来说，落户在工作所在地城市并不容易，如果无法落户，那么当地的相关福利是无法获取的，这会使外卖骑手产生被工作所在地城市排斥的感觉，进一步与城市产生距离感。同时，大部分外卖骑手作为新生代农民工，他们仅仅被所在城市的经济系统所接纳，但在社会生活、心理和文化层面与城市居民形成了堕距，这不仅体现了传统城乡二元体制的差异，还体现了本地与外地之间的制度与社会壁垒。

外卖骑手的社会化困境还体现在当地城市居民的偏见与排斥。在户籍制度的背景下，城市居民享有完善的社会保障、基本的公共服务、良好的教育资源与医疗资源等，而外来人口无法享受到和城市居民同等的公共服务和资源。这种差异化会使部分城市居民产生优越感，对外卖骑手产生偏见与排斥，同时会使外卖骑手进一步边缘化，这会让部分外卖骑手认为自己不会被人重视，在与城市居民交往时态度过于谦逊甚至出现讨好心态。戴维·斯沃茨在《文化与权力：布尔迪厄的社会学》中指出，社会阶层不只依赖一个人在生产关系中的地位界定，还依据与他所处的社会位置对应的阶级习性（斯沃茨，2006）。外卖骑手作为外地人的社会位置会使其形成与自己所在群体相对应的习性。习性、社会位置、社会阶层三者的交叉作用会进一步加深外卖骑手的社会化困境，不利于外卖骑手的城市融入。

（二）外卖骑手的个体化困境

外卖骑手的个体化困境首先体现在职业认同缺失。外卖骑手的一举一动都受到平台和公司的"监视"，这种权力的微观运作伴随着规范化裁决被施加在外卖骑手的认识循环中，处在平台和公司 24 小时"监视"中的外卖骑手很难对公司和职业产生认同感。外卖骑手的工作表现大部分依赖于平台的评价和打分系统，公司和顾客在评价时看不到骑手本人，依据的是网络数据，这会使做决定变得简单，同样会使差评和惩罚变得更为容易，一旦被给了差评，外卖骑手只能自己承担后果。一方面外卖骑手因无法在工作中获得尊重而感到无力，另一方面媒体不断报道外卖骑手违反交通法规、与店家发生争执等负面新闻，使外卖骑手被污名化，这会使外卖骑手有一种被贴上标签的感觉，更不利于外卖骑手产生职业认同，大部分外卖骑手抱着"走一步看一步"的心态，仅把送外卖当作短期工作。

外卖骑手的个体化困境其次体现在职业发展规划缺失。外卖骑手这一职业作为现代化与信息化的产物，面临着城市化与科技发展的冲击。近年来，5G、人工智能、无人驾驶等技术发展迅速，高速公路收费员、快递分拣人员等职业正在被 ETC、智能机器人等取代。新兴技术的快速发展带来的社会变革会给一部分职业带来生存危机，而外卖骑手这一职业有可能被机器人取代，大部分外卖骑手对自己的职业发展与未来规划缺少明确的目标，工作经历不是很长，工作稳定性差，他们大多只想赚快钱，仅注重眼前生活，并不了解社会发展新动向，面对可能出现的社会变迁和发展没有准备。

外卖骑手的个体化困境再次体现在社会资本缺失。外卖骑手因为工作的特殊性，没有固定的工作地点，每天穿梭在城市的大街小巷，基本没有休息时间，这就切断了外卖骑手建立稳定的社交圈子的许多途径。同事间的关系网已经成为外卖骑手最稳定且坚固的业缘关系，然而局限于同事的关系网也限制了外卖骑手社会资本的多样化，减少了社会资源的获得，并且这种社会资本因为外卖骑手频繁转换工作地点和工种而无法长期积累形成一定的社会资源，不利于打破外卖骑手的个体化困境。

外卖骑手的个体化困境最后体现在维权意识缺失。外卖骑手大多数是从外地来工作地城市打工的，以赚钱为首要目标，在城市里除了老乡、家人和同事，并没有更多的社会关系，他们习惯于个体化的工作、生活，没有自发形成各类社会组织。由于外卖配送行业就业门槛低，且不断有新人加入，行业内部竞争压力不断加大，骑手面对企业平台的压榨或者消费者的不合理差评时，大多数选择消极不反抗的隐忍态度，缺乏抗争意识，除了忍气吞声，一些骑手会选择"跳槽"到其他平台或者站点，并不会运用法律的武器为自己维权。对于骑手来说，同事间的聊天内容很少会涉及劳动权益等内容，对工作方面的关注多在于收入，而且外卖骑手之间缺乏情感交流，相对于平台或者企业来说，他们是原子化的个体，难以组织起来通过集体行为来维护自身的权益。

（三）外卖骑手的平台困境

外卖骑手的平台困境首先体现在劳动关系模糊。从性质上来说，劳动关系是一种"从属性"的雇佣关系。在传统劳动关系中，劳动者与雇主一旦签订劳动合同，就需要服从雇主的管理。我国现行的劳动关系调整机制和政策主要是基于传统用工方式的特点设计制定的。一般来说，外卖平台的用工关系主要包括四种，即劳动合同关系、劳务派遣关系、劳务外包关系和众包关系。劳动合同关系是指骑手与平台直接签订正式劳动合同，建立正式劳动关系，平台需要承担劳动法规定的缴纳五险一金等用人单位义务。劳务派遣关系是指平台与劳务派遣公司签订合同，由劳务派遣公司直接招募外卖骑手，再将其派遣到平台从事配送工作。劳务外包关系是指外卖平台将一个地区的配送业务外包给第三方公司，由第三方公司与外卖骑手签订劳动合同、劳务派遣合同或者劳务合同。在这种情况下，外卖骑手与平台之间不存在劳动法上的权利和义务，外卖骑手被认为是和与平台合作的第三方公司建立劳动关系、劳务派遣关系或者劳务关系。众包关系是指一个公司或机构把过去由员工执行的工作任务，以自由自愿的形式外包给非特定的大众志愿者，在这种用工模式下，外卖骑手只需要下载 App 简单注册就可以成为送餐员，由于其工作时间灵活、工作任务可以自由选择、平台公司在工作时间和工作量上没有限制、不存在明显的从属性，因此众包外卖骑手与平台之间的劳动关系被认为不是一种劳动关系而是一种合作关系或者居间关系。外卖骑手工作时间和工作地点的灵活化，使其人身从属性有所削弱，平台不要求劳动者唯一从属于某家平台，允许外卖骑手同时在多个平台工作。在平台经济中，劳动和工作的提供均具有不确定性，双方仅在每次任务达成合作后才承担相关的义务，多家平台的服务条款中均有声明，平台被认为是中介信息的提供者，外卖骑手与客户之间建立合同关系，而与平台之间只有合作关系没有劳动关系。在传统的劳动关系中，生产资料占有者与劳动者相互分离，劳动者提供的劳动是受雇劳动和从属劳动，但在以外卖骑手为代表的新型用工关系中，一方面外卖骑手自己掌握生产资料，另一方面网络平台提供的信息服务也是生产资料的组成部分，却为平台所占用，因而外卖骑手既具有从属性也具有独立性。从以上的几点可以看出，外卖骑手与平台的劳动关系在一定程度上体现了对于"从属性"的否定，这会使外卖骑手与平台之间的劳动关系模糊，不利于保护外卖骑手权益。

外卖骑手的平台困境其次体现在社会保障缺失。社会保障制度是国家通过立法而制定的社会保险、救助、补贴等一系列制度的总称。在当下的制度中，劳动者必须与用人单位存在劳动关系，才能享受全面的劳动权益。但是由于外卖骑手与平台之间劳动关系模糊，属于新型的用工形式，大多数外卖骑手都没有与平台签订劳动合同。依据我国现行法律，在存在劳动合同关系的用人单位与职工之间，应当按照社会保险法及工伤保险条例等法律法规的规定由单位为职工缴纳社会保险，平台自然没有为外卖骑手缴纳社会保险。同时，按照目前的政策设计，新就业形态从业者可以灵活就业人员身份自主缴纳养老保险和基本医疗保险，但没有单位为其缴费，个人承担的缴费比例较高，大部分外卖骑手作为城市外来人口，工资基本仅够养活自己，因而参保率低，大部分外卖骑手处于缺乏社会保障的状态。

外卖骑手的平台困境最后体现在平台算法"压迫"。2009年，美团和饿了么平台几乎同时创业发展，到了2014年，外卖平台市场形成了四大平台格局，分别是饿了么、美团、淘宝点点和百度外卖。伴随着美团平台3公里送餐距离的最长时限由2016年的1小时下调至2017年的45分钟，再压缩到2018年的38分钟，其外卖市场份额一路飙升。2020年，美团宣布日订单量突破4000万单，市场份额逼近70%，而饿了么也代表着阿里巴巴本地生活战略的核心支撑，现存两大外卖平台尤其是美团逐步掌握了市场主导权，外卖平台打造了以利益与效率为核心的资源控制与整合机制，通过算法和数据，不断助推每个外卖骑手所分摊的外卖订单数量峰值攀高，努力缩短配送时间并要求骑手准时到达。一旦超时，外卖骑手可能面临着消费者差评和平台罚款的双重打击。每一个外卖订单的背后都是平台算法瞬间的预测、调度和决策，算法虽然是精密的，但不可能考虑到现实世界的所有影响因素，交通路况的复杂性、消费者位置的精确性、商家出餐速度的差异性、算法本身的缺陷等影响因素都会给外卖骑手的配送带来意想不到的困难，无论哪一个环节出现了纰漏，承担不利后果的只能是外卖骑手。在精密算法的控制下，为了避免超时带来的罚款，外卖骑手只能用"超速挽回超时"，算法本该是为人服务的，但是在追求效率与利益的目标下，外卖骑手为平台算法所控制。外卖平台为了追求业绩和市值，为了追求合作商家数量、新增及活跃用户数量，会进一步地"控制"外卖骑手，外卖骑手每跑一单的任何数据都会被上传到平台的数据库中，平台要求骑手越跑越快，骑手为了避免超时的惩戒，也会尽力去满足平台的要求。外卖骑手的劳动速度越来越快，也变相地帮助平台算法增加了越来越多的短时长数据，进一步地去训练算法，当算法发现大家越来越快时，它也会再次加速，形成"恶性"循环。

（四）外卖骑手的评价困境

外卖骑手的评价困境体现在其面临平台、合作商家、消费者等多方评价和多头权力的局面，在此体系中外卖骑手无疑处于较弱势的一方。在高流动性的陌生场景中，骑手被期待完成一次高效的情感劳动，其完成的难度远大于传统服务业，而骑手的人力资本和职业素养不足以支撑这种被高度压缩的情感劳动，从而容易出现各种冲突。与传统服务业从业者不同的是，骑手的工作场景并不是在自己主导的固定空间里，而是作为一个"他者"进入顾客或商家主导的固定空间，在那里完成劳动，并且要完成一种礼貌、高效、充满"服务感"的劳动。他们往往要与消费者进行一对一的交流，满足消费者的"定制化"需求：有的需要加急，有的不允许敲门，有的可能还要求路上代买其他物品。当然，骑手得到的人际互动反馈也不同于一般的服务业从业者，有的订单上备注"下雨路滑，骑手请小心"，也有消费者在恶劣天气收到外卖会表示特别感谢甚至会给骑手多订一份外卖。因而可以说，骑手职业是某种程度上的情感劳动。然而，骑手严格受制于计件工资的基本规则，每一次的劳动行为都受到严格的时间限制。一方面，骑手的情感劳动被赋予较高的质量要求；但另一方面，高速流动的服务场景和严重受限的时间管理又给骑手的情感劳动带来了极大的难度，这使得骑手情感劳动的难度远远大于传统服务业从业者。

与此同时，平台评价制度的不完善加重了外卖骑手的困境。按照大多数平台的规定，骑手一旦获得差评，轻则影响奖励补贴，重则直接罚款甚至停工，以某平台为例，一旦外卖骑手获得差评，将会面临 50～100 元的罚款，按骑手每单的基础配送提成 8 元计算，一个差评的罚款超过骑手 6 个订单的收入总和，如果停工的话损失更大，这对于大多数骑手来说是不可接受的。而消费者给予差评的原因很多，可能是骑手的态度不好，也可能是合作商家的食品问题，还有可能是平台设定的时间与实际情况不符等，但是承担后果的只能是外卖骑手，如此单方面地将责任归咎于外卖骑手，显然有失公平。外卖平台将监督和评价外卖骑手工作的职责赋予了消费者，某种程度上是平台甩锅的"懒政"行为，平台实际上将劳资冲突关系转移到了外卖骑手与消费者身上。骑手虽然可以对消费者的投诉进行申诉，但是差评的结果是无法改变的，且大部分申诉最终都杳无音信。平台设立评价制度的初衷是规范骑手的服务，避免因为骑手的个人因素影响了平台的口碑与效益，但是评价制度的不完善却给外卖骑手带来了许多不确定性，有些消费者对骑手提出许多附加要求，比如带烟、带水、扔垃圾、索要赔偿等，骑手害怕差评，一般不敢拒绝，只能吃"哑巴亏"。外卖骑手本就处在平台算法的"压迫"中，同时还要面对部分消费者的附加要求，这只会进一步使外卖骑手陷入困境之中。

第十三章
研究反思：被凝视与被忽视的"劳工神圣"

一 问题的提出：相互矛盾的骑手职业形象

自外卖经济兴起以来，外卖骑手群体就持续成为公共舆论、学术研究和社会治理领域的重要关注对象，导论中提到的某杂志发布外卖骑手特稿、北大博士"卧底"某平台担任骑手并发表学术论文、北京市人社局干部体验外卖小哥工作等热点事件，更是将对骑手群体的关注推向异乎寻常的程度。针对外卖骑手群体的讨论焦点主要集中在职业身份不明、劳动过程艰辛、福利保障缺失等客位印象。而本课题组在全国 22 个省（市/自治区）的 42 个城市访谈了 236 个个案，形成访谈整理资料近 350 万字，这些材料呈现了一些不同的倾向，即绝大部分骑手对自身职业同时存在两种心态：一种是积极主动的拥抱心态，另一种是若隐若现的疏离心态。可见，从主位认知来看，骑手职业值得从事却未必可以持久从事。

上述两种主客位认知间的冲突呈现了骑手问题的不同面向，提醒我们深入探究骑手研究中的视角和解释路径，以及它们所呈现的不同结果。从客位视角出发，叠加历史性及跨文化比较，将呈现不同的认知后果；从主位视角出发，将引导我们切实理解骑手群体自身的心态和认知，并精确提炼其背后的理论意涵。

本章所凭借的一方面是对既有学术研究文献的回顾，这些文献在此并非一般意义上的理论综述对象，而是被作为比较、分析的材料加以使用；另一方面主要基于前述个案访谈资料，以及同年课题组部分成员另行组织的涉及 6196 份问卷的全国新职业青年调查，后者已经发表了一批研究成果（朱迪、王卡，2021；崔岩，2021；高文珺，2021），本章数据主要来自这些成果呈现的定量分析结果。首先，笔者借用"凝视"的概念，从客位视角来分析并揭示骑手问题引起超常规关注背后的事实、机制和学术脉络，纵向比较学术史上的民国人力车夫研究，横向比较当下中国卡车司机研究以及国外的平台零工研究。其次，借用"并接结构"和"阈限"两个概念来归纳外卖骑手的主位心态，"并接结构"概念从横向分析骑手与平台企业之间的关系，"阈限"概念从纵向分析骑手职业与骑手自身生命周期的关系。在这个意义上，本章并非在田野参与观察基础上形成的民族志，而是商业人类学研究方法的尝试性探索和实践，即尝试为外卖骑手研究引入一些在其他学科中常常被遮蔽的人类学洞见和替代性问题意识。

二 被凝视的外卖骑手

外部对外卖骑手群体异乎寻常的关注已经形成了一种堪称"凝视"的氛围。福柯把凝视这一观看形式看作现代社会一种有形、具体和无处不在的权力形式和软暴力来讨论（刘丹萍，2007）。厄里在旅游人类学中提出的"游客凝视"概念即源自福柯"医学凝视"的启发，并指出"凝视指的是社会建构而成的观看或'审视方式'"（厄里、拉森，2016：2），"当我们凝视特定的景致时，会受制于个人的经验与记忆，而各种规则、风格，还有在全世界四处流转的各地影像与文本，也都会形成我们凝视的框架"。此外，厄里还认为，人们通过滤镜来凝视周遭世界，"而这一层层滤镜是由社会阶级、性别、国籍、年龄和教育所形塑的……而且，历史上各个时代的凝视怎么被建构，其实牵涉到他的对立面，也就是和所有不属于旅游范畴的社会经验和意识形态有关"（厄里、拉森，2016：2~3）。还有研究者提出，凝视的内涵和外延也在不断扩展：凝视导致了凝视对象的行为和自我认知改变，凝视对象也逐渐开始发挥其主体能动性，与凝视主体共同形成了多重凝视的网络空间（朱煜杰，2012）。

这些论述使我们意识到，首先，凝视是一种权力制度的生产与再生产；

其次，凝视主体凝视什么对象、关注哪些内容其实反映了自身的真实状况和心态；再次，凝视是主观的，凝视对象往往被建构成符合凝视主体期待，甚至可能失真的形象；最后，凝视对象会因为被凝视而改变自身。以下我们以"凝视"这一核心概念为透镜来纵向比较骑手与人力车夫、横向比较骑手与卡车司机和"幽灵工作者"。

（一）学术史上的比较：民国时期的人力车夫

外卖骑手话题的生产与热议，与民国早期知识界对人力车夫的关注十分相似，闻翔回顾道：首先是文学界出现了"人力车夫诗歌/小说"这样专门的类型文学，鲁迅、郁达夫、胡适以及许多不知名的作者都创作过与人力车夫有关的文学作品；其次，当时的青年学生乃至摩登女性为了表达自己关心劳工命运，流行把自己扮作黄包车夫拍照，取名"劳工神圣"；最后，对人力车夫的关注也迅速进入新兴的社会科学领域，出现了大量针对人力车夫的社会学调查，如李景汉 1925 年发表的《北京人力车夫现状的调查》，陶孟和 1929 年出版的《北平生活费之分析》以人力车夫家庭为主要研究对象（闻翔，2018：21～27）。

知识界及大众广泛关注人力车夫这一母题，与主客观因素相关。客观方面，其一，人力车夫群体极为庞大。1927 年、1934 年、1936 年三年北平人力车夫总数分别为 5.5 万、8 万、10 万人，分别占当时北平人口总数的 4.1%、5.25%、6.5%（杜丽红，2004：408）。其二，人力车夫的境况十分凄惨。人力车夫半年内平均工作时间达 174 天，部分甚至完全无休，每日平均工作时间达 10 小时以上。高负荷劳动带来的却是高昂的剥削和低廉的收入，"生活状况真与奴隶相若也"（杜丽红，2004：409～410）。

但更为重要的是主观方面。其一，社会可见度及对知识分子而言的接触便利性。茅盾曾批评知识分子和城市劳动者隔膜得厉害，不但没有自身经历劳动者的生活，连接触也很少（闻翔，2018：24）。因此这有限的见闻和接触，最有可能发生在人力车夫身上，并非人力车夫的劳工代表性超过了其他行业。随着社会科学的发展，其他议题也渐次打开，工厂、矿区、铁路、码头、手工业工人都先后进入研究者的视域（闻翔，2018：25～33）。其二，知识界自身正在发生社会思想转型。1918 年蔡元培提出"劳工神圣"概念，这里的"劳工"指的是包括士农工商在内的广义劳动者，但是到了 20 世

20 年代，劳工已经逐渐专指工人群体，且由于其现实生活中的不堪命运而逐渐发展出需要被认识和研究的"劳工问题"，因此在文学作品中，人力车夫就被构建为"劳工神圣"与"劳工问题"的双重载体。而文学视野中的劳工问题，其最终指向的其实是知识分子的自我批评与道德反思（闻翔，2018：17~22）。随着新兴社会科学的引入，加上反思社会达尔文主义、同情弱者的倾向和"到民间去"的平民史观的影响，知识界开始尝试以规范知识和科学方法来研究包括人力车夫在内的劳工问题，且其背后当然还有更多关于社会治理或革命的复杂期待（闻翔，2018：17~33）。

　　近年来对外卖骑手的关注，从社会知识情境来看，与对人力车夫的关注几乎如出一辙。客观方面，第一，骑手数量庞大。2020 年数据显示，骑手数量超过 700 万人，未来五年可能超过 3000 万人。第二，状况不容乐观。这主要指的是算法控制和考评体系导致的劳动负荷大、工作风险高、隐性剥削、收入下降，以及劳动关系不明确带来的福利保障缺失等。但尤其值得重视的同样是主观方面。第一，决定性因素——社会可见度，这一点在下文与卡车司机以及"幽灵工作者"的对比中将获得进一步的反向说明。第二，当代中国文化景观及社会思想急剧转型，使得外卖骑手成为知识分子和大众系统化地投射其目光的最佳载体。外卖骑手被关注的近十年，也是诸如资本垄断、内卷、996、打工人、KPI 考核、非升即走以及与之对反的共享经济、丧、佛系、躺平、（财务）自由、诗与远方等流行词语兴起的阶段，风险社会、转型社会及后现代社会的特征同时呈现。这样的社会境况，当然也为学者、媒体人以及大众所共同亲历，当凝视主体寻找具体的载体来承担这一复杂现象时，恰好奇妙地综合了上述矛盾二重性的外卖骑手群体于是"雀屏中选"。

　　知识分子关注骑手的另一个主观目标是启蒙。某学术平台组织了一场研究者、社工行动者和外卖骑手代表（维权型人士）之间的公开对话，命名为"做骑手的大学生朋友"，意思是鼓励青年知识分子主动与骑手交朋友，帮助后者了解自身的困境、主张自己的权利。主持人和提问者多次提及骑手被压榨、剥削、监控以及无视的现实，骑手代表却一再表示，骑手工作很大程度上是一份收入可观、给付及时、工作清闲、自由度高的工作，并且骑手偏好恶劣天气，主动放弃社会保障来换取更高的现金收入。他还提到：

在社会上大家工作真的非常不容易……没有必要说谁同情谁……你们能看到的外卖员特别忙一般是午高峰。其实很多时候我们只送一单或者两单，根本没有那么忙。

我举一个很尴尬的例子。有一次我去一个商场取餐，当我拿着那份餐走到扶梯口的时候，扶梯上面有三个年轻人。他们本来站得挺乱的，突然间就站成一排了，然后看了我一下。我真的很尴尬，我不着急，但他们给我的印象就是"兄弟，快，我让开，你快走，你快跑"。我不想跑！我只想慢慢地走，我不着急，我就拿着一个订单。但是我很尴尬，没办法，就提着外卖跑了。①

连续三个"尴尬"反映了外部凝视之下建构的骑手形象与骑手自我认知的内在矛盾性，还体现了骑手对形象建构的不满与反启蒙姿态。这是一个意味深长的隐喻：凝视导致失真，凝视也改变了凝视对象的行为，被改变的行为（提着外卖跑了）又进一步固化了扭曲的刻板印象。

（二）横向比较：卡车司机及"幽灵工作者"

1. 沉默的中国当代卡车司机群体

卡车司机群体在2016年底已经达到了惊人的3000万人之巨。与外卖骑手相比，卡车司机在如下几个方面的困境尤为突出：第一，由于贷款购车，自雇卡车司机劳动强度高、时间长，疲劳驾驶带来了更高的社会风险；第二，业务、线路的不确定性使得卡车司机的焦虑程度更高；第三，异地流动性特征更明显，工作和生活边界不清，带来了更大的心理挑战；第四，原子化的工作环境使卡车司机的组织化程度、社会支持力度相应较低；第五，与高昂的投入成本相比，卡车司机的收入不高，普遍认为自己处于社会下层（传化慈善公益研究院"中国卡车司机调研课题组"，2018：1~5）。

卡车司机与骑手同属流通领域，工作特征相似，且数量更庞大，面临更为极端的劳动环境，但在《中国卡车司机调查报告》出版之前，卡车司

---

① 《平台内外的外送江湖骑士联盟》，https://mp.weixin.qq.com/s/lvfPDC6LKoYOmvc_MKn7Qw，2021年2月10日。

机群体并没有为舆论和学术研究所真正关注（传化慈善公益研究院"中国卡车司机调研课题组"，2018：3）。究其原因，以常识来理解，主要在于卡车司机的劳动场景存在于B2B领域，而非外卖骑手的B2C领域，这使得卡车司机无法有效进入普通大众的视野，反向说明了外卖骑手被"凝视"的事实以及由"凝视"引发的放大效应。

2. 不为人知的全球"幽灵工作者"

按照人类学家玛丽·格雷及其合作者的定义，"真正驱动许多手机应用程序、网站和人工智能系统运行的竟是人类的劳动力，但我们很难发现——事实上，这些劳动力往往是被故意隐藏起来的。这是个不透明的雇佣世界，我们称之为'幽灵工作'"（格雷、苏里，2020：1）。"幽灵工作者"指的是在互联网上尤其是平台经济下的自由职业者，分布在全世界，独立于任何雇主，完全依赖在线平台随机地获得及开展工作，因此也被称为"零工"。他们在人工智能力所不及的环节介入系统，完成只有真正的人工才能完成的工作。

2015年仅美国就有约2000万人从事线上和线下零工，同年美国和欧洲有大约2500万人在互联网上从事按需零工工作（格雷、苏里，2020：209）。但这些人的工作不为人所知，甚至在线平台使用者也完全觉察不到他们提供或享受的服务已经经过了人工的中介和干预。作者举例说，一个美国用户呼叫网约车，当天上线的某位司机刮掉了胡子，与之前在平台上注册的照片不同，有可能导致账户被冻结，这时一位远在印度的零工通过肉眼在数秒之内判断他的新形象与原照片匹配并且按下了"同意"按钮（格雷、苏里，2020：8~9）。

全球互联网零工与中国外卖骑手都依托于互联网平台，数量都极为庞大，忍受着临时性工作的种种不利条款。其中尤为值得注意的是，在劳动关系法律比较完善的美国，按需零工的工作也同样缺乏工作福利和劳动保障，甚至形成了数次有名的法律诉讼。对二者受关注程度差异的解释或在于，外卖骑手工作是"幽灵工作"的外显化形式，它将技术突破所承诺的好处（冒着热气的食物）通过具体的打工人活生生地送到消费者手里，在这个意义上，中国的外卖骑手职业更应该被称为"田螺姑娘"工作。700万勤勤恳恳的"田螺姑娘"奔波于途，其被凝视也就顺理成章。

不管是民国时期的人力车夫，还是当代中国卡车司机或全球"幽灵工作者"，就工作特征而言，他们与外卖骑手都具有高度的相似性。卡车司机处于 B2B 领域，"幽灵工作者"藏身于屏幕背后，因此导致了与外卖骑手完全不同的社会可见度；人力车夫与外卖骑手共同被凝视，不仅是因为他们深度卷入日常生活，更源于他们契合了各自时代的文化景观和社会思潮，这充分证明了外卖骑手是一个被选择、被建构的议题。骑手议题是历史上劳工问题的当代再现。

三 被忽视的主位视角

与被凝视相伴而来的是被忽视的主位视角。既有以骑手为中心的社会科学研究已经就新业态特征、算法控制机制、劳动安全、就业质量、社会保障等方面展开了许多有价值的探讨，但较为缺乏从主位视角探究外卖骑手的自我认同和人生定位的研究①，尤其缺失用清晰的概念化工具来指明其自我认同和人生定位背后所隐含的理论意涵。

（一）骑手群体与平台企业：并接结构视角

骑手对于自己所从事的职业表现出了为我所用、积极拥抱的主动性，选择本职业最看重的因素依次是入行要求简单（42.6%）、积累经验（35.2%）、工作灵活（30.7%）、待遇（26.1%）（高文珺，2021）。

第一，职业进入容易。首先是地域友好。骑手超过八成留在本省、接近七成留在本市工作，地域流动比例远低于其他行业（高文珺，2021）。其次是技能友好。约四成骑手没有接受过任何劳动技能培训，几乎所有受访者都表示目前从事的骑手工作与自己此前的劳动技能培训不相关。最后是性别友好。越来越多的女性在照顾家庭子女的同时加入众包乃至专职骑手工作，这项工作给她们带来的自主性、灵活性和成就感，是其他工作很难给予的。有位在南通工作的中年女骑手由衷希望向某平台创始人表达感激之情（南通 20210324）。

---

① 固然大量社会学研究也采用参与观察和访谈方法来获得资料，有主位关照的初衷，但这一姿态未必意味着真正整体性的同情之理解，而往往试图以更具分析力的外部抽象来影响研究对象某些维度上的自我认知，如前述公开对话案例所示。

第二，为未来积累经验、知识和人脉。Y曾经在济南开炸鸡店，但是在生意中遇到一些障碍，尤其是包装成本过高。他的妻子在北京化妆培训行业工作，两年前为了结束两地分居，他也来到北京，把炸鸡店交给合伙人打理。他加入骑手队伍的目的是真正了解行业情况，"去打听人家也不一定说，还不如通过送外卖来偷师"。后来妻子又被派到成都工作，但北京的外卖行业比较成熟，加上要随时回山东照顾双方父母，于是他留在北京改为众包骑手，平时高强度工作挣钱，每月可以自由地拿出几天时间飞去成都团聚。现在他不但掌握了包装的改进方法，还了解到外卖饺子和果饮比炸鸡更好操作，利润也更高，已经通过合伙人在济南进入筹备阶段（北京20210622）。大量其他访谈也充分反映了骑手入行的目的是为全新的未来打基础。

第三，自由的工作状态。对于选择骑手工作的原因，个案访谈的受访骑手几乎压倒性地提到了工作过程中的自由。这一面向的主观认知是最为学术研究所争论和质疑的部分，有论者指出骑手工作过程中受到的控制从直接转为间接、实体转为虚拟，但控制监督的主体更为多元，时间控制形式更为细密、全面、即时，时间紧迫感被内化，因此平台劳动提供的是一种"虚假自由"（李胜蓝、江立华，2020；陈龙，2020b）；还有论者提出"下载劳动"概念，指平台将一套精密且动态调整的劳动控制模式"下载"到劳工身上，通过人机交互，在时间、空间、认知、行为和情感等面向将骑手全面塑造成平台所需要的劳动者，取代其主体性（华中师范大学社会学院郑广怀研究团队，2020）。尽管如此，对照当下进入门槛同样较低的制造业工资逐渐高企而用工荒却逐渐严重，骑手自主选择的真实性毋庸置疑。访谈材料显示骑手所强调的自由，很大程度上是契合了其自身的身体惯习（habitus）。如送外卖的高峰和低谷时段恰如农忙农闲形成的既定节律，而且"关机自由"更强化了这一认知。除此之外，在其他访谈中笔者还遇到了留在本村照顾贫困患病家人、随机工作的中年男性骑手（腾冲20200801），骑摩托车在全国各地边旅行边送外卖的青年（北京20200901，某平台研究员转述），以及前述夫妻备孕阶段却异地工作、每月从北京飞去成都团聚的青年（北京20210622）等，尽管是个案，但是骑手职业所体现出来的自由意涵——不仅仅指履行无可回避的社会责任时具有选择余地的自由，更指掌控个人生命节奏和进程的自由——却是具有典型性的。

第四，满意的收入。相比于 2020 年城镇居民人均可支配月收入中位数 3365 元，月均收入为 4000～5999 元的外卖骑手占 44.3%，高于 6000 元的占 26%，符合中产阶层收入水准的合计超过七成（朱迪、王卡，2021）。

基于上述原因，外卖骑手对当前职业选择非常认同或比较认同的占 87%，工作满意度平均为 7.1 分（分值范围为 1～10 分）（朱迪、王卡，2021），反映出骑手加入平台经济的主观满意度较高。

骑手与平台的关系可以被视为人类学家萨林斯所提出的并接结构（structure of the conjuncture）。就像骑手无法对抗平台经济的支配一样，萨林斯基于丰富的案例明确指出，小规模土著社会虽然无力拒绝全球资本主义和世界体系的入侵，却善于用自己既定的文化图式和历史意识来接纳并转化外部力量，从而维持或创造出多样化、地方性的意义世界，小地方、小群体自有其内在的文化转译能力（萨林斯，2003：4、11～12）。同样，我们可以观察到，骑手善于与平台企业维持一种若即若离的辩证关系。尽管骑手从服装到装备都具有显著的平台标志，每天在工作中重复无数遍"某某外卖"，但几乎所有受访者都不认为自己与其他平台的骑手之间存在竞争关系，至少八成以上受访者不认为自己与平台正式员工是同事关系，也不认为平台企业的辉煌与否与自己相关，说明具体平台企业之间的差异在骑手的认知中被淡化，骑手是基于自身独特的经济理性和文化理性来实践与整体平台经济的并接。这一并接结构的观念，不但对于我们理解骑手从事其职业的主体性和能动性具有重要启发作用，而且也解释了在各平台企业展开补贴大战时，包括骑手在内的大量从业者、包括研究者在内的大量消费者积极卷入、在各平台之间来回切换并且自称"资本家的羊毛不薅白不薅"的行为。

（二）骑手工作与生命周期：阈限视角

前已述及、值得再次提出的问题是，为什么骑手对自己的职业持正面肯定态度，却不打算持续从事呢？从我们的调查来看，骑手职业是一份临时性、缓冲型的工作。第一，职业进入。不管是主动还是被动加入骑手队伍，九成以上骑手此前拥有明确的职业身份。从事骑手工作对于 54.7% 的人来说是实现了阶层上升，比 2000～2015 年全国代内向上流动率平均水平 64.3% 低；从事骑手工作对于 22.6% 的人来说是向下流动，比全国代内向下流动率 16.1% 高。简单化的数据对比表明，骑手从事该工作相当程度上是无奈之举，且阶层上升效应相对偏低。第二，社会经济地位自我评价。以 1~10 分代表社会经济地位等级，外卖骑手对当前的自评平均分为 4.86 分，对五年后的自评平均分为 5.94 分，这是因为近半数骑手计划五年后转行，说明更乐观的未来预期指向的是其他职业。第三，职业退出。约三成问卷调查对象表示未来一年里不会继续从事当前的工作，但在五年后这一比例就提高到近五成。第四，问卷调查数据还显示，五成骑手认为自己在未来 6 个月内有可能失业，而 2019 年中国社会状况综合调查（CSS）显示仅两成有工作的青年群体认为自己可能如此。可见，不管导致失业的原因是在骑手侧还是在平台侧，在自我认知中，骑手是一份不稳定的职业，骑手职业适宜当作生命周期中的过渡阶段来规划。[①] 换言之，骑手是一个阈限型（liminal）的职业。

　　人们都生活在结构化的社会世界里。人类学经典理论表明，在从一个旧结构向新结构转变的过程中，必然存在一个摆脱了日常时空约束的无结构的阈限阶段（liminality）。一方面，社会规范、评价体系不再起作用，身份、地位被倒转，处于一种同质、原子化、模棱两可的含混状态，具有某种两义性；另一方面，阈限状态往往也是生成、集聚非凡力量的阶段，经过阈限阶段洗礼之后的人将以更强大的状态进入新的结构化状态（特纳，2006：94~131；道格拉斯，2008：119~141）。

　　具体到外卖骑手群体，个案访谈呈现了普通人生命周期中势必会遭遇的大量困境或转折，如病痛、意外、失败，或仅仅是试图转换轨道，在新的人生状态得以展开之前，必然都要面临或长或短的阈限阶段。但生活仍然需要维持，房贷、医疗、教育费用的支付并不能停止，甚至需要付出更大的努力。社会亦如此，疫情时期的中国、地震期间的四川、洪灾期间的河南，无不属于阈限阶段。在这种情况下，许多人不约而同乃至迫不及待地选择了门槛较低、用工灵活、报酬可观、给付及时的骑手职业，尤其是成为众包骑手，几乎是从做出决定的那一刻起，就可以立即获得持续、稳定的收入。骑手工作给了普通人等待重新开始但不必停下脚步的缓冲空间，在这个意义上，零工职业被广泛称为"就业蓄水池"。骑手职业是骑手生命

---

① 本段落量化数据来源于高文珺（2021）以及朱迪、王卡（2021）。

周期中的"过渡礼仪"（范热内普，2010）。

正因为骑手是以阈限视角来看待自己的职业的，基于阈限阶段本身的两义性和过渡特征，骑手认知和实践中的内在矛盾都得以解释。其一，主动入行却不打算长久从事，对职业的认同度较高，工作满意度较高，但社会经济地位评价却较低，未来职业规划是转行，对未来社会经济地位的评价明显提升。其二，追逐自我剥削和忍受劳动困境。骑手一方面通过"赶工游戏"玩命工作，享受"挣快钱"的好处；另一方面，对于严苛的算法控制、劳动关系排斥和社会保障缺失表现出较大的忍耐度。其三，既挑企业也跳企业，与平台企业保持若即若离的关系。其四，较弱的社会团结需求。全国卡车司机通过社交软件建立了为数众多的卡车司机组织，一部分还展开线下活动（传化慈善公益研究院"中国卡车司机调研课题组"，2018：226～342），"幽灵工作者"也寻求重建半虚拟的"茶水间2.0"来获得社会连接（格雷、苏里，2020：159～178），而同一区域或站点的骑手虽然有共同的微信群，但除了必要的工作需求如转单外，绝大部分骑手并不热衷于寻求实质性的社会连带，也很少基于共同身份展开线下接触。由于投入了购车成本，卡车司机职业具有较高的稳定性；由于彻底隐身的工作状态，"幽灵工作者"具有较大的真实社交需求。与此相反，外卖骑手职业既是过渡性的，又是具身性劳动的，因而比较容易接受原子化的工作和生活场景，也更易于接受"下载劳动"所带来的整体性改造和规训。

四　本章小结和讨论

通过对前人研究文献以及问卷调研和个案访谈材料的分析，本章从历史性和全球性比较两个维度，阐释了骑手群体被过度关注的事实、缘由和机制，指出骑手群体是因为其社会可见度和困境而被纳入"凝视"的范围，并且成为知识分子和大众投射其学术理念、社会思潮和自身困境的载体。基于"并接结构"及"阈限"两个概念，从骑手群体的主位视角出发，本章指出，骑手是根据自身独特的经济理性和文化理性主动拥抱骑手职业，从中建立自己的过渡性、缓冲性职业身份，并为生命周期内的未来转型打下基础的。本章也阐释了正是因为阈限状态内在的两义性，骑手职业的文化形象和对它的社会期待才存在一些相互矛盾的评价和界定。骑手职业是当代兼具风险社会、转型社会以及后现代社会特征的隐喻。

　　闻翔（2020）曾指出，中国劳工社会学有深刻的底层关怀，但不一定能形成有效的问题意识，反而可能造成分析视角上的失衡；有对劳动过程中的控制与反抗的细致考察，但缺乏对总体社会的分析视野和关照。沈原在回顾中国劳工研究 30 年历程时也指出，当把社会品格返回到劳工本身，即从"抽象劳工上升到具体劳工"时，可以发现将劳工形象局限在被支配、被剥削位置时的不足。劳工的群体意识和自我心态并非仅仅在劳动过程中产生，而是与其背后更为宏大的文化、社会、政治、经济背景及日常生活政治相关。（沈原，2020）本章试图进一步指出，当代对骑手群体的学术关怀和治理焦虑，本身都内含将劳动就业与社会文化脱嵌的思路。学者和政策的初衷是改善和提高劳动者的工作环境及福利保障，如崔岩（2021）论证了外卖骑手的就业脆弱性，认为理性的选择应当是选择更稳定、更有保障的职业。2020 年，外卖骑手正式以"网约配送员"名称被纳入职业分类目录，表明了国家将这一阈限型职业纳入规范化管理的目标。但个人和社会生命周期中困境的出现是不可预测的，困境之下的选择也不总是实践理性的，个人及社会的挣扎和维持正是劳动者发挥主体能动性的关键节点，恰恰需要阈限型工作（意味着"脆弱性"和"非规范"）来提供兜底性的实践空间。在这个意义上，我们不妨重构从局限在工人阶层身上的"劳工问题"回到包括士农工商在内的"劳工神圣"的整体性思路，"劳工神圣"意味着所有广义劳动者都得以自主地实现蔡元培所说的"用自己的劳力作成有益他人的事业"，哪怕仅仅是送出一份外卖。

第十四章
促进新职业发展与高质量
就业的对策建议

尽管发展势头迅猛，但新业态新就业仍存在就业和收入不稳定、就业质量不高的突出问题，其根本原因是劳动权益和福利保障不足以及新业态发展不成熟，导致从业者仅将当前职业作为缓冲平台，以度过人生的应急或特殊阶段，职业规划偏短期、临时，同时又缺乏职业培训，上升发展空间有限。这种困境既不利于从业者自身的职业发展，也不利于新业态的发展。在新经济新业态发展的背景下，稳就业、保民生、扩大中等收入群体的相关政策也要适应新形势和新趋势，尤其是影响力不断增强的青年新世代的就业和生活方式。那么，如何处理新业态新就业的"稳定性"与"灵活性"、"过渡性"与"准备性"之间的张力，更好地发挥新业态促进经济社会发展的作用，基于前述章节的研究与讨论，本章提出以下对策建议。

一 稳定就业和收入

第一，鼓励支持新经济新业态发展，稳定新业态新就业群体就业。进一步鼓励支持新经济新业态发展，一方面鼓励支持业态创新、技术创新，丰富和稳定新就业岗位，强调企业履行社会责任，推动企业和市场健康有序发展；另一方面创新完善劳动权益保障，提高对新职业的认可和职业技术等级认定，完善相关公共服务供给，加强对新兴群体的关心支持工作，从制度和社会等不同层面，提升新就业群体中中等收入群体比例，增加对该群体的社会支持。同时，骑手等新就业群体也是扩大消费的主力人群。这一群体不仅有生存和生活多方面的消费需求，由于该群体较年轻，其也有改善生活、消费升级等更高的消费需求。因此，重视新业态新就业对经济社会发展的重要作用，稳定新业态新就业群体就业，对于扩大中等收入群体、扩大内需、实现共同富裕具有重要意义。特别是当前 Z 世代逐渐步入社会，政策思路应当更加强调"稳中容变"，保障新业态背景下的青年和农民工就业，既要重视就业稳定性也要重视就业灵活性，稳就业稳收入的同时也要适应灵活性和流动性。

第二，重视骑手等灵活就业形式的托底性质，加强职业生涯指导。骑手和很多灵活就业形式一样，因入行限制少、工作时间较灵活，成为一种具有托底性质的职业。这种托底职业一方面有利于青年农民工在城市安身，但另一方面也让不少青年农民工安于现状而缺乏长远发展规划，对自己的未来并没有规划和信心。对这些群体给予一定的职业生涯规划和指导，不仅有助于其个人发展，从长远角度看，对于城市建设和稳定也有积极意义。对像骑手这样的青年农民工的职业指导，有效的措施还有赖于平台企业、职业中介机构和社会服务机构的协同合作。笔者在调研中发现，有职业中介机构采用会员服务的方式，不仅帮助会员寻找工作，还免费提供有关储蓄、职业发展、安家规划的建议和帮助，一些会员逐渐形成了清晰的发展规划并在城市扎根。这种方式对平台企业具有借鉴意义，给骑手提供职业规划服务和培训，既是履行企业社会责任，帮助骑手自我规划，有利于骑手群体整体的稳定和持续，最终也有利于平台的良性循环发展。

第三，进一步推动骑手等灵活就业形式去地域化，以平衡地区间劳动人口比例。骑手职业的地域限制较少，并且各地区之间的收入差异并不一定能抵消生活成本，如华东地区骑手的收入要高于其他地区骑手，但其生活支出也更多。因此，骑手职业能够给青年农民工提供一种去地域化的职业选择。对于这种去地域化的灵活就业形式，相关部门应给予更多规范化指导和政策支持，使其发展成为能产生本地聚集效应的行业，形成一种成本小、机会多的社会流动模式，以此增加欠发达地区的社会发展活力，减少劳动人口外流，平衡区域间劳动人口比例，为实现就近就业提供更好的客观条件。

二　完善权益保障

第四，完善劳动关系认定，发挥工会与行业协会作用，保障骑手劳动权益。政府要针对骑手的劳动特点，研究制定既符合平台发展又能切实维护骑手权益的判定标准。劳动关系界定灵活化，要根据不同平台企业的用工模式，注重劳动关系界定的综合性与实质性。要注重实事求是，具体情况具体分析，认定劳动关系的重点要看用工事实是否具备了劳动法上劳动关系的特性，而不能简单地看双方签订的是合作协议、劳务协议还是劳动合同：如果双方签订劳动合同，要按劳动关系进行认定；如果双方没有签订劳动合同，但在用工关系上符合劳动关系，也应当认定为劳动关系；如果既未签订劳动合同，也不具备劳动关系，则双方不存在劳动关系。研究制定适合新就业形态发展的平台企业劳动用工形式、劳动契约签订、工资支付模式、工作时间、休息休假等有关劳动基准，确立新就业形态从业人员劳动权益保护的劳动标准。充分发挥工会与行业协会等组织的作用，推动集体协商与平等对话机制，有效维护骑手群体的劳动权益。

第五，探索新经济新职业发展需求，健全完善社会保障机制。进一步落实"十四五"规划提出的健全多层次社会保障体系、建立健全灵活就业人员社保制度的要求，建立符合现实情况、适合灵活就业群体的参保缴保制度，核心应当是强制与激励相结合，统筹与便利相结合，增强制度灵活性和可操作性。推动相关政策的改革创新，加快完善骑手从业群体的社会保障体系，推动各级政府部门整合地区优势资源，尽快解决新就业群体的社会保障，尤其是医疗、工伤、失业等重要保障的缺失问题。有了创新完善的社会保障制度"托底"，新就业群体才是真正的灵活就业，区别于西方社会中的不稳定劳动者，成为我国中等收入群体的稳定组成部分。

三　提高职业技能

第六，提高职业技能和劳动者素质，提升骑手的就业能力与职业发展水平。"十四五"规划指出，要贯彻尊重劳动、尊重知识、尊重人才、尊重创造方针，深化人才发展体制机制改革，全方位培养人才，要健全终身职业技能培训制度，更加注重缓解结构性就业矛盾，加快提升劳动者技能素质。骑手职业的特点是门槛低，能够有效解决就业问题，但劳动者技能缺失也是其收入不稳定和社会流动困境的主要原因。2021 年 12 月，人力资源和社会保障部组织制定网约配送员、互联网营销师等 35 个国家职业技能标准，这是首次针对新职业的技能标准。接下来应引导督促企业将新职业的技能等级与收入挂钩、与岗位晋升挂钩，明确新业态群体的职业发展路径，鼓励从业者不断提升技能素养、做出长远职业规划。同时，应开展有针对性的职业培训和就业培训。政府部门应积极引导，推动企业重视并积极推进灵活用工人员职业培训，将职业培训设置在员工职业能力提升和晋升机制的框架内，培训应包括职业素质、价值观念、服务意识、法律知识等多方面内容，推动技术等级评定和带薪培训制度。努力提升新就业群体的就业能力和职业发展水平，提升其劳动附加值，帮助其实现高质量就业流动。

第七，骑手自身要加强学习，提升技能和素质，树立积极的职业观。骑手要不断加强自身学习，提升个人素质，不断提高个人职业技能，积极参与各类职业培训，提升职业安全意识和维权意识。同时，要以积极的心态看待工作，正确认识自己，提高自信，走出固有圈子，主动接触他人，不断拓展自身的社会网络。创新思维，勇于甩开包袱，轻装上阵，转变就业观念，做好职业规划，把握时代潮流，追寻人生梦想，发挥自身潜能，服务国家需求，以平台为基础实现更广阔的职业发展。

四　促进社会融入

第八，推动骑手参与城乡建设，多渠道扩大就业空间。相对于普通农民工群体，从事骑手职业的群体大多较年轻、受教育程度较高，选择多劳多得，有较强的学习能力，具有勤劳能吃苦等特点。所以应积极发挥这一群体的能动性，推动其在城市发展和乡村振兴中贡献力量，为他们的发展提供更大的舞台，增加其就业空间。调查显示，大部分骑手有未来返乡工作的打算。地方政府应转变思想观念和工作思路，有效利用这一群体的人力资源，推动地区发展和乡村振兴。同时，推进市域社会治理现代化，完善城市户籍制度改革，完善灵活就业群体的医疗、养老、子女教育、住房等公共服务，引导服务"两新"群体，鼓励这些"新市民"参与到新型城镇化建设中来。坚持基本公共服务均等化的理念，保障骑手群体享有和当地居民同等的基本公共服务资源的合法权利。无论是"留下来"还是"返回去"，都应发挥骑手群体的资源优势，使其参与城乡发展建设，多渠道稳定就业和收入。

第九，提高城市包容度，搭建社会网络，提升骑手作为新市民的发展信心和融入能力。调查显示，骑手对城市缺乏归属感，自认低人一等，但其早已融入人们的日常生活之中，是大家"熟悉的陌生人"，为城市建设做出了自己的贡献。分析表明，骑手在城市中获得职业体验越积极，如较少受到歧视，其对职业前景的预期就越乐观，越愿意长期稳定从事这一职业。所以要加强对骑手的宣传，通过宣传典型案例，提高社会对骑手的认同度，提升社会对骑手的包容与理解。发挥政府的平台与纽带作用，依托社区党组织、居委会，引导骑手参与社区活动，实现更广泛的社会参与，拓宽骑手的社会网络联系，提升其社会资本。大力推动骑手之家、骑手驿站等活动阵地建设，为骑手提供集体活动平台和创新创业场地，为团体组织活动提供便利。发挥组织优势，加强与社会组织的联系，定期组织符合骑手需求的联谊活动，加大关爱力度，提升骑手的社会认同感和参与度。城市治理要采用精细化管理方式，在城市的公共服务制定、教育资源分配等方面对骑手的情况加以关注，贯彻以人为本的发展理念，让骑手更有信心成为城市新市民。

五　引导规范行业发展

第十，加强行业监管，引导平台优化算法与管理机制。加强对相关平台的监管，出台系列行业规范准则。强化对外卖行业的监管，促进行业健康发展，杜绝不正当竞争现象，督促平台承担社会责任，对平台的业务范围进行有效监管，通过针对性干预，及时发现问题、消除隐患，确保市场的良性运转。兼顾骑手保护与经济发展，考虑平台发展，平衡好各方利益。推动平台优化算法，完善评价制度与申诉机制，制定更人性化的规章制度。设置骑手接单上限，避免系统强制派单或者骑手主动抢单导致单数过多无法及时送达。完善现有评价制度，不能仅依靠消费者的评价就"一刀切"否定骑手的劳动成果。设置弹性送达时间，允许骑手因不可抗力延时情况的出现。将合作商家出餐的时间与骑手配送的时间分割开来，有助于消费者正确评价，减少骑手的心理负担。运用大数据、云计算、5G 等技术，整合导航系统，精准确定消费者位置，规范引导骑手配送路线，减少骑手送错地点、逆行等意外情况。建立健全奖惩平衡的考核机制，将遵守交通规则等指标纳入考核体系，对多次不遵守交通规则的骑手限制其接单。完善申诉机制，对于非骑手个人原因造成的超时或差评给予其申诉机会，对于骑手的申诉要尽快处理，平台在以消费者为中心的同时也要兼顾骑手权益。

参考文献

阿里研究院，2019，《支付宝公布全新统计数据 700 万人从事新职业》，"中关村在线"，12 月 6 日，https://www.163.com/dy/article/EVND4FOD051189P5.html。

阿里研究院，2020，《2020 饿了么蓝骑士调研报告》，4 月 21 日，http://it.people.com.cn/n1/2020/0421/c1009-31682438.html。

艾格农业，2018，《农业农村部发布〈全国新型职业农民发展报告〉，新型职业农民总量已突破 1500 万人》，10 月 29 日，https://www.sohu.com/a/271917866_498750。

蔡昉，2021，《"人人向上"才是共同富裕》，《北京日报》11 月 29 日。

蔡禾、曹志刚，2009，《农民工的城市认同及其影响因素——来自珠三角的实证分析》，《中山大学学报》（社会科学版）第 1 期。

蔡禾、王进，2007，《"农民工"永久迁移意愿研究》，《社会学研究》第 6 期。

陈果、王庆，2011，《新一轮"民工荒"下的农民工就业动机新特征》，《山西农业大学学报》（社会科学版）第 9 期。

陈龙，2020a，《平台经济的劳动权益保障挑战与对策建议——以外卖平台的骑手劳动为例》，《社会治理》第 8 期。

陈龙，2020b，《"数字控制"下的劳动秩序——外卖骑手的劳动控制研究》，《社会学研究》第 6 期。

陈龙、孙萍，2021，《超级流动、加速循环与离"心"运动——关于互联网平台"流动为生"劳动的反思》，《中国青年研究》第 4 期。

陈午晴，2009，《中国人的关系认同取向：以人际称谓偏好为例》，《社会理

　　　　论论丛（第四辑）》，北京大学出版社。

陈映芳，2005，《"农民工"：制度安排与身份认同》，《社会学研究》第
　　　　9 期。

程菲、李树苗、悦中山，2017，《农民工心理健康现状及其影响因素研
　　　　究——来自 8 城市的调查分析》，《统计与信息论坛》第 11 期。

程梦瑶、段成荣，2021，《迁徙中国形态得到进一步确认》，《人口研究》第
　　　　3 期。

程名望、华汉阳，2020，《购买社会保险能提高农民工主观幸福感吗？——
　　　　基于上海市 2942 个农民工生活满意度的实证分析》，《中国农村经济》
　　　　第 2 期。

传化慈善公益研究院"中国卡车司机调研课题组"，2018，《中国卡车司机调
　　　　查报告 No.1 卡车司机的群体特征与劳动过程》，社会科学文献出版社。

崔岩，2021，《就业质量视角下的外卖骑手就业脆弱性研究》，《山东社会科
　　　　学》第 5 期。

崔岩，2012，《流动人口心理层面的社会融入和身份认同问题研究》，《社会
　　　　学研究》第 5 期。

道格拉斯，2008，《洁净与危险》，黄剑波等译，民族出版社。

邓忠奇、程翔、张宇，2021，《中国新职业发展现状及从业者工作满意度研
　　　　究——基于双维度微观调查数据》，《经济学动态》第 12 期。

丁述磊、张抗私，2021，《数字经济时代新职业与经济循环》，《中国人口科
　　　　学》第 5 期。

董志勇、秦范，2022，《实现共同富裕的基本问题和实践路径探究》，《西北
　　　　大学学报》（哲学社会科学版）第 2 期。

都阳，2021，《面对"年轻人都送外卖，工人短缺"的问题，或许不用太悲
　　　　观》，《三联生活周刊》第 18 期。

杜丽红，2004，《20 世纪 30 年代北平人力车夫管理与救济》，《中国社会科
　　　　学院近代史研究所青年学术论坛》（2002 年卷），社会科学文献出版社。

范热内普，2010，《过渡礼仪》，张举文译，商务印书馆。

方聪龙、芮正云，2018，《城市融入视角下的农民工生活满意度——基于上
　　　　海市外来农民工的调查》，《农业经济问题》第 12 期。

方文，2008，《群体资格：社会认同事件的新路径》，《中国农业大学学报》

（社会科学版）第 1 期。

高文珺，2021，《新就业形态下外卖骑手社会流动特点和影响因素》，《山东社会科学》第 5 期。

《工人日报》，2017，《返乡创业农民工逐年增多　超八成项目为新产业新业态》，http://finance.cnr.cn/gundong/20170928/t20170928_523968483.shtml。

关博，2019，《加快完善适应新就业形态的用工和社保制度》，《宏观经济管理》第 4 期。

郭庆，2020，《社会融入与新生代农民工就业质量差异》，《华南农业大学学报》（社会科学版）第 4 期。

国家统计局，2021a，《2020 年农民工监测调查报告》，4 月 30 日，http://www.stats.gov.cn/tjsj/zxfb/202104/t20210430_1816933.html。

国家统计局，2021b，《2020 年我国第三产业增加值》，https://data.stats.gov.cn/easyquery.htm? cn = C01。

国家统计局，2021c，《2020 年国民经济稳定恢复　主要目标完成好于预期》，1 月 18 日，http://www.stats.gov.cn/tjsj/zxfb/202101/t20210118_1812423.html。

国家统计局北京调查总队，2021，《2020 年北京市外来新生代农民工监测报告》，7 月 5 日，http://www.beijing.gov.cn/gongkai/shuju/sjjd/202107/t20210705_2428703.html。

国家统计局，2022，《中华人民共和国 2021 年国民经济和社会发展统计公报》，2 月 28 日，http://www.stats.gov.cn/xxgk/sjfb/zxfb2020/202202/t20220228_1827971.html。

国家信息中心，2021，《中国共享经济发展报告（2021）》，2 月 19 日，http://www.sic.gov.cn/News/557/10779.htm。

国家信息中心，2022，《中国共享经济发展报告（2022）》，2 月 23 日，http://www.100ec.cn/index/detail--6607724.html。

韩雪、张广胜，2014，《进城务工人口就业稳定性研究》，《人口学刊》第 6 期。

何筠、张嘉佳，2021，《新生代农民工就业稳定性的影响因素及代际差异研究》，《江西社会科学》第 2 期。

何明帅、于淼，2017，《家庭人均收入、代际社会流动与生育意愿》，《劳动经济研究》第 5 期。

胡放之，2019，《网约工劳动权益保障问题研究——基于湖北外卖骑手的调查》，《湖北社会科学》第 10 期。

胡建国等，2019，《中国社会阶层结构变化及趋势研究——基于中国社会流动变化的考察》，《行政管理改革》第 8 期。

胡荣、陈斯诗，2012，《影响农民工精神健康的社会因素分析》，《社会》第 6 期。

华中师范大学社会学院郑广怀研究团队，2020，《"平台工人"与"下载劳动"：武汉市快递员和送餐员的群体特征与劳动过程》（预印本），中国集刊网（www. jikan. com. cn）。

景晓芬、马凤鸣，2012，《生命历程视角下农民工留城与返乡意愿研究——基于重庆和珠三角地区的调查》，《人口与经济》第 3 期。

快手大数据研究院、《中国青年报》，2019，《走向更好的自己：2019 小镇青年报告》，5 月 4 日，https://max. book118. com/html/2019/1126/512413 0201002203. shtm。

匡亚林、梁晓林、张帆，2021，《新业态灵活就业人员社会保障制度健全研究》，《学习与实践》第 1 期。

赖德胜、苏丽锋、孟大虎、李长安，2011，《中国各地区就业质量测算与评价》，《经济理论与经济管理》第 11 期。

赖祐萱，2020，《外卖骑手，困在系统里》，《人物》9 月 8 日。

蓝定香、朱琦、王晋，2021，《平台型灵活就业的劳动关系研究——以外卖骑手为例》，《重庆社会科学》第 10 期。

黎红，2021，《从嵌入、漂移到融合：农民工城市融入进程研究》，《浙江社会科学》第 6 期。

李春玲，2007，《中国的社会流动与社会阶层——经济改革前后代内流动模式之比较》，《中国研究》Z1 期。

李帆、冯虹、艾小青，2020，《乡村振兴背景下土地资源禀赋对农业转移人口返乡意愿的影响》，《人口与经济》第 6 期。

李建新、夏翠翠，2014，《社会经济地位对健康的影响："收敛"还是"发散"——基于 CFPS2012 年调查数据》，《人口与经济》第 5 期。

李锦斌，2017，《扎实推进以人为核心的新型城镇化》，《求是》第 10 期。

李路路，2005，《中国城镇社会的阶层分化与阶层关系》，《中国人民大学学报》第 2 期。

李培林、田丰，2012，《中国农民工社会融入的代际比较》，《社会》第 5 期。

李培林、尉建文，2021，《新的历史条件下我国工人阶级构成的变化和应对》，《学术月刊》第 6 期。

李强、龙文进，2009，《农民工留城与返乡意愿的影响因素分析》，《中国农村经济》第 2 期。

李强，2008，《社会分层十讲》，社会科学文献出版社。

李胜蓝、江立华，2020，《新型劳动时间控制与虚假自由——外卖骑手的劳动过程研究》，《社会学研究》第 6 期。

李友梅，2007，《重塑转型期的社会认同》，《社会学研究》第 2 期。

李煜，2019，《代际社会流动：分析框架与现实》，《浙江学刊》第 1 期。

廉思、周宇香，2019，《城市快递小哥群体的风险压力及疏解对策研究——基于北京市的实证分析》，《青年探索》第 6 期。

梁玉成、张咏雪，2020，《新技术对青年劳动者的影响研究》，《青年探索》第 4 期。

林树哲、张子涵、李碧纯，2019，《乡村振兴背景下农民工返乡意愿影响因素研究》，《中国市场》第 29 期。

林婷婷、胡平、杜嬙、邝贝贝，2015，《我国农民工生活满意度现状调查——工作一定能带来幸福吗？》，《公共管理与政策评论》第 1 期。

林晔、周毕芬，2021，《就业质量对农民工生活幸福感的影响——基于泉州的调查数据》，《武夷学院学报》第 8 期。

刘爱玉，2020，《脆弱就业女性化与收入性别差距》，《北京大学学报》（哲学社会科学）第 3 期。

刘爱玉、刘继伟，2020，《市场化过程中就业脆弱性之演变（2000—2010)》，《河北学刊》第 1 期。

刘传江、程建林，2008，《第二代农民工市民化：现状分析与进程测度》，《人口研究》第 5 期。

刘传江，2006，《中国农民工市民化研究》，《理论月刊》第 10 期。

刘丹萍，2007，《旅游凝视：从福柯到厄里》，《旅游学刊》第 6 期。

刘林平，2020，《制造业从业农民工的现状与变化趋势》，《人民论坛》第 9 期。

刘萌萌，2022，《1300 万外卖骑手，从"零工"走向"职业"》，2 月 15 日，https://www.tmtpost.com/6007454.html。

刘能，2018，《中国社会的急剧转型与青年就业的观念演变》，《人民论坛》12 月中期。

刘庆英，2021，《农民工的阶层认同与生活满意度——基于中国社会状况综合调查数据》，《农村经济与科技》第 18 期。

刘欣，2003，《阶级惯习与品味：布迪厄的阶级理论》，《社会学研究》第 6 期。

陆学艺主编，2021，《当代中国社会阶层研究报告》，社会科学文献出版社。

罗伯特·帕特南，2017，《我们的孩子》，田雷、宋昕译，中国政法大学出版社。

罗明忠、卢颖霞，2014，《个体特征、职业认同与农民工职业满意度——基于广东省南海农民工的问卷调查分析》，《农林经济管理学报》第 2 期。

玛丽·格雷、西达尔特·苏里，2020，《销声匿迹：数字化工作的真正未来》，左安浦译，上海人民出版社。

毛哲山，2022，《河南省新生代农民工城市生活满意度与幸福感的实证研究》，《经济研究导刊》第 8 期。

梅建明、袁玉洁，2016，《农民工市民化意愿及其影响因素的实证分析——基于全国 31 个省、直辖市和自治区的 3375 份农民工调研数据》，《江西财经大学学报》第 1 期。

尼克·迪尔-维斯福特，2020，《赛博无产阶级：数字旋风中的全球劳动》，燕连福、赵莹等译，江苏人民出版社。

彭安明、朱红根、康兰媛，2013，《农民工择业工作条件需求优先序研究》，《商业研究》第 10 期。

皮埃尔·布尔迪厄，2015，《区分：判断力的社会批判》，刘晖译，商务印书馆。

戚聿东、丁述磊、刘翠花，2021，《数字经济时代新职业发展与新型劳动关系的构建》，《改革》第 9 期。

秦广强，2011，《代际流动与外群体歧视：基于 2005 年全国综合社会调查数据的实证分析》，《社会》第 4 期。

秦昕、张翠莲、马力、徐敏亚、邓世翔，2011，《从农村到城市：农民工的城市融合影响模型》，《管理世界》第 10 期。

邱婕，2020，《灵活就业：数字经济浪潮下的人与社会》，中国工人出版社。

人力资源和社会保障部，2020，《新职业——网约配送员就业景气现状分析报告》，8 月 25 日，http://www.mohrss.gov.cn/SYrlzyhshbzb/dongtaixinwen/buneiyaowen/rsxw/202009/t20200923_391259.html。

人力资源社会保障部、国家发展改革委等，2020，《关于做好当前农民工就业创业工作的意见》，8 月 31 日。

《人民日报》（海外版），2019，《数字经济让新职业更加鲜活》，5 月 10 日第 8 版，https://baijiahao.baidu.com/s?id=1633092556173337966&wfr=spider&for=pc。

《人民日报》，2015，《中共第十八届中央委员会第五次全体会议公报》，10 月 29 日，https://www.ccps.gov.cn/zt/xxddsbjwzqh/zyjs/201812/t20181211_118164.shtml。

萨林斯，2003，《历史之岛》，蓝达居等译，上海人民出版社。

沈锦浩，2019，《车轮之上的青年农民工：外卖骑手的劳动过程研究》，《青年发展论坛》第 5 期。

沈原，2020，《劳工社会学三十年》，《社会学评论》第 5 期。

盛光华、张天舒，2015，《新生代农民工主观幸福感的影响因素》，《城市问题》第 12 期。

石智雷、刘思辰、赵颖，2020，《不稳定就业与农民工市民化悖论：基于劳动过程的视角》，《社会》第 1 期。

斯沃茨，2006，《文化与权力：布尔迪厄的社会学》，陶东风译，上海译文出版社。

宋月萍，2021，《数字经济赋予女性就业的机遇与挑战》，《人民论坛》10 月下期。

苏熠慧、姚建华，2019，《"不稳定无产者"研究谱系及其当代意义》，《社会科学》第 6 期。

孙洁，2022，《快递配送青年权益保障现状、瓶颈与对策建议》，《中国青年研究》第 1 期。

孙敬水、支帅帅，2019，《社会流动与居民收入不平等——基于户籍流动、教育流动、职业流动与职务流动的微观证据》，《现代财经（天津财经大学学报）》第 4 期。

孙萍，2019，《"算法逻辑"下的数字劳动：一项对平台经济下外卖送餐员的研究》，《思想战线》第 6 期。

特纳，2006，《仪式过程：结构与反结构》，黄剑波、柳博赟译，中国人民大学出版社。

田丰，2017，《逆成长：农民工社会经济地位的十年变化（2006—2015）》，《社会学研究》第 3 期。

田亦君，2020，《我国青年劳动者就业稳定性及其影响因素》，《青少年研究与实践》第 4 期。

58 同镇，清华大学社会科学学院县域治理研究中心、社会与金融研究中心，2020，《县域创业报告》，6 月 16 日，https://baijiahao. baidu. com/s？id = 1669642861154998003&wfr = spider&for = pc。

美团研究院，2020a，《2019 年及 2020 年上半年中国外卖产业发展报告》，6 月 28 日，https://about. meituan. com/research/home。

美团研究院，2020b，《2019 年及 2020 年疫情期间美团骑手就业报告》，https://baijiahao. baidu. com/s？id = 1661583778320322951&wfr = spider&for = pc。

王春光，2006，《农村流动人口的"半城市化"问题研究》，《社会学研究》第 5 期。

王春光，2001，《新生代农村流动人口的社会认同与城乡融合的关系》，《社会学研究》第 3 期。

王春光，2010，《新生代农民工城市融入进程及问题的社会学分析》，《青年探索》第 3 期。

王春光，2011，《中国社会政策调整与农民工城市融入》，《探索与争鸣》第 5 期。

王桂新、陈冠春、魏星，2010，《城市农民工市民化意愿影响因素考察——以上海市为例》，《人口与发展》第 2 期。

王娟，2019，《高质量发展背景下的新就业形态：内涵、影响及发展对策》，

《社会学研究》第 3 期。

王淑华，2020，《城市外卖骑手的"赶工游戏"及其情感归属研究》，《湖南工业大学学报》（社会科学版）第 1 期。

王天玉，2021，《试点的价值：平台灵活就业人员职业伤害保障的制度约束》，《中国法律评论》第 4 期。

王星，2020，《零工技能：劳动者"选择的自由"的关键》，《探索与争鸣》第 7 期。

王志涛、李晗冰，2019，《身份认同、个人技能与农民工返乡意愿——基于 CMDS 数据的实证研究》，《经济经纬》第 4 期。

闻翔，2018，《劳工神圣：中国早期社会学的视野》，商务印书馆。

闻翔，2020，《"双重危机"与劳工研究再出发：以〈中国卡车司机调查报告〉三部曲为例》，载应星主编《清华社会科学》第 2 卷第 1 辑，商务印书馆。

习近平，2019，《把乡村振兴战略作为新时代"三农"工作总抓手》，6 月 1 日，http://www. qstheory. cn/dukan/qs/2019 - 06/01/c_1124561415. htm? spm = zm5062 - 001. 0. 0. 1. KghCIg。

习近平，2021，《扎实推动共同富裕》，《求是》第 20 期。

夏熊飞，2019，《年轻人为何宁送外卖不去工厂》，《理论与当代》第 4 期。

项军，2021，《新形势下促进区域社会流动机会协调发展：理论、经验与对策》，《福建师范大学学报》（哲学社会科学版）第 1 期。

新华社，2017，《习近平：决胜全面建成小康社会 夺取新时代中国特色社会主义伟大胜利——在中国共产党第十九次全国代表大会上的报告》，10 月 27 日，http://www. gov. cn/zhuanti/2017 - 10/27/content_5234876. htm。

邢海燕、黄爱玲，2017，《上海外卖"骑手"个体化进程的民族志研究》，《中国青年研究》第 12 期。

徐延辉、龚紫钰，2019，《社会质量与农民工的市民化》，《经济学家》第 7 期。

徐延辉、袁兰，2019，《资本积累与农民工群体的阶层认同》，《社会建设》第 6 期。

杨春江、李雯、逯野，2014，《农民工收入与工作时间对生活满意度的影响——城市融入与社会安全感的作用》，《农业技术经济》第 2 期。

杨菊华，2015，《中国流动人口的社会融入研究》，《中国社会科学》第 2 期。

杨伟国，2019，《让新就业形态更好地生长》，《人民日报》4 月 17 日。

杨修娜、万海远、李实，2018，《我国中等收入群体比重及其特征》，《北京工商大学学报》（社会科学版）第 6 期。

叶静怡、李晨乐，2011，《人力资本、非农产业与农民工返乡意愿——基于北京市农民工样本的研究》，《经济学动态》第 9 期。

于学文、杨欣，2017，《农民工职业稳定性影响因素分析——基于沈阳市的抽样调查》，《农业经济》第 12 期。

俞林伟、朱宇，2017，《社会融合视角下流动人口的生活满意度及其代际差异——基于 2014 年流动人口动态监测数据的分析》，《浙江社会科学》第 10 期。

袁玥、李树茁、悦中山，2021，《参照群体、社会地位与农民工的生活满意度——基于广州调查的实证分析》，《人口学刊》第 5 期。

约翰·厄里、乔纳斯·拉森，2016，《游客的凝视》，黄宛瑜译，格致出版社、上海人民出版社。

张成刚、冯丽君，2019，《工会视角下新就业形态的劳动关系问题及对策》，《中国劳动关系学院学报》第 6 期。

张成刚，2020，《就业变革：数字商业与中国新就业形态》，中国工人出版社。

张成刚，2016，《就业发展的未来趋势，新就业形态的概念及影响分析》，《中国人力资源开发》第 19 期。

张成刚，2018，《新就业形态的类别特征与发展策略》，《学习与实践》第 3 期。

张斐，2011，《新生代农民工市民化现状及影响因素分析》，《人口研究》第 6 期。

张海东、袁博，2020，《双重二元劳动力市场与城市居民的阶层认同——来自中国特大城市的证据》，《福建师范大学学报》（哲学社会科学版）第 1 期。

张剑宇、任丹丹，2021，《坚守还是转型——回流农民工的发展选择》，《河北农业大学学报》（社会科学版）第 1 期。

张陆，2014，《青年城市移民的城乡双重认同研究》，《青年研究》第 2 期。

张顺，2019，《70 年来中国阶层变化与社会流动机制变迁》，《人民论坛》第 29 期。

张顺、祝毅，2021，《代际流动轨迹与分配公平感——影响机制与实证分析》，《社会学评论》第 3 期。

张文宏、雷开春，2009，《城市新移民社会认同的结构模型》，《社会学研究》第 4 期。

张衍，2021，《主客观地位与流动感知对公平感的影响与变化（2019—2020年）》，载王俊秀主编《中国社会心态研究报告（2021）》，社会科学文献出版社。

赵莉、王蜜，2017，《城市新兴职业青年农民工的社会适应——以北京外卖骑手为例》，《中国青年社会科学》第 2 期。

赵新宇、郑国强，2020，《劳动力市场扭曲与非正规就业——基于中国劳动力动态调查的实证研究》，《吉林大学社会科学学报》第 4 期。

郑祁、张书琬、杨伟国，2020，《零工经济中个体就业动机探析——以北京市外卖骑手为例》，《中国劳动关系学院学报》第 5 期。

郑庆杰、许龙飞，2015，《新生代农民工的"反哺"行为与乡土认同——基于赣南 B 乡的调查》，《中国青年社会科学》第 5 期。

郑少雄，2021，《被凝视与被忽视的"劳工神圣"——对外卖骑手研究的人类学比较与反思》，《新视野》第 6 期。

中国人民大学、智联招聘，2020，《2020 年大学生就业力报告》，4 月 23日，https://news.ruc.edu.cn/archives/276909。

中国社会科学院社会学研究所，2021，《骑手职业社会价值评估报告》。

周飞舟、吴柳财、左雯敏等，2018，《从工业城镇化、土地城镇化到人口城镇化：中国特色城镇化道路的社会学考察》，《社会发展研究》第 1 期。

周怡，2021，《新生代价值观和行为模式研究的新路径》，《学术月刊》第 10 期。

周子凡，2018，《"互联网+"时代外卖骑手薪酬探究》，《中国劳动关系学院学报》第 3 期。

朱迪，2018，《白领、中产与消费——当代中产阶层的职业结构与生活状况》，《北京工业大学学报》（社会科学版）第 3 期。

朱迪等，2020，《2019 年中国城市快递员调查报告》，载李培林、陈光金、王春光主编《社会蓝皮书：2021 年中国社会形势分析与预测》，社会科学文献出版社。

朱迪、王卡，2021，《网约配送员的社会认同研究——兼论"新服务工人"的兴起》，《山东社会科学》第 5 期。

朱迪，2020，《新中产与新消费：互联网发展背景下的阶层结构转型与生活方式变迁》，社会科学文献出版社。

朱迪，2017，《中等收入群体的消费趋势：2006—2015》，《河北学刊》第 2 期。

朱煜杰，2012，《旅游中的多重凝视：从静止到流动》，《旅游学刊》第 11 期。

Bazillier, Rémi, Cristina Boboc, and Oana Calavrezo. 2016. "Measuring Employment Vulnerability in Europe". *International Labour Review* 155 (2).

Becker, S. O. & A. Ichino. 2002. "Estimation of Average Treatment Effects Based on Propensity Scores." *The Stata Journal* 2940.

Burtch, Gordon, Seth Carnahan & Bard N. Greenwood. 2018. "Can You Gig It? An Empirical Examination of the Gig Economy and Entrepreneurial Activity." *Management Science* 64 (12).

Clark, A. E., Paul Frijters & Michael A. Shields. 2008. "Relative Income, Happiness and Utility: An Explanation for the Easterlin Paradox and Other Puzzles." *Journal of Economic Literature* 46 (2008).

Coad, Alex & Martin Binder. 2014. "Causal Linkages between Work and Life Satisfaction and Their Determinants in a Structural VAR Approach." *Economics Letters* 124 (2).

Day, Martin V. & Susan T. Fiske. 2017. "Movin on Up? How Perceptions of Social Mobility Affect Our Willingness to Defend the System." *Social Psychological and Personality Science* 8 (3).

Drobnič, Sonja, Barbara Beham & Patrick Präg. 2010. "Good Job, Good Life? Working Conditions and Quality of Life in Europe." *Social Indicators Research* 99.

Ferreira, M. 2016. "Informal Versus Precarious Work in Colombia: Concept and Operationalization." *Progress in Development Studies* 16 (2).

Gandini, A. 2018. "Labour Process Theory and the Gig Economy." *Human Relations* 72 (6).

Hanauer, Nick & David Rolf. 2015. "Shared Security, Shared Growth." *LERA for Libraries* 19 (1).

Huws, U. & C. Leys. 2003. *The Making of a Cybertariat: Virtual Work in a Real World.* New York: Monthly Review.

Huws, U. 2014. *Labor in the Global Digital Economy: The Cybertariat Comes of Age.* New York: Monthly Review.

Kalleberg, A. L. 2009. "Precarious Work, Insecure Workers: Employment Relations in Transition." *American Sociological Review* 74 (1).

Kalleberg, Arne L. 2011. *Good Jobs, Bad Jobs: The Rise of Polarized and Precarious Employment Systems in the United States*, 1970s – 2000s. New York: Russell Sage Foundation.

Kalleberg, Arne L. 2009. "Precarious Work, Insecure Workers: Employment Relations in Transition." *American Sociological Review* 74 (1).

Kharas, H. 2017. "The Unprecedented Expansion of the Global Middle Class: An Update." *Global Economy and Development*, Vol. 28, No. 4, pp. 47 – 85.

Milkman, R., L. Elliott-Negri, K. Griesbach & A. Reich. 2020. "Gender, Class, and the Gig Economy: The Case of Platform-Based Food Delivery." *Critical Sociology* 47 (3).

Montenegro, Alvaro. 2003. "Labor Mobility, Job Preferences, and Income Distribution." *Labour* 17 (1).

Montenegro. 2010. "Labor Mobility, Job Preferences, and Income Distribution." *Labour* 17.

Rosenbaum, P. & D. Rubin. 1983. "The Central Role of the Propensity Score in Observational Studies for Causal Effects." *Biometrika* 70.

Sagioglou, Christina, Matthias Forstmann & Tobias Greitemeyer. 2019. "Belief in Social Mobility Mitigates Hostility Resulting from Disadvantaged Social Standing." *Personality and Social Psychology Bulletin* 45 (4).

Savage, Mike, Fiona Devine, Niall Cunningham, Mark Taylor, Yaojun Li, Johs. Hjellbrekke, Brigitte Le Roux, Sam Friedman & Andrew Miles. 2013. "A

New Model of Social Class? Findings from the BBC's Great British Class Survey Experiment. " *Sociology* 47（2）.

Standing, G. 2011. *The Precariat：The New Dangerous Class.* London：Bloomsbury Academic.

Taylor, Donald M. & Fathali M. Moghaddam. 1994. "Theories of Intergroup Relations：International Social Psychological Perspectives. " *Greenwood Publishing Group.*

附录
研究助理田野调研报告

编者按

2020 年中国社会科学院国情调研重大项目"新业态背景下的青年就业与发展：以网约配送员群体为例"获得立项后，课题组决定以创新研究方法为中心，以为青年学子提供研究、学习平台为目标，公开招募 20～40 名研究助理参与到课题组中。招募启事于 2020 年 12 月 16 日在公众号"人类学之滇"及"青椒"发布后，短短数日内就收到 653 份申请，来自国内外近百所高校及科研机构。鉴于申请过于踊跃，课题组决定将研究助理数量增加到 53 名。

2021 年 1 月 23 日，课题组邀请来自北京大学、华中师范大学、上海财经大学、中国社会科学院等学术研究机构的专家学者，以及来自 CCTV 新闻频道、"正午故事"、《时尚先生》等媒体的资深作者、编辑，举办了第一期"城市、乡村与青年研究工作坊"，与会者超过 200 人，从不同角度对骑手研究及其所涉及的理论和方法问题进行了研讨。随后的寒假期间，53 名研究助理分赴全国 22 个省（市、自治区）的 42 个城市（包含少数乡镇）展开访谈，寒假结束后提交了 228 份访谈个案，形成访谈整理资料近 350 万字。

2021 年 10 月 30 日，课题组再次邀请北京大学、南开大学、北京市委党校、中国社会科学院等教育科研机构和《光明日报》《新华每日电讯》等新闻媒体，举行了第二期"城市、乡村与青年研究工作坊"，与会人员超过 60 人，13 名研究助理报告了他们的调查发现和理论方法思考，获得与会专家学者的好评。

　　本附录收入的 5 篇文章，即来自第二期工作坊的部分报告。《退役骑手的故事》提供了 5 则骑手故事精选，以生动的材料直观展示骑手的多样面貌。《骑手的虚假选择权——以社保、工服为例》的敏锐之处在于从社保办理和工服购买两个环节讨论所谓骑手"自由"的潜在误导。《新型"陌生人"——外卖骑手的自我身份感知》较为理论化，从作者的调研感受出发，以"陌生人"概念为工具来思考骑手的认同困境，一定程度上也反思了包括本课题在内的各种研究的立场、前提和视角的局限性。《劳动关系间的"打太极"——对外卖平台劳务外包田野调查的思考》的作者亲自注册为骑手，并且着重研究了骑手入行时的"协议"，发现外卖骑手的劳动者身份存在诸多疑点和"协议坑"，由此提出应由市场主体来承担劳动者权益保护。《数字平台隐性劳动关系再生产下县域骑手多元困境的分化与超越》讨论的话题比较分散，既指出骑手群体在劳动关系和劳动过程等面向的被动与弱势，也通过贫困县城男女骑手的个案来说明在地灵活就业带来的身份提升。虽然这些报告多少还有点稚嫩乃至偏颇，它们的主张未必经得起业界的质疑，研究助理们的具体观点也没有完全被体现在报告中，但它们反映了青年学子的思想锐气和积极介入现实生活的勇气，值得在这里予以展示。

　　作为附录的 5 篇文章，其参考文献各自单列。

附录一　退役骑手的故事*

（南开大学　杨晓奇；中央民族大学　汪婴子；

中国人民大学　简新月；西安交通大学　李沙）

当下的中国，每天有成千上万的年轻人穿上工作服、戴上头盔、骑上电动车，成为外卖骑手群体中新的一员。但每天亦有许许多多的骑手选择脱下工作服，转身离开这个行业。

在个人层面，进入或离开骑手职业都和当时的生活状况或环境息息相关，是其在客观条件和主观愿望结合下做出的最佳选择。

这是一个入行门槛低、离开成本亦低、阶段性特征明显的职业。那么，这份阶段性工作在骑手的人生中到底能带来些什么？选择与离开又有哪些具体的原因？来听听几位退役骑手的故事。

大学毕业后的过渡

24 岁的李昊宇是湖北宜昌人，家里的独生子，家中为当地普通工薪阶层。

2019 年下半年，他在宜昌市区做过 3 个多月的外卖骑手。那年 6 月他刚从武汉大学护理学系本科毕业，打算考雅思出国或者考研，空窗期想找一份过渡性的工作，各种考量后选择了做骑手。

"它可以短期进入，也可以随时离开，很多行业仅摸清门道就要花一两个月，对我来说不合适。"李昊宇说。

当时站点的要求是，每天最低在线时长 3 小时，最低送单量 20 单。他

都是贴着低线来完成。他对这份工作一共投入约 2000 元，电动车每月租金 500 元，还有一些杂项开支；每月收入为 2000 多元。

9：00 站里开完早会后，李昊宇就坐在街旁看书，同时把单开着；经常 11：00～11：30 才会来第一单，跑到下午一两点午高峰结束，他就关单了。"有个朋友在附近开桌游吧，我去他那里睡个午觉，下午再看看书。17：00～19：30 的晚高峰，不累呢就多跑一会儿，累的话就早点回家休息。"

跑了一个多月后，李昊宇花 2500 元买了一个 GoPro 运动相机装在头盔上面，像行车记录仪一样，拍拍城里的风景人文。他惊讶地发现，在宜昌待了 20 年，很多街道的名字现在才知道："跑到小巷子里，跟人们说说话聊聊天，才真的深入了解这座城。"

他抱着玩儿的心态，但大部分骑手同事靠这份工作养家糊口。

李昊宇观察，站里 30 岁左右的骑手压力最大：结了婚有小孩，是家里的顶梁柱；有的家在周边县市，每个星期还得花一天时间回去看看老人小孩。"这些人跑单很拼命，用更多的时间，跑更多的单子，挣更多的钱，有点背水一战的心态。这样下来一个月能拿到 8000～10000 元。"

他也发现，这些同事绝大部分都不把骑手当成一辈子的工作，想着挣钱后做点小买卖，或者有机会去外地干别的活。他的结论是：对于学历不高的人，骑手确实是个不错的活。

"这份工作的收入与辛苦是不匹配的，月薪 10000 元在宜昌不算低，但万一哪天出车祸了呢？"李昊宇评价。

这段骑手经历给他最大的感慨是钱确实不那么好挣。当然，他也有收获——沟通能力得以提升：一开始送餐超时都不知道怎么跟对方解释，后来利落多了。

回顾这份工作，李昊宇觉得又好玩，又有点后怕。"后怕主要是交通安全方面，有两次都非常危险，没出事故算我运气好。"

单亲妈妈的选择

赵婷是云南楚雄彝族自治州牟定县人，今年 38 岁，家有两个儿子，一个上小学，一个读初三。

2020 年 5 月到 2021 年 1 月，她曾在本地的外卖平台站点当过 8 个多月的专送骑手；不久前在一个新开发的小区旁，租了个铺面开小商店。

结婚以前，赵婷打过几份工，在店里卖东西或在餐馆里做事。她没出过云南，最远去过保山、大理、昆明；也曾做过几次小买卖，但结婚以后就在家带孩子。

"我们这种年纪的女人很少会去当骑手。当时家里发生变故，丈夫出了车祸，走了……我领着两个娃娃，到处找工作，但各种不合适。"赵婷说。

有个朋友开餐馆，是外卖平台的签约商户，他介绍赵婷去当骑手。此前赵婷对线上订餐之类并无太多概念，当骑手后，她每天的送单量都在 40 单以上，最多的时候达到过 100 单。起始基本工资为 500 元，老骑手则是 1000 元，送一单约挣 3 元。如果一单超时 7 分钟，派送费就被扣除。一个差评扣 50 元，但 50 个好评可以抵消一个差评。

赵婷每个月可以休 4 天假，工作日则要求至少 8 个小时在线。她说，自己家里事情多，要照顾孩子，有特殊情况需要请假，"站里都比较同情、照顾我，还是比较人性化的"。

她的月收入在 4000 元以上。暑假活多，不少骑手都从早到晚跑单，挣 8000 多元也常有，"在本地，这个水平算是不错的"。

下雨的时候骑手最忙，十几个单子同时进来，"真是玩命地跑，那速度相当危险"。赵婷因为急刹车受过几次伤，有一次车把手撞到一个孩子脑袋上，送到医院后赔了 4500 元。

骑手风险太大，她最终选择离开，自己开店。当然，孩子是最主要的原因——老师跟她说过好多次，孩子作业写得很差，要她多花些心思。

赵婷说，骑手的工作压力主要来自于超时，饮食作息不规律对身体也有影响。但她觉得，每一种职业都有它的不容易，相比以前打的工，骑手还算比较自在。"到了我们这种年纪，觉得什么事情都是可以理解的。"

现在店里的生意还不错，以前的骑手常来照顾生意，有的大老远跑来买包烟、买瓶饮料，聊会儿天，这令她很是感动。

厨师、骑手、货拉拉

邱杰今年 36 岁，来自安徽农村，初中学历，是三个孩子的父亲。

2017～2018 年，邱杰在北京顺义当过一年多的骑手，美团、饿了么都跑过，专送、众包都干过。他颇为怀念那段日子："那会儿外卖发展得很迅速，这个活还是挺好的；这两年不行了，干这个的太多了。"

当骑手之前，邱杰一直在顺义的餐馆做厨师，一个月拿六七千块工资，但是感觉不自由。他觉得骑手很自由，当年他只跑高峰期，一个月不用太辛苦就能挣 1 万多，而当时的生活开支是 3000 多元。

攒了一些本钱后，他转身开起了饭店，"安稳些，最起码风刮不着、雨淋不到"。

所有骑手都喜欢出餐快的餐馆，邱杰有过切身体会，现在他的餐馆接到外卖单子，会尽快出餐。

饭店的生意并没有预期的那么好，为了养家，邱杰空余时间又跑起了货拉拉，不久前还买了车。但他有些发愁："单子不好拉，不像送外卖见效快，收入也没骑手多，可再回去做骑手也没啥意义了。"

当骑手只要有电动车和手机，投资几千块就够。邱杰跑货拉拉买车花了十几万，开饭店投进去 20 万。这三份工作中，他说自己最喜欢的是货拉拉。

很多人都说当骑手没有上升空间，邱杰不这么看："做得好可以当个站长，或者承包站点当老板。这得看个人的头脑，看自己想怎么发展。"

当骑手的时候，邱杰参加过一些培训，主要是强调安全，还有对客户要文明礼貌。他觉得这些对开餐馆、跑货拉拉都有帮助。"我现在遇到人，第一句话都是'你好'，这就是当骑手时养成的习惯；开车技术也比以前强，这也算骑手经历带给我的好处。"

当然，也有消极影响——他更爱抽烟了。那时候一天送七八十单，主要靠抽烟来缓解压力，他坦言这对肺不好。

三个孩子都在老家上中学，一个马上要考大学。邱杰算了算：孩子们上学一年的花费，5 万元打不住。

"加上老家盖房、装修、买车……我现在负债几十万，有跟银行、网上平台借的，也有跟亲戚朋友借的，各种还贷。"他叹气，"一睁眼就是房租、水电、买菜等开支，一天开销得一千来块"。

邱杰说自己没啥兴趣爱好，也没啥大理想，就想踏踏实实挣点钱，把孩子们看大。60 岁以后回老家，种种地，养养鸡，钓钓鱼。

他有些后悔当年没好好念书，英文字母都不认识，技术要求高的工作都干不了。

"目前整体状况还算得上稳定，要实在没饭吃了，回去再干骑手也没准。"邱杰说。

不管干啥都要学东西

43 岁的王西洲是陕西西安人，只上到小学二年级就辍学了。

2020 年，王西洲当过一年的校园专送骑手。他专送西安交通大学，因为居住的小区和交大只隔着一条马路；他负责从餐馆送到学校门口，校园里则专门有人跑校门口到宿舍楼那段。

不像众包骑手按单拿钱，校园专送骑手领的是固定工资。王西洲当时的上班时间是 10：00~13：00、15：00~20：00，那几个小时必须在线，每个月工资 4000 元。

他媳妇以前也当过骑手，比他干得还早。现在夫妻俩一起经营着一个水果摊，每月收入 1 万多元，媳妇现在怀着二胎。王西洲觉得，"按一个人来说还行，两个人都在这儿就不太划算了"。

干骑手时，既没签合同，也没有保险。现在他和媳妇的保险都是自己花钱买，每人每年交 5000 元。

他说，不做骑手的原因，一是工资低，"原来预期每个月五六千"。二是时间上太受限制，媳妇这边有点啥事照应不过来。

王西洲之前在陕西渭南工地打工近 20 年，2019 年底才回西安。媳妇以前在三亚干过多年导游，"人到中年，想要稳定下来，慢慢就都回来了"。

刚回来那会儿，王西洲发现自己对西安都有些陌生了，当骑手这一年，倒是对很多商家了解不少。他是个有心人，发现附近的麻辣烫和川菜很受欢迎，因为交大的学生中南方人多，相比之下卖烤肉的生意就不怎么样。他一边跑单子一边留心观察：这段路上哪一片生意好，啥好做。

"不管干啥都要学点东西，不能光闭着眼睛出力气。"这是他半生的打工心得。

现在，夫妻俩建了个社区水果团购的微信群，群里有 400 多人。他们计划将来在交大附近开个小餐馆。

在王西洲看来，骑手工作最大的特点是门槛低。"如果身边哪个朋友没工作的话，我会推荐他去当骑手，毕竟也是一份收入。不过之前推荐过几个，人家都不去。"

商人子弟的"骑手经"

王小海今年 21 岁，是浙江温州的商人子弟，家里有两栋商铺，经济条件相当不错。

高中毕业后王小海服了两年兵役，刚退伍便遭遇疫情，不少工厂倒闭，温州消费高，他看到骑手招聘广告写着工资 5000～7000 元，没想太多就去了。

他一共干了半年多，在美团、饿了么、肯德基都做过。那会儿一天能挣五六百，在当地算相当高的收入。有些单别人不愿意送，他总是自告奋勇："我来。"晚上 20：00 下班，有时他会干到 23：00，可以多挣 100 元。

"反正回去也睡不着，年轻人累点无所谓。所以，单店第一永远都是我。"王小海颇为骄傲。

为了送餐，他在手机里装了四款地图 App。有时候面临超时，他会打电话给客户说明情况，先确认送达。大部分顾客都能理解，少数人态度不那么好，王小海会诚恳道歉。

"大家都是文明人，如果被投诉、扣钱，那就不划算了，能开口解决的事情，就放下面子。送外卖属于服务行业，态度一定要好。"王小海笑着说。

在肯德基工作第三个月的时候，王小海不想干了，店长极力留人，说市里打算开第四家分店，可以推荐他当储备店长，五险一金交完还有将近 3000 元到手——这相当于当地公务员的待遇。他和妈妈商量，都觉得没必要签一年合同限制住自己，也就罢了。

王小海现在在妈妈的店里帮忙，拿 3000 元的月工资，吃住都在家里。爸爸打算再开一家服装店，到时候他再过去帮忙打理，将来则考虑自己开店当老板。

他坦言，跟爸妈相比，自己的经验还是差了很多，在店里上班相当于锻炼，"比如，顾客拿起一双鞋子，你立马得知道它的存货还有哪几个码；如果老板干不好销售，光指着员工销售，这家店生意好不了"。

当骑手对王小海而言，更多在于体验。爸爸常对他说，做生意要懂得各行各业，当老板要先从打工学起。送餐跑奶茶店、小吃店时，王小海喜欢跟老板和伙计聊天，比如他们怎么跟平台取得联系、平台怎么抽成、操作流程是怎样……他说，如果以后自己也开奶茶店、小吃店，这些会很有帮助。

现在王小海也常点外卖。有一次下雨，他点了外卖后给骑手打电话，对方以为他在催单，说马上送到。王小海说："不着急，你慢慢来，雨天开慢点。"

附录二　骑手的虚假选择权

——以社保、工服为例

（首都师范大学　崔硕）

一　研究背景

据美团 2021 年第四季度及全年财务业绩显示，美团骑手超过 527 万人。它所吸纳的劳动力中很大一部分来自中国的"蓝领"阶层，即承担工地、工厂流水线工作的农民工、小镇青年。近年来的工厂招工难，前不久人大代表张兴海呼吁"骑手少送外卖、回归工厂"也印证了这点。而他们之所以从工厂出离，除了骑手的工资更高，最重要的原因便是工作自由度更高。在骑手们的设想中，"自由"含义广阔，既有不再受监工监督、随时上厕所的权利，也有如宣传的那般，能随时根据自己的日程安排工作时间。然而，调查中的发现显示，对于骑手而言，"自由"是个伪命题。平台如何实现对骑手自由行动的逐步挤压？骑手又是怎样"主动"让渡自身的自由的？本文将围绕这两个问题进行讨论。

二　研究方法

本文的调查资料主要来自 2021 年 2～3 月、2022 年 1～3 月对北京、普洱部分外卖站点的外卖员进行的线上和线下结合的半结构式访谈收集的质性资料。访谈样本包含外卖员 16 名，其中男性 14 名、女性 2 名。访谈采用半结构式深度访谈法，平均访谈时长为 80 分钟，累计访谈文本 18 万余字。

表 f2－1　受访者信息

编号	所属平台	性质	性别	所在地
A1	B	众包	男	北京丰台
A2	A	众包	男	北京丰台
C1	A	众包乐跑	男	北京丰台
C2	A	众包优选	女	北京丰台
A3	A	众包	男	北京丰台
B1	A	专送	男	北京丰台
B2	A	专送	男	北京丰台
C3	A	众包乐跑	男	北京丰台
B3	A	专送	男	北京海淀
B4	B	专送	男	北京海淀
B5	B	专送	男	北京海淀
B6	B	专送	女	北京海淀
B7	A	专送	男	云南普洱
B8	A	专送	男	云南普洱

三　基础自由的被剥夺：社保难缴

"自由"是很多骑手入职送外卖的初衷，但当上"乐跑骑手""优选骑手""专送骑手"意味着即使订单再远、再累也不能拒绝，因为拒单要扣钱。高订单、高基础单价的代价是乐跑骑手每周至少需完成 280 单，才能有350 元的奖金。而"高收入"的背后是高风险，社保在抵御风险方面发挥着重大作用，因此骑手是否缴纳社保是我本次重点关注的问题之一。但出乎我意料的是，有的骑手也不愿缴社保。

"那玩意儿指望不上，真出事了也没用。之前上过社保，但也没啥意义。"（A1，2021 年 3 月）在他看来，出事后社保对缓解外卖员风险无济于事。这与他此前的经历不无关联。"我一哥们之前送餐被车撞倒，左腿骨折，结果每天上了 2 元险也没给赔，白耽误半个多月的工。"（A1，2021 年3 月）他把平台给上的 2 元险理解为社保了。社保包括政府主导的养老保险、医疗保险、失业保险、生育保险和工伤保险，功能不仅是工伤赔偿。

《2020 饿了么蓝骑士调研报告》显示，外卖骑手平均年龄 31 岁，90 后占比为 47%。对正值壮年的青年骑手而言，考虑养老还过早，身体也健康，结婚前也不担心生育问题，缴纳社保似乎没有太大的必要。对骑手而言，社会保险还是笔不小的支出。"有朋友给我找了个挂靠单位缴社保，需自己交钱。每月自己需交 1400 多，一年 17000 元左右。我告诉家人，我妈说这不行，压力太大了，每天入不敷出，哪有闲钱买保险。"（A2，2021 年 3 月）

35 岁的骑手 C1 来自河南郑州，有一个女儿。他在 A 平台每月毛收入近万元，其中 5000 元寄给家人，剩不了太多。他能寄这么多钱给家人，一是凭借骑手 - 商户的互惠关系，吃饭可以省下不少开销。商户给骑手提供优惠价，骑手在送餐时就会更照顾自家订单。

> 你像我们吃饭，这小吃城里的商户都给优惠，点小份饺子给大份的量，大份的再多几个饺子，要不然就优惠几块钱。像南边的南城香就是给骑手优惠价，但只能用餐高峰期过了去吃。你给外卖员优惠，外卖员高兴，送单也会快一些。你不优惠，一旦送慢了，顾客今后可能就不点你的了。（C1，2021 年 3 月）

二是住在城中村。A2 住在北京南二环蒲黄榆的城中村，两居室，租一间房 800 元；C1 和室友合租，一间房 1400 元，各负担 700 元，共睡一张床。"送外卖的基本上都住附近的平房，西边的蒲黄榆、刘家窑，那边的分钟寺有好多城中村，这片儿骑手都住那边。"（A2，2021 年 3 月）城中村条件简陋，但能最大限度地压缩支出。即便如此，也只能把每月的开销压缩到月收入的三成左右，真正省下的钱并不多，没有能力缴纳社保。对外经贸大学教授廉思 2014 年的《中国青年发展报告》曾指出，中国 80 后平均月房租金额占家庭人均月收入的 37.1%；而即使外卖员的食、住、行等成本被压到 30% 以内，他们仍会觉得"钱存不住，花钱如流水"。可以想见，缴纳社保后，骑手实际收入将大幅下降，因此，不缴社保似乎是骑手们理性的选择。

A1 嘴上说着缴社保没用，却依然办理了保险。除了每天平台自动扣缴的 3 元意外险，他另缴了每月 100 多元的保险，他已忘了是在哪家银行办的了。即使对保险不了解，也要拥有一份保障。这源于他经历的一次交通事故。刚送餐没多久，A1 就被车撞倒过，他向站长提出报销问题，站长要求

A1 把交警开的罚单、证据都交给他。等待数天后，A1 得到的回复却是"没上保险"；面对要回罚单、收据的请求，站长坚称，A1 并没把相关证据给他，这让他认识到自费购买意外险的重要性。

"我们以前没缴过社保，也就不担心；就算出事了，缴保险也不管用了。"（C2，2021 年 3 月）此前，C2 和丈夫在北京开快餐店，北京整治拆墙打洞后关店。丈夫又在打工时意外受伤，全家几乎失去经济来源。只读到初中又缺乏专业技能，C2 只好去送外卖，不知不觉竟也干了两年。事实上，C2 对社保的政策、应缴金额都不了解，而她认为"社保不管用"，则是基于与其他骑手、工友聊天的认知。不缴社保，不一定是骑手们真正的选择；社保"没用"论被很多骑手接受，却未必是深思熟虑的结果。

骑手虽然挣钱相对多，却是高危职业。外卖平台在用餐高峰期会集中派发大量订单，外卖员骑电动车难免会更快些，有时为躲避汽车，电动车会滑倒。据上海市公安局交警总队数据，在上海，平均每 2.5 天就有一名外卖骑手受伤或死亡。如此受伤率极高的工作，唯一的保障只有平台自动扣费的意外伤害险。这 3 元钱在骑手看来并不实用。

"出了车祸，根本就不管。不给缴社保，担心也没用，我担心，但我上哪儿说理去？"（C1，2021 年 3 月）每天超负荷的工作让 C1 压力极大，稍有不慎就会发生意外。此前，对城镇灵活就业人员，社保缴费比例是平均工资的 20%。人社部此后调整为梯度式缴费，但对骑手而言也难以承担。"我每天都入不敷出，没闲钱买社会保险。"（C1，2021 年 3 月）他的情况并非个例。

年龄不同的骑手对社保的态度差别很大。90 后很少考虑社保及养老问题，但 70 后、80 后随着年龄增长，可能面临医疗、养老的风险，就不能不考虑社保问题。A2 原本做蛋糕配送，公司也正常缴社保，因疫情工资欠发，只好改送外卖。他深知社保的重要性，但到底在哪里缴纳社保，他很犹豫：北京找个单位代缴，一个月 1400 元，一年 17000 元，压力很大；而外卖也算不上一份稳定的工作，如若无法在京继续缴纳，转移时会麻烦一些。如果回老家衡水缴纳社保，一年只需七八千元，比较便宜，但待遇也低，真正需要时用不上。

在 A2 看来，在北京参保吸引力很大。"在北京，你一个月交 1400，养老、医保都包括了。比方说，你到医院看病，人家有社保的，因为医保基金垫付 50 元，个人挂号费只花两块钱；没社保的，得花 52 元。挂个号 50 块钱，再拿药，杂七杂八要上百了。"（A2，2021 年 3 月）

A2 考虑再三，还是回衡水老家缴了灵活就业养老保险。"我是农村户口嘛，上个月给家里那边政府打电话让我等消息，前天跟我说可以缴就业养老险。"（A2，2021 年 10 月）他是农村户口，此前与家人一起每年参保"新型农村合作医疗"（以下简称"新农合"）。"新农合"的缴费标准和报销待遇均大大低于"城镇职工医保"，但对 A2 而言总算聊胜于无。当然，"新农合"数年前已与城镇针对不稳定就业人群的医保一起，被统称为"城乡居民医保"。

四　工服的选择权被剥夺

除了难以捍卫自身的正当权利，骑手们还要面对平台的盘剥。当被问到"你感到最不爽的事"时，很多骑手都提到了购买工服的问题。很多骑手都需登录外卖平台的 App，从平台的商城里购买当季工服，否则会扣掉一定的积分；积分少了，系统派单的数量就会少。

"工服一件 100 多，一套夏装 80；头盔得单买，一个 80。你还得在平台的商城买，不买升不了级。一套雨衣 55、一套衣服 99，根本不值那么多钱。北京就有多少骑手？一件 100，一年两套，多赚钱！"（A1，2021 年 3 月）他笃定外卖平台靠卖工服赚钱。认定平台依靠售卖工服赚钱的不止一位骑手。

> 你看就这一套雨衣 55 元，正常买不要那么多。这衣服，这一套就 99 元，还不支持 7 天无理由（退换货），等于买错号还得再买。而且公司反正年年都得更新，你年年都得买。你看，这是 2019 年、2020 年的，马上要出个 2021 年的，这个马甲还 30 元，你说他挣到啥程度了？就这衣服（外套），你觉得值 100 块钱？（A2，2021 年 2 月）

A 平台对外宣称 84% 的佣金返还配送费，表面上违背了效率原则，但是外卖平台可以通过其他手段再拿出来，比如售卖工服。和将外卖骑手组织起来的方式一样，外卖平台也没有直接参与工服售卖，同样是通过外包给其他服装厂商的形式抽成。

"我在专送时有工服（现在跑众包），它（指工服两侧的反光条）不亮，你还得再买一套。但是它一年出一套，我现在穿冬装，等夏天了，再出套夏装，你还得再买。"（B1，2022 年 2 月）很多骑手都遇到过反光条暗淡不亮的问题。"我和老公在田村租的房，买了台洗衣机，洗衣服方便，一礼拜洗一次工服"。（B6，2022 年 1 月）她左臂上的 B 平台的 logo 已经被洗掉了，B6 解释道，"这个衣服质量也不太好"。（B6，2022 年 1 月）

外卖平台的解释是，反光条能在骑手夜间送餐时最大限度地保护骑手的安全，而反光条在被清洗数月后便会磨损至看不清晰，因此会强制购买新款工服。事实也确实如此，"拍照不符合规定就算你违规，然后它会扣钱。系统它能检测比如 logo 还有工服上的反光条，不符合规定一次扣 100 元。"（B4，2022 年 1 月）

（骑手）外套买一件 100 多，其他头盔啥的得单买。然后一套夏装 70 多、80 多，一个头盔 80 块钱。反正出了事（头盔）保也保不住你。你说是不是？没啥用也就当个好看。你看那头盔啥东西？里面啥也没有，就这一个（里面都是海绵）。你说出事了有啥用？（B5，2022 年 2 月）

除了对头盔的核心功能——保护性能的低劣不满外，还有对质量的吐槽。"我是跑 A 平台的，戴 B 平台的头盔是因为 A 平台的头盔戴着挤，太小，只有一个型号，而 B 平台的有三个型号，戴着舒服。"（C3，2022 年 1 月）从外观上看，B 平台的头盔在内侧与脑袋结合处有一圈黑色软皮包裹，戴着会更舒服。在冬天佩戴笨重的头盔也很难受，"头盔防撞，但戴着不挡风"。（B3，2022 年 1 月）所以 B3 在头盔里还戴了顶毛线帽，既能防风，也能缓解不适感。

面对平台"为骑手安全着想"的解释，骑手们并不买账。"现在这玩意儿也就坑钱，每年你都得整一套，这头盔你得整俩，一个冬装一个夏装，还不能上淘宝、闲鱼，平台不承认。不从平台的商城买就不给积分，升不了级。"（A3，2022 年 2 月）他虽然每天送够计划好的 150～200 元就收工，对单子的"质量"没有太高的要求，但还是会为了有好的单子而遵守关于服装的平台规定。这既是源自其他骑手对"等级"的追求迫使他跟上脚步，也是平台对骑手的规训。

强制购买让 C2 很生气。2019 年刚入行时她买了一件工服；但 2020 年，在平台要求下换了新 logo 的工服；到 2021 年又买了一件。"反正年年都得更新，你年年都得买。倒是没多少钱。这外套不到 200 块钱，问题是在夏天，谁不愿意穿凉快点的？平台非得让你穿工服。这还不说，你一天洗一次，有时候洗了干不了，你得买几件？"（C2，2021 年 3 月）

夏天穿着未干的工服送餐，在高温炙烤和风的吹拂下片刻即干，但冬天再穿着未干的工服未免有些太过难受，因此有的骑手在多次摸索中找到了处理方法。"如果衣服晾不干的话，就第二天把它带上，放进塑料袋里。如果有抽检什么的再穿上。"（B6，2022 年 1 月）她说的抽检是外卖平台的拍照行动，用于检查骑手的着装是否符合要求，按照缺失的不同严重程度，处罚以不同的金额。"我们抽检的准备时间分 5 分钟和 15 分钟。我有一次把衣服放车上送餐，抽检是等送餐完毕后开始计时，我当时抽到的是 5 分钟的。送完餐后，电梯一直等不到，当时可急了，急死我了。等跑回来跑到小区门口，只剩下 30 秒，赶紧换好衣服。如果没换好，要扣 200 元。"（B6，2022 年 1 月）在寒风中换上未干的工服实属不易。

访谈中，骑手在气愤之余，也只能无奈接受。然而，当骑手们难以掌控劳动时间和强度乃至自己的身体和着装时，我们有理由怀疑，这是平台针对服务外包的骑手们的一项服从性测试。

参考文献

阿里研究院，2021，《2020 饿了么蓝骑士调研报告》，https://i. aliresearch. com/img/2020 0421/20200421174245. pdf，最后访问日期：2022 年 4 月 10 日。

美团研究院，2022，《美团 2021 年财报》，腾讯网，https://new. qq. com/omn/20220327/ 20220327A08BVS00. html，最后访问日期：2022 年 4 月 10 日。

谢江姗，2019，《清华大学就业与社保研究中心主任杨燕绥：鼓励就业，参保应尽早实行双轨制》，《时代周报》5 月 28 日。

附录三　新型"陌生人"

——外卖骑手的自我身份感知

（中国人民大学　肖景芊）

一　引子：骑手为何"无话可说"？

"应该没什么吧，我不太清楚。""反正都是挣钱，干啥都可以。""跟我没关系，我只要不犯法就可以。""我们只是穿着他们的衣服，遵守他们的制度。""跟我没有一毛钱的关系。""感觉不算（员工）吧，它就是给我们介绍一个工作平台。""（成就感）只能说有一点吧。""就这两点。""我不觉得。""成就感，有……吗？""就只是老板和打工的关系。"

这些短促的、犹豫不定的话语，出自我作为研究助理进行半结构式访谈的记录。它们是在被问到诸如"你的家人怎么看待骑手职业""你觉得自己在互联网公司工作吗""你觉得自己和平台是什么关系""外卖行业的发展能让你有成就感吗""平台的发展能让你有成就感吗"等问题时，江西省赣州市南康区几位外卖骑手的回答。

作为质性研究的实际执行者，虽然我们在田野中寻找访谈对象时不应该带有偏见和预设，但我们内心毕竟总是更期待健谈的受访人；甚至有时，我们期待着能够听到骑手的口述史，印证我们在微信爆款文章里读到的艰难或愤怒。然而事实并非全如我所想象——坐在小城街边冷清的炸鸡店里，我向约好的受访人艰难地解释，"我是社科院×××课题项目的研究助理……"往往被对方一脸疑惑地推辞："平台不让接受采访"；反过来，倒不如索性说成"说白了，我是个在做假期作业的大学生"能更有效地找到愿意说话的人。

然而让骑手"说话"也是不容易的：他们往往"无话可说"。在那些测量相对职业地位、测量骑手本人职业认同度的问题下，几位受访人都表现得相当不自信和茫然无措，他们试探性地给出了一些犹疑的回答，但眼神和语气都在说，这些问题以前根本没被他们考虑过。在全社会普遍关注网约配送员这一新兴职业的当下，我所见的外卖骑手本人似乎倒对职业的感知和联系十分微弱，处于讨论中心的他们似乎并不对自己的职业身份有特殊的敏感性，反而陷入无话可说的不自信之中，并未思考过自己的职业意义和价值归属，也不在意自己是否得到表达。——何以如此？本文将结合齐美尔"陌生人"的概念，试图给出一种解释。

二　调研地概况

我的调查在 2021 年 2 月进行，地点在江西省赣州市南康区。南康区有人口 77 万人，是客家人的集聚地之一，当地有名的家具制造业吸引了大量就业人口，同时有大量的人口外流前往珠三角及广西、福建沿海地区打工。2014 年，南康撤市设区，在行政区划上并入赣州市，正在扩张中融入更大的城市规划。

该地区的外卖配送市场主要为 A 和 B 两大平台所占据。根据当地站点负责人的介绍与受访骑手的印证，当时南康城区 A 平台骑手人数在 300 人上下浮动，B 平台的骑手规模则为前者的 1/3 至 1/2，在 100～150 人范围内波动。所有人都是平台的专送骑手。我所访问的骑手的平均年龄为 30.6 岁，其中 A 平台、B 平台骑手分别为 3 人、2 人；男性 4 人，女性 1 人；全职 4 人，兼职 1 人，在注重个案故事的同时也具有一定程度上的普遍性。

表 f3 - 1　受访骑手的基本信息

序号	称呼	出生年份	平台	骑手工龄	工作性质
1	刘先生	1979	A	7 个月	全职专送
2	滕先生	2001	A	7 个月	全职专送
3	程先生	1993	B	3 年	全职专送
4	陈先生	1990	A	9 个月	全职专送
5	王女士	1989	B	2 个月	兼职专送

三 外卖骑手是信息社会的新型"陌生人"

齐美尔在《时尚的哲学》中《陌生人》一文开篇即定义道:"这里所说的陌生人并非过去所述及的那种意义,即,陌生人就是今天来明天走的流浪者,我们所说的陌生人指的是今天来并且要停留到明天的那种人。陌生人是潜在的流浪者:尽管他没有继续前进,还没有克服来去的自由。他被固定在一个特定的空间群体内,或者在一个他的界限与空间界限大致相近的群体内。但他在群体内的地位是被这样一个事实决定的:他从一开始就不属于这个群体,他将一些不可能从群体本身滋生的质素引进了这个群体。"(西美尔,2001:110)

在齐美尔那里,"陌生人"概念的创造本是用来研究现代性浪潮下的知识分子;然而齐美尔作为空间社会学的理论渊源之一,"陌生人"这一概念在界定时便带有强烈的空间感,陌生人处于一个既远又近的空间中,与我们的生活发生连接。与之相联系的是,外卖配送行业的兴起也正在影响人们对空间的感知,消解人们对"邻里"的认识(付堉琪,2020)。因此,骑手的工作自带很强的空间属性,可以总结为一种"跨界的此在性"。骑手既是"跨界"的,他/她同时联系着平台、商家、顾客,在不同的社会主体间来回奔走,是社会连接桥梁的真正建造者;骑手也是"此在"的,他们的劳动与空间不断地发生连接并影响着空间的塑造。然而在同时,骑手又在这两种性质之间充满矛盾地游离:他/她虽然处于特定的空间,却不属于这个空间;虽然不属于这个空间,但是他/她又有融入这个空间的潜在的可能性。骑手的位置既在群体之外,又在群体之中。毕竟,"空间关系一方面只是人际关系的条件,另一方面也是人际关系的象征"(西美尔,2001:110)。

基于这些分析,我们可以对骑手在访谈中表现出的对自身工作的漠然和迷茫态度提出第一层解释。信息社会中的外卖骑手与齐美尔定义下的"陌生人"有诸多相似之处。客观而言,骑手确实是城市的一员,但他们在自身主观认同上未必这样认为。骑手觉得自己不属于城市,不属于平台,也不属于商家;对于顾客而言,骑手与他们也仅有极短的空间接触,甚至在"无接触配送"愈发成为主流的当下,他们更是成为一个十几秒的电话、三小时就失效的虚拟号码所表现的符号。作为陌生人的骑手离我们很近,是因为他们作为劳动者，与我们之间共享着"种族的、社会的、职业的或一般人性的共同特征"；而作为陌生人的骑手也离我们很远，是因为这些特征"只是……联结了许多人，因而也把我们联结"。

处于信息社会中"陌生人"位置的外卖骑手，其游离的身份性质让他们自己也对自己的职业难以产生认同，或是根本就没有机会去思考自己的职业认同，便呈现我们看到的对自身职业身份的"从未思索"和"犹疑不定"的不自信状态。

四 "漫游者"的自由：个性表达与群体认同

那么，作为"陌生人"的骑手，是否也因此如齐美尔所说，有了"漫游者"式的自由？"陌生人"拥有高度个体化的自由，这样的自由正是现代生活的样式之一。而直观上看，当提到网约配送员的职业时，我们也常常会将其与"自由灵活"联系在一起，灵活的上工时间和不固定的室外工作空间吸引着年轻人，这已被证实是很多骑手选择职业的原因之一。我所访谈的两位年轻骑手就表示，自己曾经做过家具厂、饭店的学徒，由于不喜欢固定的、枯燥的工作环境，而选择做外卖骑手；从工作时间上看，他们似乎确实摆脱了许多原来的束缚，似乎真的在某种程度上，"……在他的行为当中，没有习惯、忠诚、先例的约束"（西美尔，2001：112）。

但是，这样的自由在摆脱束缚的同时，也很大程度上切断了个体与外在社会的联系（王利平，2011），在"允许陌生人以一种鸟瞰的方式来体验与处理他自己各种密切关系的自由"时，这一自由也"包含着许多危险的可能性"（西美尔，2001：112）。如前所述，陌生人的特殊地位使得他们在群体之中，而又不属于群体。因此，他们与平台、与互联网公司的关系类似机械联结；进一步说，他们不会，或难以投身于群体意义上的共同价值和理想。我在许多访谈中看到，当被问及"外卖行业的蓬勃发展是否给你带来成就感""平台的成功是否给你带来成就感"的问题时，很多骑手要么给出茫然的回答，表示从未想过这个问题；要么直接否认，认为自己干外卖无非是为了赚钱，主动降低甚至消除了对工作精神上获得感的预期。我们同时也能看到，许多骑手之所以进入当前行业，往往是出于某些意外原因或者机缘巧合，而非深思熟虑的职业选择。对于网约配送员的职业，他们也觉得送外卖要么是兼职，补贴一些家用；要么只是一份暂时的、过渡性的工作，等过了这段时间，储存下更多积蓄之后，肯定会去做其他工作。骑手与平台、骑手与所在行业共同体之间的疏离感，骑手职业本身的流动性，或许都可以从骑手职业给予就业者的消极自由得到一定程度的阐释。

因此，本文从另一个角度提出对骑手职业"自由"的理解：这样的自由不仅仅是工作时间和工作地点的灵活性，还象征着他们将职业认同、身份认同、工作成就感这些"虚"的、情感性的、精神价值相关的指标归属为简单的"送一单四块三"①的计价机制，这样一层关系使他们成为送餐的机器，而暂时性地跨越了地位与阶级的差异。这一"自由"也解释了骑手的流动性：他们有了漫游者般的"灵活性"，能够快速进入、亦能快速退出这一行业，因此他们更不容易投身于所谓的职业价值、事业理想、行业共同体凝聚的想象。近年来一些外卖平台所设的"骑士节"等活动，恰好说明了行业内部的离心倾向强，因此需要外力对骑手的"自由"进行限定，从而培养出行业内部的凝聚力。

五　城市化与骑手：外卖骑手主流叙事的城市化

城市化的程度与骑手的个人职业认知也存在一定关系。齐美尔的学问基于城市空间的生活哲学，而大城市与特大城市是当下外卖骑手劳动过程的主流呈现载体。作为新型职业，网约配送员最早诞生于大城市之中，这注定了它强烈的城市叙事特征，也在这些大城市中显示出其最为人所熟知的典型性。

当许多人试图去理解骑手的时候，都默认将骑手放置在高度城市化的大背景下去理解，然而这样的预设和想象，这些我们熟悉的城市化冲突叙事，在我的田野调查中却并未呈现得那么明显。在我进行调研的地方，城市化的特征与网约配送员职业的诞生地相比并不如此显著，其进程相比之下也并不那么激烈。这里的骑手基本没有外地人，因此少见"北漂""沪漂""打工人"的心境；在遥远的城市里引起舆论声讨的各类骑手维权事件，似乎也离他们相当遥远；当谈论到"你觉得平台算法是否过度压迫了你"的问题时，他们基本都相当平淡地说，现在的工作强度和收入已经能让他们满足了。

---

① 当地当时 A 平台骑手计价方式即为简单的每送一单，骑手得到 4.3 元报酬。

我们如何看待这个问题呢？难道这是所谓"工人阶级缺乏反抗意识"的表现吗？我并不认为能这样理解。毕竟从一开始，我们就将"外卖骑手"建构为一个独独在大城市才有的问题，然后便试图在大城市的背景下去挖掘他们的困境。这何尝不是另一种对边缘叙事的忽视？相对于我们想象中的在大城市漂泊的骑手，这些在小县城和乡村过着平静生活的骑手，何尝又不是一群"边缘化"的"陌生人"呢？因此，当我们声称自己试图"去理解骑手"时，我们已经将自己放在一个俯视性的位置上了；作为调查者，更重要的工作或许是去理解骑手如何理解自己。

六　小结

我很荣幸能够参与这次项目。但我清楚，作为诸多分散在全国各地的研究访谈助理的一员，基于十分有限的田野个案，我所能提炼出的与外卖骑手行业相关的普遍性结论相当有限。因此，我撰写这篇文章主要是想尝试从实际访谈调查的体验出发，对观察到的现象进行初步的解释。外卖骑手的"无话可说"源于他们对身份感知的陌生感、对工作价值与行业共同体"未曾设想"的茫然感，以及他们"漫游者式"的自由工作性质，骑手对身份和工作价值的自我感受，短暂介入他们生活的访谈员对他们心态的解读，城市居民对骑手工作的想象，构成了现代城市新兴零工劳动市场的复杂表象。我希望在未来，无论是小城市还是大城市的外卖骑手——在谈论他们自己的职业时，不再"无话可说"，无论是自豪还是抱怨，无论是满足还是不甘，他们都能响亮地说出来，让更多的人听见他们的声音，也让他们在探寻自身工作价值和归属感的过程中不再茫然。

参考文献

付埼琪，2020，《"活地图"的诞生：跨越空间的外卖配送劳动过程研究》，中国人民大学硕士学位论文。

西美尔，齐奥尔特，2001，《时尚的哲学》，文化艺术出版社。

王利平，2011，《齐美尔笔下的陌生人》，《北京大学研究生学志》第2~3期。

附录四　劳动关系间的"打太极"

——对外卖平台劳务外包田野调查的思考

（云南民族大学　杨晓强）

一　主流外卖平台配送骑手类型及特点

以 A 和 B 两大外卖平台公司为例，它们的主要骑手类型包括专送骑手和众包骑手。关于专送骑手的具体雇佣方式，笔者在 A 平台未曾找到具体的劳动关系条款，只有相关引导链接：报名成功后会有相关工作人员联系您。专送骑手的特点是有专门的集散站点，由站长管理，站点会给骑手配备交通工具，有固定的配送范围，每天必须要穿着平台的制服工作，否则会被罚钱，骑手受站点工作人员的协调调度，有固定的工作时长，每天早晨开例会，专送骑手的招聘一般是站点同事介绍或通过网络求职平台招聘。众包骑手和专送骑手的区别是：众包骑手工作非常灵活，没有管理、集散他们的站点或机构，没有固定的工作时间，配送工作全权由自己安排，交通工具自己购买，众包骑手的招聘方式是通过众包 App 直接注册即可成为骑手。不管是专送骑手还是众包骑手，看似是属于某外卖平台的员工，穿着统一的工服，受平台管理，和平台构成"合法"的劳动关系，但事实并非如此，这些专送骑手实则不和任何用人单位构成劳动关系，众包骑手和第三方劳务公司也是弱化的劳动关系。

二　第三方劳务公司与骑手的关系

（一）专送骑手与第三方劳务公司的关系

笔者在访谈和当骑手的参与观察过程中了解到：所谓专送骑手也被大部分骑手从业者称为"正规军"，因为他们有集散点，由专门的机构管理。

管理他们的集散点是第三方劳务公司，外卖平台把配送业务分包给了第三方劳务公司，外行人都认为是第三方劳务公司去雇佣和组织配送员，骑手和外卖平台不构成劳动雇佣关系，而和第三方劳务公司构成劳动雇佣关系，这样表面上看起来比较合理，骑手的相关权益会得到保护。但是笔者在田野调查中发现，情况并非如此。

笔者当时通过网络招聘渠道应聘了专送骑手职位，以前在网络媒体上看到过外卖平台把自己的配送业务外包给第三方劳务公司，骑手只是受雇于第三方劳务公司，对具体的劳动关系没有深入了解。在当骑手的过程中笔者发现：准备入职第三方劳务公司时，并非是和第三方劳务公司签劳务合同，招聘笔者的劳务公司会引导笔者在网络平台 C 注册一个身份认证，注册后笔者拿到一个"个体工商户"电子营业执照，而且通过 C 平台，笔者还有了相应的个体工商户注册地址，该地址与 C 平台所属公司在同一个城市，这样意味着笔者成了一个商事主体。然后，第三方劳务公司通过 C 平台与笔者再次签署一份"项目转包协议"，这份协议里明确写着：甲乙双方明晰双方系独立的民事承包关系，乙方不接受甲方的任何管理，甲方也不向乙方支付工资而是支付承包费用，因此不属于劳动关系，不受《劳动法》等相关法律法规的约束。在协议乙方的权利和义务一栏 3.2 条款中规定："乙方承诺：乙方具有个体工商户资质，没有资质不得承包该项目，乙方的经营范围、服务能力应满足标的业务需求方（总发包方）的需要。"2.6 条款中规定："为了提升业务的服务质量及市场认可度（可能要求乙方在业务承揽过程中对着装服饰和服务工具进行统一的规范），经甲方及总发包方授权乙方可以使用品牌方标识，但品牌方授权的使用并不代表乙方与甲方及总发包方成立任何劳动关系，同时，乙方在非承揽业务期间或未经授权使用品牌方标识的前提下所产生的行为及相关责任由乙方自行承担，且甲方及总发包方有权要求乙方赔偿相关损失。"[①]

上述协议充分表明，在整个成为专送骑手的链条中，每个甲方都在想办法摆脱用人单位主体责任，逃避保护骑手权益的义务。特别是在专送骑手与第三方劳务公司的关系中，第三方劳务公司有意识地通过引导骑手成为个体工商户，直接将双方从劳动关系变为合作关系，从而把风险转嫁到

---

① 来自笔者田野调查与劳务公司所签订协议项目"项目转包协议"。

了骑手身上。在最近几年，一些骑手在配送过程中发生意外事故，骑手去找平台和第三方劳务公司索赔，但外卖平台及第三方劳务公司没有一方对该骑手产生的意外负责，最后骑手才发现自己陷入了他所签署的"协议坑"。某些严重事故引发了骑手对商家、客户或第三方劳务公司的暴力报复，并且外卖平台、第三方劳务公司和相关部门未能及时出台相应的应急处理机制。随着骑手群体的增多，类似的事情越来越多，骑手与外卖平台和第三方劳务公司的矛盾逐渐升级成了骑手和社会的矛盾，成为社会不稳定因素之一。

专送骑手和外卖平台的关系如图 f4 - 1 所示。

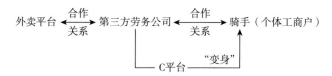

图 f4 - 1　专送骑手与外卖平台的关系

（二）众包骑手与第三方劳务公司的关系

众包骑手和第三方劳务公司之间的关系和专送骑手有所不同。众包骑手没有实际的骑手集散地点，没有较严格的管理，他们也是同第三方劳务公司签约，只是骑手直接在众包 App 上与第三方劳务公司签约。众包 App 是一个服务平台，是为用户、配送公司和骑手之间提供互通信息的平台。或许是由于在网络上公开签约的缘故，第三方劳务公司没有通过其他平台直接将骑手变成"个体工商户"，但众包 App 上的第三方劳务公司依旧是最大限度地规避用人单位主体责任，App 上的电子文件名称是《网约配送员协议》，是"协议"而不是"劳动合同"，是承揽关系，无法构成劳动关系，文件的性质是不具有雇佣关系的文件。笔者从众包骑手访谈中得知：首先，他们和专送骑手一样，大部分的众包骑手基本不会去看具体所签署的文件，直接点 App 平台跳出来的"我接受，同意"，对协议的具体内容没有进行认真阅读。其次，大部分骑手也不清楚"协议"和"劳动合同"之间的区别。在众包协议 2.3 条款中写道："您保证能按时并且安全地完成与配送需求相关的配送事宜，您已知悉，因您的原因导致的任何第三方的损失，您应该承担包括但不限于赔偿的责任，若因您的故意过失行为造成其他任何第三方损失由本公司实际承担的，本公司有权向您追偿全部损失。"在众包协议

7.7 条款中写道："在接受、完成服务事项过程中应遵守法律法规，服务态度要友善，避免与他人发生争执，注意人身安全，若因您个人故意或过失行为（肇事逃逸、打架斗殴、酗酒闹事、酒后驾车、吸毒等）导致您自身及第三人受伤或损失的，一切后果由您个人承担，与众包平台及本公司无关。"① 这两条协议明确了骑手发生的一切风险与外卖平台和第三方劳务公司无关，包括在工作过程中发生的风险。但实际上，这些条款可能与《民法典》中的相关条款相冲突，而外卖平台和第三方劳务公司却依然要写出来，目的应该是想最大限度摆脱风险，承担最小的责任。

综上，在成为专送骑手和众包骑手的过程中，骑手与外卖平台和第三方劳务公司都不存在任何劳动关系，都是以合作的形式存在。众包骑手与两个用工"主体"存在次要责任关系，而专送骑手被第三方劳务公司通过其他平台直接变成了个体工商户，第三方劳务公司便完全摆脱了用人主体责任关系。这对骑手是非常不公平的，他们的权益受到了侵害。

众包骑手和外卖平台的关系如图 f4-2 所示。

外卖平台 ←合作／关系→ 第三方劳务公司 ←众包App／合作关系→ 骑手

图 f4-2　众包骑手与外卖平台的关系

（三）懵懂的骑手

笔者从十个访谈对象中了解到：骑手们大部分都没有去阅读所签文件的条款，不清楚自己究竟和谁签约了劳动文件、签了什么类型的文件、这些文件对自己有什么样的作用，也看不懂条款表达的法律意义。

一个专送骑手这样描述：他认识的其他骑手朋友基本也不会去看成为骑手过程中签署了什么文件，他们最大的期望就是可以去当骑手，"我听说是外卖平台把配送业务包给了劳务公司，我们是和劳务公司签合同，发生了什么事情也和外卖平台没关系。其实和谁签、不和谁签无所谓，我能跑单就行。也不打算长久做这个事，交不交五险一金也无所谓"。骑手们维护自己权益的意识不强。

甚至一些专送骑手不知道自己已经变成了"个体工商户"。大部分骑手

---

① 来自众包 App《网约配送员协议》。

分不清协议和劳动合同所蕴含的法律意义，以为自己和劳务公司所签的文件就是劳动合同，如果在配送中产生风险，劳务公司会承担责任。

在田野调查中发现，这些骑手的共同特点是：首先，他们把骑手当作一个过渡职业，不打算长期从事，所以他们的普遍想法就是有单跑就行，也不在乎有没有五险一金；其次，他们的法律意识普遍淡薄，不明白自己签署的文件有什么意义，对一些违法行为得过且过，不过多追究。

这样会对骑手、第三方平台和外卖平台产生不好的结果，因为很多骑手只是把骑手工作当作过渡，有一些可能工作了三天、一周或一个月就离职了，一些站点会找借口说你是临时工或试用期，在这期间离职，前面的工资是没有的。大部分骑手不懂劳动法，他们自己觉着没多少钱，也不去追究，导致自己的劳动报酬被无良商家榨取。如果没有相关机构去监管，类似的事会恶性循环。骑手在配送中一旦发生事故，没有用人主体对骑手负责，轻则造成经济上的损失，重则造成终身经济负担。久而久之，本来是劳工与公司的矛盾，因为没有责任主体，也没有相关机构为他们维权，逐渐变成了劳工与社会的矛盾，不仅不利于行业的发展，还有可能影响社会稳定。

三 外卖平台应履行社会责任

骑手作为新业态背景下产生的新职业之一，确实为社会创造了大量就业岗位，对精准扶贫也做出了很大的贡献。外卖平台作为行业主体，要保障骑手权益，要专项整改和健全制度，不断推进规范用工、无歧视用工，守好骑手保障底线。劳务外包虽然合法，但不是规避责任的方式，外卖平台要严格甄选合作的第三方劳务公司，与第三方劳务公司合作合同中要写明违规条约：禁止任何规避用工主体责任的行为。众包和专送骑手都要完善骑手职业伤害保险体制，在骑手发生意外事故时，必须有相应的机构负责，要完善骑手的社会保障，不要让商事主体之间的矛盾转化为商事主体与社会之间的矛盾。

参考文献

洪桂彬，2021，《警惕外包用工的十大陷阱》，《人力资源》第 9 期。

王伟、苏法萱，2022，《劳动关系"绕弯弯"绕不掉用工主体责任》，《工人日报》1 月 27 日。

张琳岚，2021，《外卖骑手用工关系研究——以三个外卖骑手案为例》，贵州民族大学硕士学位论文。

附录五　数字平台隐性劳动关系再生产下县域骑手多元困境的分化与超越

（绍兴文理学院元培学院　张笑笑）

一　问题的提出

新业态下外卖行业灵活用工模式的广泛采用给劳动关系的判定带来了挑战，骑手和平台的用工关系陷入灰色地带，也使得骑手陷入劳动权益困境。笔者想深入探究诱发骑手陷入系统和劳动权益困境背后的深层作用机制。骑手实质上与平台构成劳动关系，而平台却通过种种方式将其进行转嫁，并对骑手的劳动过程进行着严密的控制，同时系统平台持续优化，升级强化这种控制以实现利益最大化。笔者发现算法对骑手劳动过程进行严密控制的背后存在着一种隐性劳动关系再生产机制，它使得骑手不断陷入以算法为核心的多元困境。笔者认为对这种隐性劳动关系再生产机制的揭露有利于发现新技术背景下平台对骑手进行严密劳动控制的深层运作。

二　研究方法及田野介绍

笔者选取安徽省临泉县进行田野调研，选取理由如下。第一，美团研究院发布的《2019 年外卖骑手就业扶贫报告》显示，2019 年建档立卡贫困户骑手来源主要省份之一是安徽省（美团研究院，2020）。此外，根据《2020 年饿了么蓝骑士调研报告》，安徽省是骑手输出大省，其中临泉县作为国家级贫困县是实现骑手就业人数最多的县城（阿里研究院，2020）。第二，县域骑手与城市骑手之间存在不同的特点。笔者期望的受访者目标是具有性别、年龄、工龄、家庭状况、骑手类型以及平台类型等方面的差异。

笔者采取非概率抽样中的判断抽样和滚雪球抽样相结合的抽样方案；采取半结构访谈和无结构观察法来收集资料，分别对 5 位骑手进行了 1.5～2 小时的访谈。后期也对 5 位研究对象进行多次回访。此外，笔者还分别到临泉县内的 A 平台和 B 平台站点进行了走访和无结构式观察。

三 研究结果

（一）数字平台隐性劳动关系再生产与县域骑手的多元困境

1. 数字平台隐性劳动关系再生产

目前外卖骑手大多与第三方机构签订"合作协议"，而非劳动合同。同样，B 平台在众包骑手注册过程中会进行相关提示，即双方之间不存在任何形式的雇佣关系。可见灵活多样的用工形式已经给我国现行法律对劳动关系的判定带来了诸多挑战。有学者提出外卖骑手与外卖平台之间的法律关系处于劳动关系与劳务关系判定的灰色地带（张瑞涵，2018）。此外有学者发现系统平台对于控制权的重新分配加剧了雇佣关系的认定难度（陈龙，2020b）。然而判定雇佣关系的关键在于平台公司是否存在对骑手劳动的控制（常凯，2016：38）。平台系统[①]对骑手的劳动过程进行着严密控制，因此实质上骑手与平台构成劳动关系或劳务关系。但是平台公司形式上通过将配送业务外包给第三方劳务公司，将自身与骑手的劳动关系或劳务关系转嫁，平台公司只负责系统的维护和运营。因为实际上平台公司是骑手的隐形管理者，它通过外包转嫁劳动关系又间接地进行隐性劳动关系再生产，它享有对骑手劳动过程的控制和收益，却不承担对劳动者的责任和义务。系统平台不断地生产着与骑手之间的隐性劳动关系，并以算法为中介不断进行优化升级以达到其收益最大化，骑手最终在算法的优化升级中不断陷入多元困境。

2. 隐性劳动关系再生产下县域骑手的多元困境

（1）算法逻辑下县域骑手的系统和生命安全困境

随着外卖的大众认可度提高，单量增多，系统算法也不断优化升级。目前反映在骑手身上的系统困境就是派送时长的不断缩减，时长压缩意味着骑手必然要加速前进才能保证准时送达。但是加速度面临的后果是交通

---

① 平台系统指的是外卖平台公司开发并负责运营和维护的配送软件或者应用程序。

事故风险上升。此外系统持续优化和更新给骑手带来的是短期内的高强度作业的概率提升、骑手身体机能紊乱以及患病风险提高。系统的持续升级使得骑手陷入一种劳动强度和心理压力的加速运动，可能对骑手的身体健康造成不可预料的损害。

（2）隐性劳动关系下骑手的权益困境

平台公司通过将配送业务外包给第三方劳务公司以转嫁自身与骑手的劳动关系，它只负责系统的维护运营。所以在骑手工作过程中一旦突发意外事故，平台公司概不负责。笔者访谈的四位骑手都存在对理赔情况认识不清、保险意识薄弱、维权意识较差的情况。此外骑手面临维权途径和渠道的缺失，处于维权难的困境。其中，被访骑手李姐表示："当自己遇到工作上的困难或者自身权益受到损害需要发声投诉的时候，平台及其客服就是形式与摆设。"可见主客观因素影响下骑手陷入了权益困境。

（3）权力网络下的职业认同困境

在外卖场域中，系统平台、商家、顾客都可以监视骑手，并有权投诉骑手，此外保安也会刁难骑手。骑手处于一个多权力指向的被动地位，他们只有被投诉的境遇却没有维护自身权利的渠道。骑手在工作过程中不断受到来自系统算法的规训与惩罚，从而陷入外卖场域编织的权力网络困境中。如骑手蔡叔谈道："并没有什么培训需要，如果可以，期望平台能多给我们一些关怀和鼓励，感觉太卑微了。"正如福柯权力思想中所呈现的那样，权力是多形态的，是一种生产性实践，还应充分考虑权力的微观运作（杨善华、谢立中，2006：248～250）。数字平台在不断地生产着一种微观弥散的权力，使得骑手不断被权力网住以及陷入自身的管理之中。这种生产实践对于骑手的心理带来打击和伤害。长期看来，骑手有可能陷入自我认同危机之中。

（4）骑手的职业发展困境

笔者通过访谈中青年骑手蔡叔以及青年骑手小杰发现，两个人对于未来的职业发展都有个体经营的规划。但是对于蔡叔来说，由于家庭负担重，他无法承担创业失败的风险，并且蔡叔目前在职业晋升道路上并不顺利，晋升面临瓶颈。此外骑手小杰也跟笔者谈到现在做专送骑手只是过渡性的，笔者在回访中发现小杰不做骑手转为个体经营但最终以失败告终。笔者发现中青年以及青年骑手由于缺乏创业经验和指导很容易创业失败，因此中青年或青年骑手自主创业都存在脆弱性与困境。从上文分析可以发现：在数字平台的隐性劳动关系再生产下县域骑手陷入多元困境。而陷入多元困境的根本即在于数字平台的隐性劳动关系的再生产。平台对于骑手的劳动过程进行严密控制的背后存在着一种隐性劳动关系再生产的作用机制。

（二）县域骑手多元困境的差异分化与超越

1. 家庭经济条件差异下县域男性骑手的困境分化与超越

（1）家庭经济条件差异下县域男性骑手的困境分化

县域骑手虽然陷入隐性劳动关系再生产下的多元困境，但困境又会因其家庭经济条件呈现差异性分化。家庭状况较差的骑手对于骑手工作的依附性较高，较多选择做专送骑手。骑手蔡叔成为专送骑手的依附性因素如下：其一，家庭经济条件差，家庭负担重；其二，做骑手可以不再让家人留守；其三，想给孩子优质教育条件和资源。因此，骑手对于这份工作本身具有一种强依附性，而它就带来了一种稳定性。稳定性意味着骑手的长时段工作时间。目前平台的算法在持续优化升级，精确缩短骑手的配送时长。系统越严苛，对应骑手跑得越快，对应发生交通事故概率更高以及短期内高强度作业概率更高。骑手工作时段越久就会愈加陷入多元的困境。此外，蔡叔作为老骑手，首先，工龄长、经验足、熟练度高的优势为他提供了一定的风险保护机制。其次，农村医保为他提供一定的保障。但是蔡叔风险赔付能力仍然较差，一旦出现意外事故，他的家庭可能面临雪上加霜的境地，甚至是返贫的风险。

而家庭经济条件较好的骑手对于骑手工作依附性较低，他们会较多选择做众包骑手，比如小杰。小杰属于经济条件较好和家庭负担轻的情况，不需要紧密依附数字平台挣钱。小杰选择成为老家县城的众包骑手的依附性因素如下：第一，大城市漂泊无归属感；第二，家庭团聚的情感需要；第三，将外卖平台作为过渡性平台，积累资金和创业经验。因此对于小杰来说，当他发现该职业有交通意外事故的风险时，他可以随时选择自由流动。家庭经济条件优势为小杰提供了较好的保护机制，因此小杰并未陷入数字平台下的多元困境。

（2）家庭经济状况差异下县域男性骑手的困境超越

蔡叔和小杰虽然面临困境，但是他们都在困境中实现了一定程度的超越。蔡叔成为一名骑手后他的家人不再成为留守成员。蔡叔做专送骑手使得他有能力支撑自己的家庭在县城里的生活。他为孩子提供了更加优质的教育条件。同时蔡叔积累到相应资金也拥有了更多发展的可能性。蔡叔代表的中青年在合力缩小城乡的教育鸿沟并推进了城乡一体化的进程。小杰的超越在于数字平台给他提供了过渡性的平台，可以积累资金与经验。就近就业使小杰不再陷入文化身份认同的悬浮状态，小杰代表了县域青年人碰触到未来的多种可能性与发展空间。

2. 家庭经济、文化环境差异下女性骑手的困境分化与超越

（1）家庭经济、文化环境差异下县域女性骑手的困境分化

①家庭经济条件差异下县域女性骑手的困境分化

李姐和阿颖，同样作为女骑手，但体现在她们身上的困境却呈现分化趋势。阿颖的家庭经济条件较好，因此她有可选择空间。她对于骑手工作的依附性主要来自两个孩子。随着孩子长大，她对骑手工作的依附性将会逐渐减弱，因此骑手工作对于阿颖来说是过渡性的。存在于阿颖身上的困境是劳动权益无法保障。阿颖的孩子的成长需要几年的周期，因此随着阿颖做骑手工作的时间越来越长，她遇到交通事故以及身体健康隐患的概率会随之上升。由于阿颖的家庭经济状况较好，所以其风险赔付能力也较强。因此家庭经济条件成为阿颖的保护机制。

李姐和丈夫是夫妻档骑手，他们有三个孩子。李姐的家庭经济条件较差且家庭负担重，因此对于骑手工作依附性较强，这就意味着李姐的工作跨度越长，遇到交通事故和短时间高强度作业的概率越高。虽然李姐作为一名老骑手，工龄长、经验足、熟练度高的优势为她提供了一定的风险保护机制，农村医疗保险也为其提供一定的保护机制，但是李姐的风险赔付能力仍然较差，一旦出现意外事故，她的家庭可能面临雪上加霜，甚至是返贫的风险。

②文化环境因素作用下县域女性骑手的困境分化

社会上仍然存在性别刻板印象和职业性别区隔的现象。在男性气质主导下的外卖行业，女性骑手的加入似乎格格不入。笔者访谈李姐发现她认为作为女骑手最大的痛点就是受人轻视。李姐长期在农村生活，农村文化环境较为保守闭塞，因此客观上李姐受到传统性别观念束缚较深。主观因素上，李姐自身也面临职业性别心理挑战。综合来看，在困难的家庭经济

条件以及闭塞的乡村文化环境的交互影响下，李姐不仅陷入多元困境还同时陷入性别歧视困境。而对比来说，女骑手阿颖虽是农村户籍，但是从小在县城生活和长大，在成为一名女骑手之前常年到大城市打拼，她接触的文化环境更加包容开放。笔者发现在对阿颖的访谈中，她不仅没有职业性别歧视的烦恼，反而对骑手工作的满意度非常高。可见阿颖并未受到传统性别观念的束缚。她通过成为一名众包骑手实现了家庭和工作的双兼顾。总的来说从家庭经济条件和文化环境两个维度来对比中青年女骑手李姐和青年女骑手阿颖，可以发现家庭经济条件好的县城户籍的女骑手整体上走向的是一种性别赋权劳动，而家庭经济条件较差的农村户籍的女骑手整体上走向一种性别弱势劳动。

（2）家庭经济条件差异下女性骑手困境的超越

①县域中青年女性骑手的困境超越

中青年骑手李姐虽然陷入职业性别歧视困境，但她仍然坚持从事骑手职业。从宏观来看，中青年女骑手的职业选择仍在一定程度上实现了困境的超越。乡镇中青年女性骑手的背后都代表着农村家庭，她们的选择使其孩子不再成为留守儿童，父母不再成为留守老人。县域中青年女性骑手从乡镇流入县域从事骑手工作，她们的经济条件得到较大改善，其孩子也能获得更加优质的县域的教育条件。从而县域骑手客观促进了城乡的经济发展，缩小了城乡教育鸿沟和收入差距，促进了城乡一体化的进程。

②县域青年女性骑手的困境超越

女骑手阿颖本是一名家庭经济状况相对较好的全职妈妈。但她与婆婆的矛盾很深，婆婆对她只带孩子不挣钱持轻视态度。她最终选择骑手职业兼顾家庭与工作。受文化环境和自身因素的影响，阿颖的性别观念较开放，并未受到传统性别观念的束缚。访谈中她讲述骑手工作给她带来的成就感以及站点同事像家人一般带给她的温暖。通过透视阿颖的生活可以发现她通过成为众包骑手，实现了四种社会角色的完美飞跃。第一，从妻子的角度，骑手工作帮助阿颖为丈夫分担家庭负担。第二，从母亲的角度，骑手工作帮助阿颖实现孩子的教育赋能。第三，从儿媳的角度，骑手工作帮助阿颖化解了婆媳关系的矛盾，为自己的家庭话语权和地位赋权。第四，从个体角度，骑手工作帮助阿颖获得并提升自我和社会价值感。由此可以看出阿颖通过骑手工作获得了四种角色的完美飞跃和自我赋权。骑手工作使得阿颖不仅很好地承担了家庭再生产的劳动，同时也很好地承担了社会生产劳动，她突破了传统性别劳动分工的不平等地位，突破了性别分工下的二元劳动体系对她作为女性的束缚。她作为县城的新女性走向了公领域和私领域下的性别平等和性别赋能。

（三）乡村振兴背景下：县域骑手的困境与发展契机

1. 县域骑手的困境与产业赋能的发展契机

算法对骑手的劳动过程进行严密控制的背后存在一种隐性劳动关系再生产机制，它使得骑手陷入多元困境。因此，系统算法治理、系统平台与骑手的责任关系建构，便成为解决骑手困境的核心。突破数字平台隐性劳动关系再生产机制需要政府和企业达成社会共识，形成社会合力，共同维护劳动者合法权益。县域骑手的困境与乡村振兴背景下产业赋能之间存在相互促进的发展契机，深化数字企业与政府的合作，有利于实现互利共赢，促进整个劳动密集型产业的升级。政府应该针对不同年龄段骑手提供相应的技能培训、学历提升计划以及创业孵化政策等。尤其加强对县域骑手的创业引导和帮扶补贴，以更好地促进灵活就业人员职业转型升级。

2. 开放包容的性别文化与数字平台文化建设

鼓励更加开放包容的性别文化与数字平台文化建设，有利于改善女骑手职业认同中性别歧视的心理因素，同时促进和鼓励更多乡镇妈妈走向骑手职业，走向为自身赋权、为孩子教育赋能的道路。男性气质的系统算法应该考虑性别生理差异，走向对女性更加公平与友好的设计。算法在商业理性逻辑下关注效率与效益的最大化，而忽视价值合理性。系统算法的治理应结合企业文化的建设进行，文化建设应兼具工具合理性与价值合理性。数字平台企业文化建设有利于实现骑手与企业双向良性发展。

四 结论

综上研究，平台通过算法对骑手的劳动过程进行严密的劳动控制，且数字平台依靠算法持续优化升级以实现自身利益最大化。在这样的劳动控制的背后存在着一种隐性的劳动关系的再生产机制，它使得骑手不断陷入再生产的多元困境之中。由研究结果可知：县域骑手的困境程度又因骑手个体家庭经济条件呈现差异分化。尤其是家庭经济困难的县域专送骑手陷入多元困境，其家庭负担重、风险赔付能力差，有返贫的风险，因而他们是需要重点关注与帮助的群体。此外县域骑手在陷入困境的同时也实现着一种超越：县域青年女骑手实现了作为女性的家庭地位、话语权赋权，孩子的教育赋能，以及个人社会价值提升的飞跃。县域中青年骑手背后代表着一个个农村家庭，他们留在家乡县城做骑手，其孩子和老人不再留守，其收入提高的同时，孩子也能获得更优质的县域教育资源，自身也能获得更多就业发展机会与可能。宏观上，县域骑手缩小了城乡的收入差距以及城乡教育鸿沟并且促进了城乡一体化的进程。

参考文献

常凯，2016，《雇佣还是合作，共享经济依赖何种用工关系》，《人力资源》第 11 期。

陈龙，2020，《"数字控制"下的劳动秩序——外卖骑手的劳动控制研究》，《社会学研究》第 6 期。

杨善华、谢立中，2006，《西方社会学理论》（下卷），北京大学出版社。

张瑞涵，2018，《互联网餐饮行业中送餐员权益的法律保障研究》，《社会科学动态》第 12 期。

美团研究院，2020，《2019 年外卖骑手就业扶贫报告》，3 月 13 日，https：∥mp. weixin. qq. com/s/NMD3aM5x_0ey9KiCn7BQrg。

阿里研究院，2020，《2020 年饿了么蓝骑士调研报告》，4 月 22 日，https：∥doc. mbalib. com/view/abc74fa622d58ee5dc609f370d734b83. html。

图书在版编目（CIP）数据

骑手的世界：对新职业群体的社会调查／朱迪等著
. -- 北京：社会科学文献出版社，2023.7（2025.7 重印）
（中国社会科学院国情调研丛书）
ISBN 978 - 7 - 5228 - 2036 - 1

Ⅰ.①骑… Ⅱ.①朱… Ⅲ.①饮食业 - 物资配送 - 工
作人员 - 研究 - 中国 Ⅳ.①F719.3

中国国家版本馆 CIP 数据核字（2023）第 121537 号

中国社会科学院国情调研丛书
骑手的世界：对新职业群体的社会调查

著　　者／朱　迪　崔　岩　郑少雄　高文珺

出 版 人／冀祥德
组稿编辑／谢蕊芬
责任编辑／赵　娜
文稿编辑／马云馨
责任印制／岳　阳

出　　版／社会科学文献出版社·群学分社（010）59367002
　　　　　　地址：北京市北三环中路甲29号院华龙大厦　邮编：100029
　　　　　　网址：www.ssap.com.cn
发　　行／社会科学文献出版社（010）59367028
印　　装／唐山玺诚印务有限公司

规　　格／开　本：787mm×1092mm　1/16
　　　　　　印　张：16.5　字　数：263千字
版　　次／2023年7月第1版　2025年7月第3次印刷
书　　号／ISBN 978 - 7 - 5228 - 2036 - 1
定　　价／98.00元

读者服务电话：4008918866